Christine Sälzer

Schule und Absentismus

Christine Sälzer

Schule und Absentismus

Individuelle und
schulische Faktoren für
jugendliches Schwänzverhalten

VS VERLAG FÜR SOZIALWISSENSCHAFTEN

Bibliografische Information der Deutschen Nationalbibliothek
Die Deutsche Nationalbibliothek verzeichnet diese Publikation in der
Deutschen Nationalbibliografie; detaillierte bibliografische Daten sind im Internet über
http://dnb.d-nb.de abrufbar.

1. Auflage 2010

Lektorat: Monika Mülhausen

VS Verlag für Sozialwissenschaften ist Teil der Fachverlagsgruppe
Springer Science+Business Media.
www.vs-verlag.de

Umschlaggestaltung: KünkelLopka Medienentwicklung, Heidelberg
Druck und buchbinderische Verarbeitung: Rosch-Buch, Scheßlitz
Gedruckt auf säurefreiem und chlorfrei gebleichtem Papier

ISBN 978-3-531-16512-7

Inhaltsverzeichnis

Vorwort

Schulabsentismus ist in gewisser Weise ein Mysterium. Zwar werden die meisten Leser entweder eigene Erinnerungen an ihre Schulzeit und die eine oder andere versäumte Unterrichtsstunde haben oder aber zumindest an jemand anderen, der ab und zu einmal ‚blau gemacht' hat. Doch ist bis heute noch wenig darüber bekannt, warum schulpflichtige Jugendliche es zeitweise vorziehen, dem Unterricht fernzubleiben. In der aktuellen Forschung zum Thema gilt inzwischen als Konsens, dass Schulabsentismus auf ein multifaktorielles Bedingungsgefüge zurückgeht und nicht aufgrund einzelner Variablen oder Risikofaktoren erklärt und eingeschätzt werden kann. Doch ist ein ‚multifaktorielles Bedingungsgefüge' nicht hauptsächlich eine Umschreibung für: wir wissen es noch nicht genau?

Tatsächlich ist es nicht einfach, Forschung über Schulabsentismus zu betreiben. Obwohl die meisten Schulen in irgendeiner Form Absenzen registrieren und verlangen, dass Schulversäumnisse durch die Erziehungsberechtigten oder einen Arzt entschuldigt werden müssen, erlauben Datenschutz, Schulleitung oder mangelnde Dokumentation oftmals keine direkte Erhebung von Schulabsentismus allein aufgrund von Aktenlagen. Die Schüler[1] selbst müssen sich hierzu äußern, was aber häufig das Problem der Verlässlichkeit von Antworten in einem Fragebogen mit sich bringt. Einerseits ist Schulschwänzen sozial unerwünscht und kann deshalb seltener angegeben werden als es tatsächlich geschieht, andererseits zählt es aber sicher auch zu den Dingen, die im Jugendalter gerne aus Prestigegründen übertrieben werden. Wegen dieser Unkontrollierbarkeit ist es notwendig zu verstehen, aufgrund welcher Merkmale und Wahrnehmungen Absentismus statistisch vorhergesagt und erklärt werden kann. So wird es möglich, über die datenbasierte Erklärung und Vorhersage von Absentismus Einsichten darüber zu gewinnen, inwieweit die Schule als Entwicklungsumgebung ihren Teil daran hat, dass Jugendliche mehr oder weniger häufig die Schule schwänzen.

---

1   Auf eine "weibliche Grammatik" habe ich in diesem Buch mit Rücksicht auf die Lesbarkeit verzichtet. Selbstverständlich sind bei „männlichen Personenbezeichnungen" stets auch die weiblichen Akteure gemeint und umgekehrt.

Dieses Buch befasst sich mit Schulabsentismus als adoleszenztypischem Phänomen, für dessen Entstehung und Ausmaß noch weitgehender Klärungsbedarf besteht. Im Zentrum der Überlegungen steht die Frage, inwieweit Absentismus mit
den spezifischen Merkmalen einzelner Schulen in Verbindung gebracht werden
kann. Dass Schulschwänzen zumindest teilweise mit schulischen Merkmalen zusammenhängt, ist eine nahe liegende Vermutung; schließlich bedeutet das unerlaubte Fernbleiben vom Unterricht eine bewusste Entscheidung gegen diesen
Ort. Schüler, die nicht gerne zur Schule gehen und selten oder häufiger Unterricht versäumen, meiden die Schule aus den unterschiedlichsten Motiven.
Während einmaliges oder gelegentliches Schulschwänzen als Phänomen der bil-
dungsbürgerlichen Auflehnung gegen die „Zwangsanstalt Schule" (Ehmann &
Rademacker, 2003, S. 7) betrachtet werden kann, so existieren auch dauerhaftere
Formen der Ablehnung gegenüber der Schule, die beispielsweise auf religiösen
oder ideologischen Gründen basieren können. Zum eigentlichen Problem wird
Schulabsentismus jedoch spätestens dann, wenn das Fernbleiben dauerhaft er-
folgt, durch den sozialen Kontext bestimmt ist und mit „Leistungsabfall und ge-
brochenen Schulkarrieren" (a.a.O.) einhergeht: ein erschwerter Einstieg ins Er-
werbsleben, Beanspruchung von staatlichen Transferleistungen sowie mangelnde
Kompetenzen für ein autonomes Leben sind wahrscheinliche Folgen (Smink &
Zorn, 2005). Schulabsentismus kann also dazu führen, dass Jugendliche nicht in
der Lage sind, „grundlegende Kenntnisse und Kompetenzen sowie kulturelle
Identität [zu erwerben], welche es ihnen erlauben, lebenslang zu lernen und ihren
Platz in Gesellschaft und Berufsleben zu finden" (EDK, 2007, Art. 3, Abs. 1).
Um dem Risiko Schulabsentismus nachzugehen, versucht die vorliegende Studie
herauszufinden, welche schulischen Kontextfaktoren über individuelle Hintergrundmerkmale hinaus mit Schulabsentismus zusammenhängen können. Eine
Auswertung der Daten auf den Ebenen Schüler, Lehrperson und Schulleiter[2] erlaubt die Trennung von individuellen und schulbedingten Unterschieden, indem
unter Kontrolle der Individualmerkmale verschiedene Schulfaktoren auf ihren
Zusammenhang mit Absenzen hin überprüft werden. Damit können Eingangsvoraussetzungen der Schüler gegen Effekte des schulischen Umfelds abgewogen
und gezielt für Absentismus relevante schulische Kontextfaktoren identifiziert
werden. Der Kern der Analyse ist die daraus abgeleitete Gegenüberstellung zweier Hypothesen: Die eine besagt, dass die Schülerzusammensetzung einer Schule
bereits derart stark mit einer bestimmten Absenzenhäufigkeit zusammenhängt,
dass die Merkmale der Schule keinen relevanten Beitrag dazu leisten (*Effekte*

---

2   Der Analyseansatz dieser Arbeit wird im Bereich der empirischen Sozialforschung Mehrebenenanalyse genannt. Um dieses Buch auch interessierten Laien nahe zu bringen, wurde auf allzu detaillierte Beschreibungen und Darstellungen der statistischen Prozeduren und entsprechender Begriffe
verzichtet. Die Dissertation, in der alle Analyseschritte zu finden sind, steht kostenlos auf dem Server
der Universität Freiburg i.Ue (CH) zur Verfügung.

der Eingangsvoraussetzungen). Die zweite hält dagegen, dass die Eigenschaften einer Schule, wie z.b. die ‚Policy' im Umgang mit Absenzen oder der ‚Ethos' bei Sanktionen von Regelübertretungen, über die Eingangsvoraussetzungen hinaus wichtige Differenzierungen bezüglich der Absenzen ausmachen (*Effekte des schulischen Umfelds*). Bisher wurde die Präsenz der Schüler im Unterricht zumindest in der deutschsprachigen Forschung nicht oder nur am Rande als Qualitätskriterium für die Evaluation einer Schule angelegt; als Bedingung dafür, dass Unterricht stattfindet, wird in der Regel stillschweigend vorausgesetzt, dass sowohl Schüler als auch Lehrer *anwesend* sind: „Im Rahmen der Erstellung von Schulprogrammen werden häufig die Unterrichtsstörungen, aber auch der Umgang mit unentschuldigter Abwesenheit nur unzureichend oder gar nicht berücksichtigt" (NLI[3], 2002, S. 25). In diesem Zusammenhang lässt der Befund aufhorchen, dass in der deutschsprachigen Schweiz jeder zweite Schüler bereits mindestens einmal geschwänzt hat (Stamm et al., 2009a).

Auch wenn gegenwärtig noch ein Mangel an verlässlichem Datenmaterial zu häufigen unerlaubten Absenzen und einem möglichen Zusammenhang mit vorzeitigen Schulabbrüchen herrscht, so kann mit Blick auf englische und amerikanische Untersuchungen angenommen werden, dass verstärkter Schulabsentismus ein aussagekräftiger Indikator für einen späteren Abbruch ist: Auf der Basis englischsprachiger Studien ist nämlich davon auszugehen, dass ein Großteil der massiv schwänzenden Schüler keinen qualifizierten Schulabschluss erwirbt, wodurch die Thematik zusätzlich an Brisanz gewinnt. Rumberger (2001) formuliert diesen Zusammenhang so: „Student engagement has also been shown to predict dropping out even after controlling for the effects of academic achievement and student background. *Absenteeism, the most common indicator of overall student engagement, and student discipline problems are both associated with dropping out*" (Rumberger, 2001, S. 10; Hervorh. d. Verf.).

Den theoretischen Rahmen bilden zwei Themenbereiche, aus denen relevante Variablen rund um den Komplex Schulabsentismus herausgearbeitet und untersucht werden. Zunächst wird als Grundlage der Begriff Schulabsentismus in Bezug auf seine Verwendung und Bedeutung vorgestellt. Relevante theoretische Zugänge werden daraufhin strukturiert aufbereitet (Kapitel 1). Daraus abgeleitet ergibt sich die Frage an den zweiten behandelten Themenkomplex, die Schuleffektivitätsforschung im anglo-amerikanischen sowie im deutschsprachigen Raum (Kapitel 2): Ist eine Schule nur dann wirksam, wenn Jugendliche regelmäßig hingehen? Auf diesen ersten, theoretisch orientierten Teil, baut der empirische Teil dieser Arbeit auf. Nachdem der bisherige Forschungsstand zur Rolle schulischer Faktoren bei Schulabsentismus (Kapitel 3) aufgearbeitet wurde, erfolgen in Ka-

---

3   Niedersächsisches Landesinstitut für Fortbildung und Weiterbildung im Schulwesen und Medienpädagogik.

pitel 4 die Ableitung der Fragestellung und die Bündelung der vorhergehend aus-
geführten Untersuchungselemente. Kapitel 5 beschreibt die Stichprobe und die
Untersuchungsstrategie, ehe es in Kapitel 6 um die Erhebung, Aufbereitung und
Analyse der Daten geht. Deskriptive Ergebnisse, die Zusammenstellung und die
Spezifikation der analytischen Teilmodelle stehen im siebten Kapitel im Vorder-
grund. Das neunte Kapitel schließlich verdichtet Schlussfolgerungen und Konse-
quenzen und bildet mit der Diskussion und einem Ausblick den Abschluss dieses
Buches.

Das Buch ist auf der Basis meiner Dissertation entstanden, die ich im Sommer 2009 an der Universität Fribourg (Schweiz) abgeschlossen habe.

Meinen Dank möchte ich allen aussprechen, die mich auf dem Weg zum
Doktorhut und letztlich zu diesem Buch begleitet haben. Frau Prof. Margrit
Stamm danke ich für die Begleitung durch meine Lehr- und Wanderjahre und für
die Erlaubnis zur Verwendung der Daten aus dem vom Schweizerischen Nationalfonds geförderten Fribourger Forschungsprojekt *Schulabsentismus – Ein Phänomen und seine Folgen* (Projekt-Nr. 100013-107961/1). Allen tapferen Korrek-
turlesern danke ich für ihre wertvollen Rückmeldungen und Kritikpunkte: Prof.
Dr. Ulrich Trautwein, Dr. Vanessa-Isabelle Reinwand, Dr. Bernd Weiß und B.Th.
Tobias Sälzer.

Dem geneigten Leser wünsche ich Freude beim Entdecken neuer Zusammenhänge und vielleicht das eine oder andere Schmunzeln, wenn die Selbsterkennt-
nis bei der Beschreibung verschiedener Schwänztaktiken aufblitzt. Für methodisch interessierte Leser zeigt das siebte Kapitel auf, wie die Datenanalyse und
die Modellierung durchgeführt wurden. Eine inhaltliche und allgemein verständ-
liche Interpretation der Befunde folgt dann in Kapitel 8, das auch ohne das stark
methodisch argumentierende Kapitel 7 verständlich ist.

Dieses Buch wird keine Handanweisungen zur Prävention von oder Intervention bei Schulabsentismus liefern können; sehr wohl jedoch Einblicke in Zusammenhänge von Absentismus und dem schulischen Umfeld. Es ist damit ein
Grundstein für die Weiterentwicklung der Schulabsentismusforschung und kann
als Ausgangspunkt für gezielte Interventionsstudien dienen und hoffentlich auch
Einsichten in manchmal nur schwer verständliches jugendliches Verhalten geben.

1   Schulabsentismus: Begriff und Problematik

Jules Verne (1828-1905) wuchs mit vier jüngeren Geschwistern im französischen Nantes auf. Im Alter von neun Jahren kam er zusammen mit seinem Bruder Paul auf eine konfessionell getragene Eliteschule. Zunächst zählte er zu den besten Schülern, verlor jedoch zunehmend die Lust am Lernen und musste wegen zu schwacher Leistungen die Eliteschule verlassen. Im Alter von elf Jahren beschloss er, dass er in der neuen Schule, einem städtischen Gymnasium, genug gelernt habe, lief davon und versuchte heimlich, eine Seereise als Schiffsjunge anzutreten. Im letzten Moment jedoch wurde Jules von seinem Vater von Bord geholt. Die Welt des Hafens mit seinem farbenfrohen, exotischen Markt und dem unermüdlichen Anlegen und Auslaufen riesiger Schiffe schien dem jungen Jules wesentlich interessanter als das trockene Lernen im *Séminaire*, und so verbrachte er manche Schulstunde statt am Pult auf dem Hafenareal. Ein besonders begabter Schüler soll Verne nicht gewesen sein, er fiel dafür jedoch durch seine ausnehmend phantasievollen, lebhaften und viele Kinder mitreißenden Spiele während der Pausen auf. Nach seinem ‚Fluchtversuch‘ besuchte er zunächst erfolgreich das Gymnasium und studierte anschließend Jura, um später einmal die väterliche Anwaltskanzlei zu übernehmen. Bereits während dieses Studiums entdeckte Verne seine Liebe zum Schreiben und begann, Libretti für Opern und erste Reisegeschichten zu verfassen. Sein Talent für den Umgang mit Sprache und Fiktion führten ihn, sehr zum Unwillen seines Vaters, allmählich auf den Pfad eines Schriftstellers. Heute ist Jules Verne unvergessen und bekannt als einer der ersten Science-Fiction-Autoren, dessen Werke noch immer in weitere Sprachen übersetzt werden.

Jules Verne hat eine Verhaltensweise mit heutigen Jugendlichen gemeinsam, die in den letzten Jahren zunehmend sowohl in der Erziehungswissenschaft und ihren Nachbardisziplinen als auch in der Populärliteratur thematisiert wird: das Schulschwänzen, auch als Schulabsentismus bezeichnet. Um das diesem Buch zugrunde gelegte Begriffsverständnis zu erläutern, ist dieses erste Kapitel in drei Teile untergliedert: Zunächst werden der Begriff Schulabsentismus und seine Verwendung präzisiert. Danach werden relevante theoretische Zugänge zum Phänomen Schulabsentismus vorgestellt. Abschließend wird die mit Schulabsentismus verbundene Problematik charakterisiert.

1.1   Der Begriff Schulabsentismus

Schulabsentismus ist insbesondere deshalb immer wieder ein Thema des öffentlichen und wissenschaftlichen Diskurses, „weil ein unregelmäßiger Schulbesuch gravierende Folgen für den Bildungserwerb und damit langfristig auch für die Positionierung auf dem Arbeitsmarkt haben kann" (Dunkake, 2007, S. 13). Weil in Deutschland und der Schweiz wie in den übrigen Ländern Europas die allgemeine Schulpflicht während eines gesetzlich bestimmten Zeitraumes gilt, ist die Bedeutung und Relevanz des Begriffes Schulabsentismus eng an diese rechtliche Norm gebunden.

Das Thema Schulversäumnisse als Verletzung der gesetzlichen Schulpflicht wird aktuell sowohl im Bereich der wissenschaftlichen Publikationen als auch in allgemeinen Informationsmedien mit einem reichhaltigen Arsenal von Bezeichnungen umschrieben: Schulverweigerung, Schulschwänzen, Schulabgewandtheit, Schuldistanzierung, Schulverdrossenheit, Schulphobie, Schulunlust, Schulaversion und dergleichen sind Begriffe, die kontextabhängig gewählt werden, um verschiedene Arten von Schulpflichtverletzungen zu benennen. „In der Fachdiskussion hat sich der Begriff Schulabsentismus allerdings eingebürgert, gewissermaßen als Oberbegriff des hier thematisierten Gesamtphänomens (*school absenteeism*)" (Stamm et al., 2007; Hervorh. i. Orig.). In diesem Buch wird daher generell der Begriff *Schulabsentismus* verwendet, der im Folgenden charakterisiert werden wird.

Ricking führte 1999 „Schulabsentismus" Oberbegriff aus der englischsprachigen Forschung ein, der „das dauerhafte und wiederkehrende Versäumen des Unterrichts von Schülern ohne ausreichende Begründung" (Ricking, 1999, S. 2) bezeichnet. Er unterscheidet in diesem Zusammenhang drei benachbarte Begriffe: erstens das Schulschwänzen, welches auf die Eigeninitiative der betreffenden Schüler zurückgeht, die ihre schulfreie Zeit mit anderen, für sie angenehmeren Beschäftigungen verbringen möchten. Zweitens benennt er das Zurückhalten, das eher von den Erziehungsberechtigten veranlasst wird, weil die Präsenz des Sohnes oder der Tochter außerhalb der Schule erwünscht ist, und drittens die Schulverweigerung, als deren Ursachen schulische Ängste (Furcht vor Lehrkräften, vor Mitschülern oder vor Schulversagen) gelten können (vgl. die Zusammenfassung bei Schreiber-Kittl & Schröpfer, 2002, S. 36). Schulabsentismus, wie er auch im Projekt an der Universität Fribourg formuliert wird, ist demnach eine Form von Schulversäumnissen, die ebenso wie das elterliche Zurückhalten die *körperliche Abwesenheit* vom Unterricht meint. Hingegen kann Schulverweigerung als solche durchaus auch während der Teilnahme an Schulstunden stattfinden. In den folgenden Abschnitten werden die drei Begriffe detailliert voneinander abgegrenzt.

Schulschwänzen

Mit einem Augenzwinkern beschreibt Grimm (1899, nach Müller, 1990) den Ursprung des Begriffs *Schulschwänzen* im Terminus der so genannten „Schwänzelpfennige", womit im 17. und 18. Jahrhundert Münzgeld bezeichnet wurde, das die Dienstboten unterschlugen, wenn sie für ihre Herrschaften Botengänge erledigt hatten. Seine etymologischen Wurzeln hat der Begriff Schulschwänzen aber in der gemeinhin als ‚Rotwelsch' bezeichneten Sprache (vgl. Ehmann & Rademacker, 2003, S. 23f.), die seit dem 13. Jahrhundert von nicht sesshaften Völkern und sozialen Randgruppen gesprochen wurde und dem Deutschen semantisch ähnlich ist. Manchmal wird das Rotwelsch auch als ‚Gaunersprache' bezeichnet. Studenten eigneten sich den Begriff ‚Schwänzen' zunächst an und benannten damit das absichtliche Versäumen von Kollegstunden, Vorlesungen oder auch Gottesdiensten. „Mit Schwänzen verbindet sich aus dieser Tradition bis heute die Vorstellung, dass der Schwänzer [...] die gewonnene Zeit, am besten in Geselligkeit, mit (studentischen) Freuden und Späßen zu füllen weiß" (a.a.O., S. 23). Der bewusste Regelverstoß wird in diesem Begriffsverständnis also mit einem als angenehm unterstellten Zeitvertreib verknüpft. An sich ist ein solches Verhalten nicht prinzipiell als bedenklich zu bewerten: „Schulversäumnisse dieser Art gehören in das Repertoire adoleszenztypischer Regelverstöße, die keineswegs als Hinweis auf erhebliche Sozialisationsrisiken gewertet werden müssen" (a.a.O.). Schulversäumnisse jedoch, die mit Schulversagen einhergehen und zunehmend zur Routine von Jugendlichen werden, können deren Schullaufbahn sowie ihr späteres Fußfassen in der Gesellschaft durchaus gefährden und sind so zumindest als potenziell problematisch einzustufen. Mit Oehme (2007) und Sturzbecher und Dietrich (1993) lässt sich Schulschwänzen als temporärer Ausstieg aus der Schule bezeichnen, der jedoch immer wieder durch Anwesenheitsphasen im Unterricht unterbrochen wird. Gemessen an Schulverweigerung und Zurückhalten ist Schulschwänzen wohl der inkonsistenteste oder zumindest der ambivalenteste Begriff des Themenkomplexes, da er vom seltenen Fehlen in einzelnen Stunden (Versäumnisse einzelner Unterrichtsphasen durch ausgedehntes Aufsuchen der Toiletten, Zu-Spät-Kommen oder früher nach Hause gehen) über das Auslassen halber Tage (Nachmittagsunterricht) und intervallhaftes Fehlen ganzer Tage oder Unterrichtseinheiten (etwa im Schulsport) bis hin zu einer die Präsenz aufwiegenden Abwesenheitsrate führen kann, ehe er in Schulverweigerung als Bezeichnung übergeht.

Schulverweigerung

Während unter dem Begriff *Schulschwänzen* der Anteil der Anwesenheit im Unterricht gegenüber der Abwesenheit zumeist überwiegt, umschreibt *Schulverweigerung* ein Vorherrschen der Absenzen gegenüber der Präsenz in der Schule (Ehmann & Rademacker, 2003, S. 25). Schulverweigerung ist somit in Bezug auf das Ausmaß der Schulversäumnisse ein stärkerer Begriff als Schwänzen und umfasst zusätzlich die Beziehungsebene zwischen Schülern und ihrer Schule. Während Schulschwänzen ausschließlich in körperlicher Abwesenheit vom Unterricht geschieht, kann Schulverweigerung im Sinne einer demonstrativen Passivität, Leistungsverweigerung oder Störung des Unterrichts auch in Anwesenheit der Schüler vorliegen. Jugendliche, die in Projekten zur Jugendhilfe bei Schulverweigerung untergebracht sind, berichten meist von einem ambivalenten Verhältnis zu Schule, deren Rahmen sie einerseits unangenehme Beziehungen zu Lehrpersonen und Mitschülern anlasten, von der sie allerdings auch aufgrund ihres eigenen Leistungsversagens lieber fernbleiben (u.a. Reißig, 2001, nach Ehmann & Rademacker, 2003). Ausgehend von dieser die Beziehungsebene betreffenden Problematik wird Schulverweigerung oftmals auch als pathologisch betrachtet: „Schulverweigerung wird damit als Symptom für eine emotional-internalisierende Störung verstanden, die im Sinne einer psychiatrischen Diagnose therapiebedürftig ist. Diese Auffassung wird auch von der Schweizer Pädagogin Ganter-Bührer (1991) ausführlich abgehandelt, die Schulverweigerung im Rahmen ihrer Auslegungen als Vorstufe zur Schulphobie sieht" (Möhring, 2000, S. 21). Der in einer solchen Definition nahe gelegte Bezug zu schul- und generell bildungsaversiven Haltungen ist offensichtlich. Ganter-Bührer betont grundsätzlich einen systemischen Ansatz für ihre therapeutischen Maßnahmen, liegt jedoch hinsichtlich ihrer Begriffswahl in Bezug auf Schulabsentismus als Störung mit einer spezifischen Pathogenese näher an einer medizinischen Perspektive. Oehme (2007) sieht Schulverweigerung am Rand eines Kontinuums zwischen Schulmüdigkeit und Schulabsentismus[4,] wobei Schulverweigerung „die intensivste Abkehr von der Schule dar[stellt]" (a.a.O., S. 71). Jugendliche, welche die Schule verweigern, sind laut Oehme über einen längeren Zeitraum kontinuierlich abwesend und haben keinen internalen Bezug mehr zur Schule (mangelnde Identifikation, Schule als Zwang).

---

4   Die in der vorliegenden Untersuchung verwendeten Daten stammen aus dem vom Schweizerischen Nationalfonds geförderten Forschungsprojekt „Schulabsentismus in der Schweiz – Ein Phänomen und seine Folgen". Genauere Informationen zum Projekt sind in Stamm, Niederhauser, Ruckdäschel, Templer & Schmid, 2007 (Projektabschlussbericht) bzw. Stamm, Ruckdäschel, Templer & Niederhauser, 2009 (Buch mit den wichtigsten Ergebnissen) nachzulesen.

Elterliches Zurückhalten oder Schulentzug

Die dritte Hauptform von Schulabsentismus beschreibt ein Fernbleiben von der Schule, das nicht auf die Initiative des Schulkindes zurückgeht, sondern auf seine Erziehungsberechtigten. Ricking (2006) bezeichnet dies beispielsweise mit *Zurückhalten*, Ganter-Bührer (1991) mit Schulentzug. Die tatsächlichen Gründe für derartige Sachverhalte können vielfältig sein. Krankheit eines Elternteils, nicht allein sein wollen oder der Bedarf an Hilfeleistungen des Sohnes bzw. der Tochter in Haushalt oder Betrieb sind nur eine beispielhafte Auswahl. Besonders tragisch sind Fälle, in denen das Schulkind das Zuhause nicht verlassen soll, damit niemand dessen Verletzungen bemerken kann (Ricking, 2006). In einem solchen Fall übergehen die Eltern bewusst die Schulpflicht ihrer Kinder und nehmen einen Verstoß gegen eine gesetzlich geregelte Norm in Kauf. „Unter diesen Umständen sehen die Kinder ihr Verbleiben in der Wohnung keineswegs als unrechtmäßig an (a.a.O., S. 63). Insbesondere aus psychologischer oder psychiatrischer Perspektive wird das elterliche Zurückhalten auch in Zusammenhang mit Trennungsangst gesehen (Johnson et al., 1941; Nissen, 1972; Hersov & Berg, 1980; Ricking, 2003), also dem Unwillen der Kinder und Jugendlichen, sich abseits seiner signifikanten Bezugspersonen aufzuhalten und nicht zu wissen, wie es diesen ergehe. Rickings (2003) Beispiel von dem Jungen, der bei Verlassen des Elternhauses panikartig den Tod seiner Mutter vermutete, ist ein besonders eindrücklicher Fall. Selbst wenn in solchen Szenarien kein aktives Zuhausebehalten der schulpflichtigen Kinder durch ihre Eltern stattfindet, so fühlen sich die Kinder doch stark unwohl, ihre(n) Eltern(teil) zu Hause zurück zu lassen und zur Schule zu gehen. Eine gestörte Eltern-Kind-Beziehung, wie sie von psychoanalytischen Ansätzen oftmals als Ursache für Schulabsentismus konstatiert wird, ist beim elterlichen Zurückhalten von zentraler Bedeutung (vgl. Kapitel 1.2 zu den theoretischen Erklärungsansätzen).

Alle drei hier aufgeführten Begriffe rund um die Thematik des Schulabsentismus umschreiben Arten von Schulversäumnissen, wobei Schulschwänzen und Schulverweigerung der Initiative der Schüler selbst zuzuschreiben sind und das Zurückhalten zumindest aus der Perspektive der Kinder von den Erziehungsberechtigten ausgeht. In den nachfolgenden Abschnitten werden theoretische Zugänge zu Schulabsentismus beschrieben, die das unerlaubte Fernbleiben vom Unterricht aus einer je spezifischen Perspektive betrachten und bewerten.

1.2   Theoretische Zugänge zu Schulabsentismus

Schulmeidendes Verhalten wurde während der vergangenen Jahrzehnte von mehreren wissenschaftlichen Disziplinen thematisiert und untersucht. Dementsprechend wurden jeweils unterschiedliche Perspektiven zur Annäherung an die Ursachen von Schulabsentismus entwickelt. In diesem Kapitel wird eine Auswahl
der bisher etablierten theoretischen Erklärungsansätze zur Entstehung von Schulabsentismus vorgestellt und diskutiert. Eine Unterteilung der theoretischen Aspekte erfolgt nach dem Kriterium der Perspektive auf die Verantwortlichkeit für
Schulabsentismus, wobei zwischen einer *individuellen* und einer *institutionellen*
Betrachtung differenziert wird. Während frühe Untersuchungen zum Thema vorwiegend dem Paradigma des Absentismus als individuell-familiärem Problem
folgten (zugespitzt: *„Blame the victim for the problem"*; Lee & Burkam, 2003, S.
358, Hervorh. d. Verf.; Moynihan, 1965), zeichnete sich ab den späten 1970er-
Jahren ein Wechsel der Perspektive hin zu einer institutionell orientierten Betrachtungsweise ab. Ersterer Ansatz geht davon aus, dass die Verletzung der
Schulpflicht grundsätzlich der Verantwortung des Schülers als Individuum bzw.
dessen Familie zuzuschreiben ist, zumal die allgemeine Schulpflicht zugleich ein
verbrieftes Recht auf freie Zugänglichkeit zu Bildung darstellt. Demgegenüber
sieht die zweite Perspektive eher das schulisch-institutionelle Umfeld der Schüler als Risikofaktor für möglichen Absentismus, da das Verhalten der Jugendlichen auch dem Einfluss des jeweiligen Settings untersteht. Immerhin verbringen
die Jugendlichen während der obligatorischen Schulzeit 15000 Stunden im Unterricht – wie bereits Rutter, Maughan, Mortimore & Ouston (1980) in ihrer
gleichnamigen Publikation pointieren. Lange dominierte die individuell-familiäre Sichtweise sowohl die Forschung als auch den Umgang der Schulen mit dem
möglichen Problem häufiger Absenzen, ehe die sowohl in den USA als auch im
deutschsprachigen Raum als neu geltende institutionelle Perspektive an Einfluss
gewann (Lee & Burkam, 2003; Oehme, 2007). Seit dem Überblick von Stamm
(2005), der im deutschsprachigen Gebiet erstmals die individuelle mit der institutionellen Perspektive verknüpft, setzt sich diese integrative Betrachtungsweise
zunehmend durch. Heutzutage gilt Absentismus als multikausales Phänomen, an
welchem die einzelne Schule zumindest einen Teil der Verantwortung trägt. Das
Fribourger Forschungsprojekt war daher explizit auf beide Settings, das individuelle und das institutionelle Umfeld, ausgerichtet. Beide Perspektiven werden in
den folgenden Abschnitten beschrieben und deren spezifischer Blick auf Schulabsentismus gezielt herausgearbeitet. Im Gegensatz zum in Kapitel 3 vorgestellten Forschungsstand geht es in den folgenden Abschnitten ausschließlich um
theoretische Zugänge zu Schulabsentismus, die zwar teilweise auf empirischem
Weg entwickelt wurden, teilweise jedoch auch ohne Datenerhebung formuliert

und in einen fachspezifischen Kontext eingeordnet wurden. Dies wird vor allem dort deutlich, wo sich die genannten Autoren selbst nicht konkret mit Schulabsentismus beschäftigt haben, sondern deren Theorien gezielt für die hier vorgestellte Studie auf das Phänomen angewendet werden.

1.2.1 Die individuelle Perspektive

Die Vielfalt der im Folgenden dargestellten Aspekte verdeutlicht die oben angesprochene Problematik, dass zahlreiche unterschiedliche Fachdisziplinen innerhalb ihrer spezifischen Methodiken und Paradigmen Schulabsentismus zum Gegenstand ihres Interesses machen. Das ‚Individuum', das dieser Perspektive den Namen gibt, meint sowohl die Person des Schülers selbst als auch deren Familie als primäre Bezugsgruppe.

Mangelnde Gewissensbildung: die psychoanalytische Perspektive

Ein psychoanalytischer Blick auf Schulschwänzen widerspiegelt die in den Anfängen der Schulabsentismusforschung vorherrschende Meinung, Schulabsentismus sei ein pathologisches Verhalten, das auf Störungen der Persönlichkeit von Kindern und Jugendlichen zurückzuführen sei. Dieses „Verwahrlosungskonzept" (Oehme, 2007, S. 48) umfasst neben psychologischen auch medizinische Aspekte im Sinne von Schulabsentismus als einer genetisch bedingten Verwahrlosung. Damit verbunden ist die Überlegung, dass Verwahrlosung als Reaktion des Jugendlichen auf ein soziales Milieu Ausdruck einer „großen Not" (Kleist, 1930, S. 16) sein kann. In neueren Arbeiten wird die psychoanalytische oder Verwahrlosungsperspektive auf Schulabsentismus nur noch selten in Betracht gezogen, da sie auf die Mehrheit der Schulschwänzer nicht zutrifft, sondern lediglich in Bezug auf massiven Schulabsentismus einen Erklärungswert hat und auch in diesem Fall als alleiniger Zugang nicht ausreichend ist. Zwar verfolgt Nitzschmann (2000) in ihrer Studie einen interpretierend-analytischen Zugang und sieht Absentismus als Resultat emotionaler Defizite, welche sich auf einer „Entwicklungslinie für Vermeiden und Weglaufen" (a.a.O., S. 80ff.) abbilden lassen; jedoch lehnt sich dieser Aspekt bereits stark an den weiter unten beschriebenen feldtheoretischen oder sozialökologischen Ansatz an und kann auch diesem zugeordnet werden. Die Herangehensweise der Psychoanalyse stellt vermehrt die Konfrontation eines Kindes mit „unangemessenen Erziehungsstilen im familialen Setting" (Ricking, 2006, S. 39; vgl. auch Kleist, 1930) in den Mittelpunkt ihrer Betrachtungen. Lust- und Unlusterfahrungen begleiten nach diesem Ansatz

beinahe alle Denk- und Handlungsvollzüge der Kinder (Nissen, 1972). Bedeutet
der Aufenthalt in der Schule für ein Kind die gehäufte Erfahrung von Unlustge-
fühlen, so lässt sich aus dieser Perspektive die Meidungsreaktion als Problemlö-
sung logisch erschließen. Solche Lust- und Unlustgefühle bestimmen laut Nissen
(a.a.O.) auch die Einstellung gegenüber Leistung, wobei die selbst gewählte Alternative zum Schulunterricht eine Form lustbetonten Handelns sei: „Das schul-
schwänzende Kind bejaht seine Abwesenheit vom Unterricht, treibt sich in Wa-
renhäusern, Bahnhöfen oder Spielsälen herum oder hält sich mit oder ohne
Einverständnis der Eltern zu Hause auf" (a.a.O., S. 184). Nissen konstatiert, dass
die Ursachen einer von Schwänzen gekennzeichneten Schulkarriere bereits in der
frühen Kindheit zu suchen seien und dort letztlich ihre Begründung in mangeln-
der Gewissensbildung sowie einem labilen Selbstwertgefühl finden. Schulschwänzen wird für die Kinder und Jugendlichen in diesem Fall zu einer Form
der Loslösung von der Schule, um ihr beeinträchtigtes Selbstwertgefühl zu schü-
tzen. Darüber hinaus existieren auch Studien, welche belegen, dass schulschwän-
zende Kinder und Jugendliche unerwartet häufig auch an neurotischen Störungen
wie Angstzuständen, extremer Traurigkeit oder Nervenschwäche leiden (Hersov
& Berg, 1980; Reid, 2005) und Schulabsentismus damit in ein Krankheitsbild
einordnen. Die Schule nimmt in diesem Kontext die Rolle eines Ortes ein, an
dem die Schüler angenehme oder unangenehme Gefühle erleben und durch diese
entweder zur Meidung oder zur Aufsuchung ebendieses Ortes motiviert werden.
In Erweiterung zur psychoanalytischen Sichtweise entwarf der Kinderarzt Clyne
(1969) die so genannte psychodynamische Perspektive, in welcher Schulabsentismus nicht mehr Teil eines Krankheitsbildes ist, sondern ein „eigenständiges,
psychologisch-psychiatrisches Krankheitsbild" (Oehme, 2007, S. 55). Für Clyne
ist Schulverweigerung ein pathologischer Komplex, der „in die Zuständigkeit
des Arztes gehört und nicht mit disziplinarischen Maßnahmen behandelt werden
sollte" (Clyne, 1969, S. 69; Hervorh. im Orig.).

Nicht für die Schule, sondern für das Leben: die mikrosoziologische Perspektive

Weniger pathologisch, jedoch ebenfalls individuell und familiär fokussiert betrachtet die mikrosoziologische Perspektive das Schulschwänzen. Aus mikrosoziologischer Sicht kann Schulabsentismus u.a. als Ausdruck eines familiären oder auch milieuspezifischen Habitus betrachtet werden, in dem sich die Einstellung des Individuums gegenüber Schule und Schulbesuch widerspiegelt. Über das Individuum hinaus trägt das Bildungswesen zur Beibehaltung des sozialen Status der Herkunftsfamilie bei (Deutsches PISA-Konsortium, 2001, S. 355ff.; dies., 2004, S. 243 ff.), erschwert also vertikale soziale Mobilität und reproduziert damit die bestehende Klassenstruktur einer Gesellschaft: Objektive Strukturen eines Bildungssystems produzieren nach diesem Ansatz bei den Individuen Einstellungen in Gestalt eines Klassenhabitus, indem sie „diesen Strukturen angepasste Verhaltensweisen erzeugen" (Bourdieu & Passeron, 1971, S. 221). Diese Einstellungen bürgen also für das Funktionieren und die Perpetuierung der Strukturen. „So entsprechen beispielsweise die Bereitschaft, sich des Bildungswesens zu bedienen, und die Möglichkeiten, dort auch Erfolg zu haben, den objektiven Bildungs- und Erfolgschancen der verschiedenen sozialen Klassen; dies wiederum ist der wichtigste Faktor für die Perpetuierung der Struktur der Bildungschancen als objektiv greifbarem Ausdruck der Relationen zwischen dem Bildungssystem und der Struktur der Klassenbeziehungen" (a.a.O., S. 221). Oevermann formuliert diesen Zusammenhang so: „Das Erziehungsinteresse der Eltern ist wahrscheinlich einer der wichtigsten ursächlichen Faktoren für den positiven Zusammenhang der Ausbildungschancen mit dem sozio-ökonomischen Status" (Oevermann, 1966, S.169). Dies zeigt sich etwa darin, dass für Eltern mit unqualifizierten Berufen die Relevanz einer weiterführenden Ausbildung als realistische Chance zum sozialen Aufstieg außerhalb des eigenen Erfahrungshorizonts liegt und sie deshalb ihre Kinder kaum dazu motivieren, die Schule als eine solche Chance zu nutzen. Den Kindern wiederum fehlt nach Oevermann die Einsicht in die „Funktionalität des Lernstoffes für später auszuführende Tätigkeiten als motivierendes Moment" (Oevermann, 1966, S. 169). Somit wird die Schule nicht als Institution wahrgenommen, deren regelmäßiger Besuch *notwendige* Voraussetzung für Erfolg im Beruf oder auch nur ‚im Leben' ist; in keinem Fall ist der Schulbesuch *hinreichende* Bedingung für einen erfolgreichen Übergang ins Berufsleben. Der herkunftsbedingte Unterschied liegt vielmehr in der Bereitschaft, das Bildungswesen zu nutzen, um die geforderten Voraussetzungen für eine qualifizierende Ausbildung erreichen und erfüllen zu können und über das Vehikel der Bildung letztlich am gesellschaftlichen Leben teilhaben zu können. Die Rolle der Schule kommt unter diesem Aspekt in ihrer qualifizierenden Funktion zum Tragen, indem sie ihrer Schülerschaft neben den Inhalten auch die

Überzeugung vermittelt, im Sinne eines ‚non scholae sed vitae discimus' für ihr persönliches Leben über die Schulzeit hinaus relevante Kompetenzen zu erwerben, welche sie ohne einen regelmäßigen Schulbesuch nicht bekommen.

Aus Langeweile abwesend: (Hoch-)Begabung und Unterforderung

Ein weiterer auf das Individuum zielender Aspekt, der auf den ersten Blick verwunderlich zu sein scheint, ist Schulabsentismus als Verhaltensrepertoire sehr begabter, im Unterricht unterforderter Schüler. Dieser Punkt hat jedoch durchaus seine plausible Berechtigung. Häufig werden besonders leistungsstarken Schülern Attribute wie Diszipliniertheit, Fleiß und Pflichtbewusstsein zugeschrieben. Dieses Bild lässt sich jedoch nicht mit der Vorstellung vereinbaren, dass auch solche ‚Musterschüler' durch illegitime Absenzen vom Unterricht auffallen. Bei genauerer Betrachtung ist Schulabsentismus allerdings auch und gerade bei Schülern, welche sich im Unterricht nicht genug gefordert fühlen und gelangweilt ihre Zeit absitzen, eine nahe liegende Strategie zur Vermeidung unangenehmer Situationen. Dass ein Zusammenhang zwischen einer sehr hohen Begabung und gehäuften Absenzen tatsächlich besteht, haben beispielsweise Stamm (2004) in ihrer Längsschnittstudie mit Frühlesern und Frührechnerinnen nachgewiesen oder Ganter-Bührer (1991) und Renzulli und Park (2002) im Zusammenhang mit Schulverweigerung bzw. späterem Schulabbruch gezeigt. Bereits im Grundschulalter waren hier erste Tendenzen bei Kindern erkennbar, die zum Zeitpunkt des Schuleintritts bereits fehlerfrei lesen und/oder rechnen konnten, dem Unterricht aus Langeweile fernzubleiben (Stamm, 2004). Die begabungsorientierte Betrachtungsweise liefert insgesamt ein widersprüchliches Bild, zumal zusätzlich zum genannten Zusammenhang von Begabung, Unterforderung und Schulschwänzen auch das Gegenteil plausibel zu argumentieren ist: Auch eine niedrige (schulische) Intelligenz eignet sich als Erklärungsansatz für Schulabsentismus, indem nämlich die damit verbundenen Misserfolgserlebnisse zur Vermeidung solcher Erfahrungen führen und den Schüler dazu motivieren, nicht mehr regelmäßig am Unterricht teilzunehmen (Kaiser, 1983). So gesehen ist die Diversifizierung des Unterrichtsstoffes mit Blick auf unterschiedliche Lernstände und kognitive Fähigkeiten ein schulischer Faktor, der mit Schulabsentismus zusammenhängt. Geschieht diese Differenzierung nicht in ausreichendem Maße, so fühlen sich gemäß begabungstheoretischer Annahmen die Schüler womöglich über- oder unterfordert und ziehen es unter Umständen vor, dem Unterricht zumindest selektiv fern zu bleiben.

Etwas Besseres zu tun: die Theorie differenziellen Lernens

In einer Theorie differenziellen Lernens sehen Neukäter & Ricking (1999) eine plausible Verankerung des Schulschwänzens. Sie gehen davon aus, dass „Verhalten durch die Antizipation seiner Konsequenzen differenziell reguliert wird" (Ricking, 2006) und dadurch zweierlei gelernt wird: erstens das Beenden unangenehmer Zustände und zweitens die Herbeiführung angenehmer emotionaler Empfindungen. Bezogen auf das Schulschwänzen bedeutet dies, dass der unangenehme Zustand des In-der-Schule-Seins beendet oder gar nicht erst begonnen wird und positive Emotionen auf der Basis eines selbst initiierten und bestimmten Fernseins von der Schule erzielt werden. Auch weitere lerntheoretische Implikationen legen nahe, dass ‚blau machen' subjektiv lohnenswerter sein kann als zur Schule zu gehen und so etwa Schulschwänzen positiv verstärkt wird (operante Konditionierung). „Dabei sind alle Situationen und Ereignisse gemeint und von Belang, die Schüler statt des Schulbesuchs am Vormittag erleben könnten, alle Aktivitäten und Anreize für Schüler in unserer Lebenswelt, die subjektiv lohnender sind und somit den Absentismus positiv verstärken" (Ricking, 2006. S. 40). Beim Schulabsentismus greifen meist beide Motivstränge – das Anstreben des Attraktiven und die Vermeidung des Unangenehmen – gleichermaßen. Bedeutet die Schule für einen Schüler eine wiederholt unangenehme Anforderungssituation, so kann deren Antizipation zu Anstrengungsvermeidung (Rollett, 2001, s.u.) und damit unter anderem zum regelmäßigen Schwänzen motivieren. Die Erfahrung, dass schwänzenden Klassenkameraden ja auch nichts passiert ist, kann sich im Sinne eines Lernens am Modell (Bandura, 1976) ebenfalls unterstützend in Bezug auf die Entscheidung zu schwänzen auswirken. Die antizipierten Konsequenzen kommen in diesem Fall einem positiven Reiz gleich, da gemäß der Erfahrung anderer Mitschüler das mutmaßlich Angenehme, nicht am Unterricht teilzunehmen, keine negativen Sanktionen nach sich zieht und demnach in der Summe für die Jugendlichen erstrebenswert wird. Erlebt ein Kind also in seiner Schule, dass illegitime Absenzen nicht bemerkt bzw. geahndet werden, so wägt es möglicherweise ab, seine Zeit mit selbst gewählten Aktivitäten zu verbringen anstatt vorgegebenen Lerninhalten im Unterricht zu folgen. Die Konsequenz beim Umgang mit abwesenden Schülern ist gemäß der Theorie differenziellen Lernens also ein relevanter schulischer Faktor für die Entwicklung von absenten Verhaltensmustern.

Absentismus als Tatbestand: die ordnungspolitische Perspektive

Seit der Einführung der gesetzlichen Schulpflicht macht sich strafbar, wer dieser Pflicht nicht nachkommt bzw. wer nicht nachhaltig dafür sorgt, dass die ihm anvertrauten schulpflichtigen Kinder regelmäßig den Unterricht besuchen, solange nicht ein gesetzlich vorgesehener Grund für Ausnahmen vorliegt.[5] So gesehen, dürfte es eigentlich gar keine Schulschwänzer geben, denn das Nichteinhalten der Schulpflicht ist meist mit Ordnungsmaßnahmen belegt: „Die Schule ist eine Einrichtung, die von allen Kindern und Jugendlichen [...] besucht werden muss. Es besteht eine allgemeine Schulpflicht, deren Erfüllung neben den Eltern auch die einzelne Schule überwachen muss und deren Nichterfüllung durch Bußgelder oder sogar durch den (teilweisen) Entzug des Sorgerechts durch das Familiengericht sanktioniert werden kann".[6] Schulabsentismus ist aus ordnungspolitischer Perspektive damit ein Tatbestand, der geahndet wird oder es zumindest per Gesetz werden sollte. Im deutschsprachigen Raum tragen die Erziehungsberechtigten das Mandat für die Einhaltung der Schulpflicht (s.o.), während etwa in den USA unerlaubtes Fernbleiben vom Unterricht unter das Jugendstrafrecht fällt.[7] In beiden Fällen liegt die Verantwortung beim Schüler selbst oder seiner Familie und bestenfalls sekundär auf Seiten der Schule. Schulschwänzen ist damit noch nicht ‚kriminell', stellt jedoch einen Verstoß gegen eine verbindliche Rechtsnorm dar. Die rollensoziologisch orientierte Arbeit von Witzel (1969), die sich mit der Bedeutung eines Außenseiterstatus in Bezug auf die schulische Peergroup für die Entwicklung einer kriminellen Karriere befasst, misst Schulabsentismus eine kriminologische Relevanz bei. Schulschwänzen ist demnach eine Vorstufe oder ein

---

5   Vgl. etwa das Papier der deutschen Kulturministerkonferenz (2006) mit dem Titel „Das Bildungswesen in der Bundesrepublik Deutschland. Darstellung der Kompetenzen, Strukturen und bildungspolitischen Entwicklungen für den Informationsaustausch in Europa". In Kapitel 2.5 heißt es zur Durchsetzung der Schulpflicht: „Die Schulpflicht umfasst die regelmäßige Teilnahme am Unterricht und an den sonstigen verpflichtenden Schulveranstaltungen. Verantwortlich für die Erfüllung dieser Pflicht sind sowohl der Schüler und seine Eltern als auch im Rahmen der Berufsschulpflicht der Ausbildungsbetrieb. Die Einhaltung der Schulpflicht wird durch den Schulleiter kontrolliert und kann gegebenenfalls durch verschiedene Maßnahmen gegenüber dem Schüler, den Eltern oder dem Ausbildungsbetrieb durchgesetzt werden" (Sekretariat der Ständigen Konferenz der Kultusminister der Länder in der Bundesrepublik Deutschland, 2006, S. 41f.).
6   Material C 1 der Schulleitungsfortbildung Nordrhein-Westfalen, Soest, 2004.
7   Vgl. etwa das Juvenile Law der City of San Diego (Kalifornien) unter http://www.sandiego.gov/-police/about/juvlaw.shtml: „Truancy -- Education Code (48264) Juveniles must attend school. Failing to attend can result in an appearance before the Student Attendance Review Board. [...] It is unlawful for any juvenile who is subject to compulsory education to loiter, idle, wander, or be in or upon the public streets, highways, roads, alleys, parks, playgrounds, or other public grounds, public places, public buildings, or the premises of any establishment, vacant lots or any unsupervised place between the hours of 8:30 a.m. and 1:30 p.m. on any day when school is in session for that juvenile [29. September 2008].

Durchgangsstadium zur Kriminalität (a.a.O., S. 74). Die feindliche Einstellung des Schülers gegenüber der Schule und deren Regeln und Ordnungen rührt von einer ungünstigen sozialen Position (z.b. durch wenige gegenseitige soziometrische Wahlen innerhalb der Klasse[8]) oder auch unangenehmen Interaktionen mit Mitschülern resp. Lehrern her und führt zu Schulschwänzen als „kindlichem Versuch, sich einer unbefriedigenden Situation zu entziehen" (Oehme, 2007, S. 58). Ausgehend von der Abwendung von der Schule als einem Teilsystem der Gesellschaft liegt nach Witzel (1969) eine Generalisierung auf weitere gesellschaftliche Systeme nahe: Nachdem über das Schulschwänzen eine (zeitweilige) Flucht aus der Schule geschieht, so kann hernach „eine bewusst angreifende, aus der Ineffektivität der allgemeinen Normen erwachsende Reaktion gegen die Gesellschaft erfolgen, die sich in delinquenten Akten äußert" (Witzel, 1969, S. 76). Dieser ordnungspolitische Zugang zu Schulabsentismus greift jedoch lediglich bei massiv schwänzenden Jugendlichen und ist, wie oben dargestellt, mit Bezug auf Ricking (1999) vom gelegentlichen Absentismus abzugrenzen.

Schulmeidung als Anstrengungsvermeidung

„Unter ‚Anstrengungsvermeidung' (engl. *effort avoidance*) ist die Neigung zu verstehen, sich den mit einer Leistung in einem bestimmten Tätigkeitsfeld verbundenen Anstrengungen durch den aktiven Einsatz geeigneter Strategien zu entziehen" (Rollett, 2001, S. 7). Der tägliche Schulbesuch geht für schulpflichtige Kinder und Jugendliche mit regelmäßigen Leistungsprüfungen und entsprechenden Anforderungen einher. Dieser Umstand kann von den betreffenden Schülern als enorm unangenehm empfunden werden. Kennzeichnend für die Entstehung von Anstrengungsvermeidung ist, dass „zielbezogene Tätigkeiten in einem definierten Handlungsbereich massive negative emotionelle Reaktionen zur Folge haben, eine einfache Vermeidung des in Frage stehenden Aktionsbereichs jedoch nicht oder nur ausnahmsweise möglich ist" (a.a.O.). Solange der Schulbesuch obligatorisch ist, kann dem Unterricht im Prinzip nicht folgenlos ohne legitimen Grund ferngeblieben werden. Ob jedoch die gesetzlich vorgesehenen Folgen auf unerlaubte Absenzen auch tatsächlich eintreten, hängt in großem Maße von der

---

8   Das Prinzip der soziometrischen Wahlen oder *sociometric choices* zur Erfassung von sozialen Beziehungen in Gruppen wird beispielsweise bei Marsden (2005) beschrieben: „Surveys and questionnaires in whole-network studies use several response formats to obtain network data: binary judgements (often termed sociometric choices) about whether respondents have a specified relationship with each actor on the roster, ordinal ratings of tie strength, or rankings" (S. 11; Hervorh. i. Orig.). Dabei werden etwa Schüler gebeten, auf einer Klassenliste (*roster*) auszuwählen, mit wem sie befreundet sind. Gegenseitige soziometrische Wahlen sind in diesem Fall Schülerurteile über bestehende Freundschaften, die von beiden Beteiligten so wahrgenommen werden.

jeweiligen Schule sowie deren Regeln und Personal ab. Schulschwänzen kann durchaus schieres ‚Sich-Drücken' vor der Schule, schulspezifischen Situationen oder Leistungskontrollen sein. Wo das Fehlen einzelner Schüler jedoch von der Schule konsequent registriert und sanktioniert wird, geht kontinuierlicher Absentismus in Anbetracht dieser Konsequenzen über in ein Verhalten, welches als Anstrengungsvermeidung bezeichnet werden kann: Schule wird nicht nur vermieden, sondern es muss auch dafür gesorgt werden, dass das unerlaubte Fehlen nicht entdeckt und dann bestraft wird. Außerdem nehmen die Schüler mit ihrem Verhalten in Kauf, dass die als unangenehm empfundene Schule zwar für den Moment vermieden wird, aber das Versäumen von Unterricht sich sehr wahrscheinlich negativ auf zukünftige Leistungen, auf das Vertrauen zwischen Lehrpersonen und Schülern sowie auf die Integration in die jeweilige Schule auswirken kann. Oehme (2007) verweist in ihrer Studie zum subjektiven Sinn von Schulabsentismus darauf, dass Schulschwänzer zum Teil enorme Unannehmlichkeiten auf sich nehmen, um nicht in die Schule gehen zu müssen, obwohl ihnen dort neben dem Unterricht auch Abwechslungen und Begegnungen mit Freunden ‚geboten' werden, auf die sie eigentlich nur ungern verzichten.

Zusammenfassend kann für diese erste, individuelle Perspektive festgehalten werden, dass Psychoanalyse, Mikrosoziologie, Begabungsforschung, Lernpsychologie, Ordnungspolitik und Anstrengungsvermeidung jeweils die Person des Schülers und sein familiäres Umfeld in den Mittelpunkt rücken. Schulabsentismus wird auf theoretischer Ebene zu erklären versucht, indem der Schüler als schwänzendes Individuum unter einem je bestimmten Aspekt aufgefasst und charakterisiert wird. Im anschließenden Abschnitt wird nun die zweite Position dargestellt, in welcher die Schule als Institution sowie die Peergroup als Teil dieser Institution als Haupterklärungsfaktor für schulabsentes Verhalten angesehen werden.

1.2.2 Die institutionelle Perspektive

In den nachstehenden Abschnitten wird der zweite theoretische Hauptstrang zur Erklärung von Schulabsentismus vorgestellt. Der Fokus wird hier auf die Rolle der Schule bei Schulabsentismus gelegt, wobei neben Theorien abweichenden Verhaltens (sog. Devianztheorien) auch makrosoziologische Perspektiven zur Sprache kommen. Zunächst wird nachvollzogen, wie sich die Reflektion über Schulabsentismus ausgehend von der individuellen Perspektive hin zu einer institutionellen Betrachtungsweise entwickelt hat. Wie auch schon im Teilkapitel zur individuellen Perspektive, werden hier ausschließlich *theoretische* Zugänge behandelt, die zum Teil auf empirischer Basis entstanden sind, zum Teil jedoch auch sozialwissenschaftlichen Theoremen entlehnt und für diese Untersuchung auf Schulabsentismus bezogen werden.

Fokus auf die Schule als Handlungssetting

Strukturelle schulische Variablen wie Noten, Klassenwiederholung oder organisatorische Rahmenbedingungen werden in ihrer Wirkung auf Schulabsentismus für den deutschsprachigen Raum erstmals systematisch von Hildeschmidt et al. (1979) erfasst. Trotz methodischer Mängel[9] liefert diese Untersuchung einen ersten Hinweis darauf, dass schulische Kontextmerkmale das Schulbesuchsverhalten deutlicher zu beeinflussen scheinen als individuell-biographische Faktoren (Hildeschmidt, 1979). Etwa ein Jahr später formulierte Kornmann die Frage, ob Schulschwänzen ein „Persönlichkeitsmerkmal oder Symptom verbesserungswürdiger Unterrichtsqualität" (Kornmann, 1980, S. 240) sei. Diese Frage lenkt den Blick explizit von der traditionellen, individuell orientierten Betrachtungsweise hin zur Überlegung, ob die von Jugendlichen besuchte Schule nicht ebenfalls bedeutenden Einfluss darauf nehmen kann, in welchem Ausmaß Schulabsentismus als Verhalten praktiziert wird. Damit befasst sich vornehmlich die Schuleffektivitätsforschung, wie etwa Untersuchungen von Rumberger (1995) oder Valenzuela (1999) zeigen. Schulische Faktoren können sowohl absentismusmindernd als auch -fördernd sein. So konnten etwa Rumberger und Thomas (2000) zeigen, dass das von Coleman (1988) als zentral identifizierte *soziale Kapital* einer Schule in Form von Normen, Werten oder Ritualen (Makroebene Schule) sowie Beziehungen, Einstellungen oder Motivation (Mikroebene Schulangehörige) die Identifikation der Schülerschaft mit ihrer Schule wesentlich beeinflusst. Rumberger und Thomas (a.a.O.) wiesen nach, dass Schulabbruch und -wechsel einerseits auf den sozialen Hintergrund und die Komposition der Schülerschaft zurückzuführen sind, andererseits jedoch auch auf die Ressourcen einer Schule sowie deren alltägliche Prozesse und Abläufe. So lässt sich mit Stamm (2006) kommentieren: Dies erklärt, „warum Schülerinnen und Schüler, die mit Mitschülern und Lehrerschaft nicht klar kommen, den Unterricht rein aus sozialen Gründen schwänzen [...] und auch dann schulabsent bleiben, wenn sie Fördermaßnahmen im Sinne eines externen Coachings bekommen. Sie bleiben überzeugt, dass ihre Präsenz an der Schule keine vorrangige Bedeutung hat, die Lehrpersonen sich nicht für sie interessieren und ihnen auch nicht helfen wollen" (a.a.O., S. 8).

---

9 Es handelt sich um eine rein quantitative Fragebogenerhebung, die einige wichtige biographische Merkmale wie Heimunterbringung oder die aktuelle Familiensituation nicht erfasst (Oehme, 2007).

Ausgehend von der Frage, inwieweit das Bildungssystem für das gesellschaftliche Leben und Fortkommen von Bedeutung ist, befassen sich implizit auch soziologische Theoretiker mit Bedingungsfaktoren von Schulabsentismus. Wie von Kurtz (2007) aufgezeigt, zieht sich das Thema Bildung und Gesellschaft auch durch die Entwicklung der Soziologie als Wissenschaft. Bereits Durkheim (1930) verfolgte das Ziel, soziale Bedingungen für individuelles Handeln zu finden und damit individuelles Verhalten durch den jeweiligen sozialen Kontext zu erklären. Die Schule als allgemein verbindliche Bildungseinrichtung einer Gesellschaft ist ein solcher institutionalisierter Kontext, welcher sich auf das Verhalten seiner Mitglieder auswirken kann. Schulabsentismus wäre unter diesem Aspekt der Ausdruck einer „mangelnden Passung zwischen den Egoismen der Individuen und dem allgemeinen Interesse des Staates" (Kurtz, 2007, S. 235). Parsons nahm Ende der 50er Jahre noch expliziter als Durkheim Bezug zur Relevanz schulischer Kontexte auf das Verhalten der Schüler, indem er Schulklassen als soziale Systeme bezeichnet, die sich in einer Tauschbeziehung mit anderen, nicht sozialen Systemen befinden (a.a.O., S. 238). Die Schulklasse steht demnach für Parsons (1960) u.a. mit dem kulturell bestimmten System von Bildungsinhalten und -zielen sowie mit den individuellen Persönlichkeitssystemen der Klassenmitglieder in einem Austauschverhältnis: „[...]cooperation cannot always be taken for granted; it has to be motivated. Witness, for example, the problem of truancy in schools, to say nothing of passive resistance to learning [...]. Since sheer coercion is not adequate, service-performers must offer something to induce adequate co-operation [...]" (a.a.O., S. 72f.). Luhmann (2002) schließlich widmete sich am intensivsten gezielt dem Bildungs- und Erziehungssystem in der Gesellschaft und betonte allem voran die soziale Funktion der Erziehung, welche eine notwendige Voraussetzung für das gelingende Zusammenleben von Menschen sei. Dieses Zusammenleben findet auch im Klassenraum statt, dessen soziales Bedingungsgefüge aus Schülern als Subjekten und ihrer Beziehungen untereinander besteht (a.a.O., S. 240). Schule ist in diesem Fall also ein Ort, an dem gemeinsam Zeit verbracht wird und in dem Beziehungen zwischen Schülern und Lehrpersonen entstehen, die letztlich als gelingend oder nicht gelingend wahrgenommen werden. Schulabsentismus ist somit auch ein Ausdruck einer nicht ausreichend gelingenden Beziehungsstruktur in der Schule.

In den folgenden Abschnitten werden relevante Theorien mit Bezug zur Rolle schulischer Faktoren bei Schulabsentismus vorgestellt. Zunächst wird der sozialökologische Ansatz gemeinsam mit der Feldtheorie vorgestellt. Anschließend werden Devianztheorien mit speziellem Zugang zur Schule besprochen. Den Abschluss dieses Teilkapitels bildet die makrosoziologische Perspektive, die im Gegensatz zur oben beschriebenen mikrosoziologischen Herangehensweise die Schule als Institution in den Mittelpunkt rückt.

Aufsuchen und Meiden: Sozial-ökologischer Ansatz und Feldtheorie

Der sozial-ökologische Ansatz zur menschlichen Entwicklung und Sozialisation wurde erstmals in den 1970er Jahren von Bronfenbrenner (1989) veröffentlicht. Bronfenbrenner geht von der Annahme aus, dass sich die Entwicklung des Individuums selbstbestimmt und aktiv in einem ständigen Prozess der Auseinandersetzung mit seiner Umgebung vollzieht. Diese Interaktion bringt neben materiellen Gegenständen auch Regeln des Zusammenlebens wie etwa Normen und Werte in einem bestimmten Kulturkreis hervor. Menschen entwickeln sich demnach im Lauf ihres Lebens in so genannten ,Ökosystemen', die mehrdimensional miteinander verbunden sind und deren einzelne Elemente sich wechselseitig beeinflussen. In diesem Sinne können Familien oder Schulen als Systeme gewertet werden, in denen die Jugendlichen sich bewegen, Interaktionen stattfinden und Verhaltensweisen gewählt werden. Schulen sind gegenüber Familien Systeme mit einem stärker formalisierten Organisationsgrad und gehören im Gegensatz zur Familie zur Sphäre der Öffentlichkeit. Sowohl in der Auseinandersetzung mit der eigenen Familie als auch mit der Schule können für die Jugendlichen Impulse entstehen, die sie zu der Entscheidung veranlassen, die Schule mehr oder weniger häufig nicht zu besuchen. Wenn beispielsweise zu Hause ein Familienmitglied schwer krank und pflegebedürftig ist oder während der Schulzeit kein Erziehungsberechtigter im Hause ist, der bemerken könnte, dass der Schüler nicht in der Schule ist, dürfte das eher die Möglichkeit einer Schulabsenz begünstigen, als wenn Gefahr besteht, entdeckt zu werden. Bezogen auf die Schule liegen Vermeidungsstrategien als zentrales Motiv am nächsten. Schulabsentismus erhält in diesem Licht die Bedeutung eines Rückzugs zur Umgehung des Ökosystems Schule, in welchem negativ emotionale Erfahrungen gemacht werden oder auch, in welchem Langeweile die Suche nach einem aufregenderen Zeitvertreib erforderlich macht.

Dem Ansatz Bronfenbrenners ähnlich, entwickelte Lewin (1982) aus der Gestaltpsychologie heraus eine Theorie, die das menschliche Dasein als ein aus Wahrnehmung, Erleben und Verhalten bestehendes dynamisches Konstrukt beschreibt. Dieses Dasein findet in seiner Alltäglichkeit in verschiedenen Lebensbereichen, so genannten ,Feldern' der menschlichen Umwelt, statt. Von manchen Bereichen fühlt sich das Individuum angezogen, von anderen abgestoßen und richtet sein Verhalten dementsprechend zwischen Aufsuchen und Vermeiden aus. Person und Umwelt ergeben somit gemeinsam einen Lebensraum, wobei das Verhalten eine Funktion aus Person und Umwelt ist. So gesehen ist Schulabsentismus ein ,Aus-dem-Feld-Gehen' des Schülers, der sich vom Feld Schule abgestoßen fühlt, sein Verhalten danach ausrichtet und sich einem Feld mit positiver Valenz zuwendet. Der im Kontext des Lebensbereichs geprägte Begriff ,Kraft' (vgl. Lewin, 1982) dient dem gegenseitigen Bezug von Ursachen und Wirkungen in einem bestimmten Feld wie beispielsweise der Schule. Kraft in einem Lewinschen Feld umfasst vergangene Erfahrungen ebenso wie gegenwärtige innere und äußere Reizeinwirkungen. Das bisher im Feld Schule Erlebte wird demnach in jeder Situation auf das aktuell Geschehende bezogen. Auf diese Weise wird eine Veränderung in einem gegebenen Feld zu einem konkreten Zeitpunkt erklärbar, was Lewin als „Lokomotion" (a.a.O., S. 110) bezeichnet: „Um die Lokomotion der Person in einem bestimmten Feld abzuleiten, verwenden wir den Kraftbegriff in einer Weise, die eine strenge Zuordnung zwischen einerseits Kraft und Lokomotion und andererseits Valenzen oder Barrieren und Kräften umfasst" (a.a.O.). Schulabsentismus ist unter diesem Aspekt eine Reaktion auf eine negative Valenz (psychologische Wertigkeit) des Feldes Schule.

Devianztheorien in Bezug auf die Schule

Devianztheoretische Ansätze zur Klassifikation und Erklärung von Schulabsentismus sind der Soziologie entlehnt und hier insofern von Bedeutung, als die für die Schüler obligatorische Norm der Schulpflicht durch Absentismus verletzt wird. Für Luhmann (1987) ist eine Norm eine Erwartung, an welcher man auch im empirischen „Enttäuschungsfall" (S. 43) festhält.[10] Die gesetzlich verankerte Norm der Schulpflicht wurde bereits behandelt, schulspezifische Normen nehmen im Vergleich dazu eine je eigene Form der Umsetzung juristischer Vorgaben ein. Das Vorliegen einer Haus- und Schulordnung etwa, in der Verhaltensnormen und ein Sanktionenkatalog definiert sind oder das Wissen der Schüler, was an ihrer Schule toleriert wird und was nicht, sind Ausdruck solcher normorientierten Implikationen einer Schule. Nach Haferkamp (1976) ist eine Gesellschaft ein segmentiell und funktional ausdifferenziertes System von institutionalisierten Handlungen, mit denen die Individuen als Akteure einen subjektiven Sinn verbinden. In der Schweiz besteht Schulpflicht bis zur Vollendung des neunten Schuljahres[11], wodurch mit Schulabsentismus ein rechtsnormverletzendes und

---

10 Luhmann (1987) führt hierzu aus: „Normen sind demnach kontrafaktisch stabilisierte Verhaltenserwartungen. Ihr Sinn impliziert Unbedingtheit der Geltung insofern, als die Geltung als unabhängig von der faktischen Erfüllung oder Nichterfüllung der Norm erlebt und so auch institutionalisiert wird" (S. 43; Hervorh. i. Orig.). Dies bedeutet, dass eine Enttäuschung der normativen Erwartungen nicht zu dem Gefühl führt, „falsch erwartet zu haben. Die Erwartung wird festgehalten und die Diskrepanz dem Handelnden zugerechnet. Kognitive Erwartungen sind mithin durch eine nicht notwendig bewusste Lernbereitschaft ausgezeichnet, normative Erwartungen hingegen durch die Entschlossenheit, aus Enttäuschungen nicht zu lernen. [...] Der Enttäuschungsfall wird als möglich vorausgesehen [...], wird aber im voraus als für das Erwarten irrelevant angesehen" (a.a.O.).

11 EDK, 1997, S. 1: „Die Schulpflicht für Knaben und Mädchen dauert bei mindestens 38 Schulwochen mindestens 9 Jahre."

damit deviantes Handeln vorliegt und die jeweilige Schule auf den Plan gerufen wird, ein solches per lege unzulässiges Verhalten zu definieren, zu erkennen und zu sanktionieren. Diese Aufgabe der Schule verhindert in erster Linie einen Zustand, der mit Durkheim (1930) als Anomie bezeichnet werden kann und in dem keine gemeinsamen Verbindlichkeiten, Erwartungen und Regeln vorhanden sind, welche die Interaktionen der Gesellschafts- resp. der Schulmitglieder leiten. Es handelt sich also um eine Situation, die von Verwirrung über gesellschaftliche bzw. moralische Normen geprägt ist. Schulabsentismus kann in diesem Kontext somit als das (teilweise) Fehlen von persönlich anerkannten Normen bezüglich des Schulbesuchs gelten. In Anlehnung an Lamnek (2007) kann eine Schule ferner als Subkultur wahrgenommen werden, in der in Auseinandersetzung mit gesellschaftlichen oder rechtlichen Vorgaben Normen und Erwartungen auf je spezifische Weise umgesetzt werden. Mit Cohen und Short kann „Subkultur [...] definiert werden als ein System von Überzeugungen und Werten, das sich in einem Prozess kommunikativer Interaktion unter Kindern bildet, die durch ihre Position in der Sozialstruktur in einer ähnlichen Lage sind, als Lösung von Anpassungsproblemen, für die die bestehende Kultur keine befriedigenden Lösungen bereitstellt" (Cohen & Short, 1968, S. 372). Die Subkultur kann eigene Normen im Einklang oder aber im Gegenzug zu den gesellschaftlich festgelegten haben, wobei im Fall einer Schule der Umgang mit unentschuldigten oder gesetzlich ‚unrechtmäßigen' Absenzen eine zentrale Rolle spielt.[12] Auch die Frage, ob schulinterne Festlegungen a priori getroffen und dann realisiert oder ob sie reaktionär auf vorliegende Absenzen der Schülerschaft hin adaptiert werden, ist aus soziologischer Sicht ein relevantes Thema. Ist eine Schule nämlich so sehr Subkultur, dass Absentismus sich mit den gegebenen Normen vereinbaren lässt, dann liegt eine Norm im unglücklichsten Luhmannschen Sinne vor: Man hält zwar auch im Enttäuschungsfall an ihr fest, unternimmt aber nichts dafür, dass diese Enttäuschungsfälle (hier: Schulabsentismus) seltener werden. Zusätzlich zur Schule als Subkultur kann es auch innerhalb des Schulhauses weitere Subkulturen geben. In Form von Klassen oder informellen Schülergruppen können wiederum andere Normen bzw. Definitionen und Sanktionen vorliegen, in deren Folge die Schule geschwänzt wird. Wo an einer Schule nicht umfassende, verbindliche Normen vorliegen und deren Umsetzung gewährleistet ist, kann Absentismus Ausdruck eigener Normen jedes Schülers werden. Aus devianztheoretischer Perspektive ist die Schule folglich eine Institution, deren Aufgabe es ist, über die Definition, Diagnose und Unterbindung von gesetzlich nicht vor-

---

12   „Die Gesamtheit der gemeinsamen religiösen Überzeugungen und Gefühle im Durchschnitt der Mitglieder einer Gesellschaft bildet ein umgrenztes System, das sein eigenes Leben hat; man könnte sie das gemeinsame oder Kollektivbewusstsein nennen" (Durkheim, 1977, S. 128).

gesehenen Absenzen, die möglichst vollständige Präsenz ihrer Schülerschaft zu gewährleisten, um dem gesellschaftlichen Anspruch eines Minimums an Bildung für jedes ihrer Mitglieder entsprechen zu können.

Chancengleichheit: die makrosoziologische Perspektive

Aus der Sicht der Makrosoziologie berührt Schulabsentismus die institutionalisierte Funktion der Schule als Instanz der Sozialisation (1), Statuszuweisung (2), Wissensvermittlung (3) und der Sicherstellung von Grundkonsens (4) (Hradil, 2001, S. 149f.). Diese Funktionen bedeuten beispielsweise, dass (1) innerhalb eines Bildungssystems festgelegt wird, welche Schulfächer mit welchen Inhalten und in welchem Umfang unterrichtet werden, (2) die individuelle Leistungsfähigkeit und -bereitschaft gemessen und bestätigt und daraufhin ein gesellschaftlicher leistungsabhängiger Status erreicht wird, (3) wichtige von weniger wichtigen Unterrichtsinhalten getrennt werden und die Schüler selbst lernen, diese Unterscheidung vorzunehmen sowie (4) in einer pluralistischen Gesellschaft verschiedene kulturelle und soziale Hintergründe in einem Klassenraum versammelt werden. Schulabsentismus impliziert in diesem Kontext also eine Benachteiligung im Sinne des Anspruchs Chancengleichheit durch Bildung, weil mehr als gelegentliches Fehlen im Unterricht unter Umständen bedeuten kann, dass ein Schüler implizit auf diese Chancengleichheit verzichtet und das Bildungsangebot nicht wahrnimmt. Diese Anmerkung bedeutet nicht, dass ein junger Mensch ohne regelmäßigen Schulbesuch nicht erfolgreich sein Leben in der Gesellschaft bewältigen kann. Sie soll lediglich darauf hinweisen, dass von Haus aus in puncto Bildung benachteiligte Jugendliche sich unter Umständen ihre einzige Chance auf einen Ausgleich herkunftsbedingter Defizite entgehen lassen bzw. dass die Schule gehalten ist, durch ihre Struktur und ihre ‚*corporate identity*‘ die ihr anvertrauten Schüler um der Chancengleichheit willen nachhaltig zu motivieren, regelmäßig am Unterricht teilzunehmen. Unter makrosoziologischer Herangehensweise wird Schulabsentismus also vor allem dann relevant, wenn aufgrund der Nicht-Teilnahme am Unterricht gesellschaftlich bereitgestellte Mittel nicht genutzt werden und dem Staat dadurch langfristig finanzielle Schäden entstehen.

Diese zweite, institutionelle Perspektive einer theoretischen Annäherung an Schulabsentismus erweitert durch feldtheoretische, makrosoziologische und devianztheoretische Ansätze die zuvor dargestellte individuelle Betrachtung von Schulabsentismus. Sie ergänzt die rein auf das Individuum der Jugendlichen bezogenen Theorien sowohl um Aspekte des Handlungssettings als relevante Größe für menschliches Verhalten als auch um die situationsspezifische Entscheidung eines Schülers, ob nun geschwänzt wird oder nicht. Schulen erhalten hierbei die

Rolle einer verantwortlichen Institution, deren Aufgabe es ist, Schulabsentismus zu definieren, zu erkennen und zu unterbinden. Dazu gehört auch die Entwicklung einer Haltekraft („*holding power*", Staroba, 1989), die die Schüler dazu motiviert, zur Schule zu gehen und sich deren institutioneller Funktion als Instanz der Sozialisation, Wissensvermittlung und Selektion zu bedienen.

Nachdem die beiden theoretischen Hauptlinien der Diskussion um Schulabsentismus nachgezeichnet worden sind, geht es im nächsten Teilkapitel um die mit Absenzen verbundene Problematik. So wird eine argumentative Grundlage dafür gelegt, weshalb Schulabsentismus Gegenstand der erziehungswissenschaftlichen Forschung ist und sein soll.

1.3 Schulabsentismus als Problem auf mehreren Ebenen

Nach Rademacker (2006) ist Schulabsentismus wie kaum eine andere Dimension schulischer Wirklichkeit in der Lage, Baumerts (2001) These von der „Grundfiktion der Verwaltung des Bildungswesens" (S. 14) zu belegen, dass eine „für selbstverständlich gehaltene Übereinstimmung von Vorgabe und Ergebnis und deren scheinbare Sicherung durch die Schulaufsicht bei Abweichungen im Einzelfall" (a.a.O.) existiere. Während für Rademacker (2006) kein Zweifel daran besteht, dass Schulversäumnisse in den einzelnen Schulen zumindest auf Klassenebene zuverlässig registriert werden, so lösen diese „viel zu selten [...] eine pädagogische Reaktion oder eine administrative Intervention aus" (a.a.O., S. 27). Bereits angesprochen wurde die Notwendigkeit einer Differenzierung des Ausmaßes von Schulabsentismus und damit auch die Definition des Grades einer Problemhaftigkeit dieses jugendlichen Verhaltens. Im Sinne einer Ist-Soll-Diskrepanz zwischen gesetzlicher Schulpflicht und deren Einhaltung wird in den folgenden Abschnitten erörtert, inwiefern die Verletzung der Schulpflicht auf schulischer, individueller und gesellschaftlicher Ebene tatsächlich zu einem Problem werden kann, das über ein adoleszenztypisches, vorübergehendes und nicht nachhaltig sich auf die Bildungsbiographie auswirkendes Problem hinausgeht.

Absentismus als Problem auf Schul- und Klassenebene

Reid (1999) formuliert in Bezug auf die schulische Ebene drei Aussagen, welche zusammenfassen, weshalb der Umgang einer Schule mit schwänzenden Schülern oftmals problematisch sein kann: „First, truancy is a multi-causal problem. Second, every truant is unique. Third, many teachers have little understanding or training about truancy" (Reid, 1999, S. 5). Demnach kann Absentismus als durch unterschiedliche Faktoren bedingtes und ausgelöstes Schülerverhalten kaum übergreifend erfasst werden und die Aufmerksamkeit sollte sich dem Einzelfall soweit als möglich widmen. Darüber hinaus wendet sich die dritte Aussage an die Lehrpersonen, die laut Reid zu wenig über das Absenzenverhalten ihrer Schüler wissen bzw. damit umzugehen verstehen, weil es ihnen schlicht an Vorbereitung dafür fehlt und zudem rechtlich die Jugendlichen selbst (Großbritannien) bzw. deren Erziehungsberechtigte (Kontinentaleuropa) zur Verantwortung für die Einhaltung der Schulpflicht gezogen werden. Des Weiteren stellen Schulschwänzer gerade dort ein Problem dar, wo es oft nicht vermutet wird: wenn sie *anwesend* sind; im Klassenzimmer. Dann nämlich bietet sich einerseits für die Lehrpersonen erst die Gelegenheit, den unregelmäßigen Schulbesuch zu thematisieren – sei es gemeinsam mit der Klasse, sei es in einem Einzelgespräch. Selbst wenn nur ein kleiner Teil der Schüler in einer Klasse selbst schwänzt, so fällt der Angelegenheit Aufmerksamkeit zu, die ansonsten dem Unterricht bzw. den vollständig nicht schwänzenden Schülern zu Gute käme. Andererseits können auch Schwierigkeiten entstehen, wenn Schulabsentisten während ihrer Anwesenheit durch störendes Verhalten auffallen und damit wiederum die Klassenkameraden an den Rand der Aufmerksamkeit drängen.

Was Oevermann (1997) als freiwilliges „pädagogisches Arbeitsbündnis" (S. 75) zwischen Lehrpersonen und ihren Schülern bezeichnet, wird unter dem Aspekt der Schulpflicht ebenfalls zu einem problematischen und zu hinterfragenden Aspekt auf Schulebene. Bedingt durch die voraus zu setzende, jedoch noch nicht vollendete personale Autonomisierung (a.a.O., S. 152) der Lernenden ist von einer Notwendigkeit der Vermittlung von aufgrund des Bildungskanons relevanten Regeln und Inhalten auszugehen, welche die Anwesenheit und Teilnahme der Jugendlichen am Unterrichtsgeschehen erfordern. Innerhalb dieses pädagogischen Arbeitsbündnisses unterscheidet Oevermann Momente spezifischer und diffuser Sozialbeziehungen, welche von einer professionell handelnden Lehrperson beherrscht und kontrolliert werden müssen (Puhr, 2002), wie in den folgenden Zitaten verdeutlicht wird:

> „Die Momente spezifischer Sozialbeziehungen des Arbeitsbündnisses bestehen darin, dass der Lehrer gleichermaßen für andere Kinder da sein muss, dass das Lernprogramm zwar auf die individuell je spezifische Neugierde abgestellt ist, zugleich aber bezüglich der Allgemeinheit der Sache von Erkenntnis gerechtfertigt und ausgewiesen sein muss. Hinsichtlich der Spezifität des Arbeitsbündnisses gehen Lehrer wie Schüler in der Allgemeinheit der Sache auf, der sie sich unterweisend bzw. lernend unterwerfen" (Oevermann, 1997, S. 154).

> „Die diffusen Komponenten der Sozialbeziehungen bestehen darin, dass sich dieses Kind dem Lehrer in der Ungeschütztheit seines Nichtwissens als ganze Person so anvertrauen kann, dass der Lehrer aus diesem Nichtwissen nicht eine gegen das Kind gerichtete negative Einschätzung, Ablehnung oder Verspottung macht, sondern es zum Anlass nimmt, dem Kind ein schlüssiges Angebot zu machen, wie es diesen ‚Mangel' beheben kann" (a.a.O., S. 153).

Schulabsentismus erhält vor diesem Hintergrund insofern eine problematische Komponente auf schulischer und auf Klassenebene, als durch vorsätzlich abwesende Schüler die professionell relevante Legitimation der Lehrpersonen als Pädagogen an Substanz verliert. Das ‚Arbeitsbündnis' ist (temporär) aufgelöst, wodurch Elemente dieser Legitimation als der pädagogischen Auseinandersetzung mit Kindern und Jugendlichen brüchig werden. Puhr (2002) nennt in diesem Zusammenhang u.a. „die Notwendigkeit schulischen Lernens für die personale und soziale Integration Heranwachsender; die (freiwillige) Disziplinierung von Mädchen und Jungen als Schülerinnen und Schüler; [...] sowie die Möglichkeit des Erkennens von Unterschieden zwischen dem subjektiven Erleben der Heranwachsenden und der objektiven Definition von Lebens- und Lernschwierigkeiten" (a.a.O., S. 175f.). Damit spricht Puhr einen Aspekt an, der auch im Zusammenhang mit den PISA-Studien regelmäßig erwähnt wird: Die anhand der Untersuchungen identifizierte Risikogruppe[13] der 15-jährigen, die nicht richtig lesen und allenfalls auf Grundschulniveau rechnen können und deren „erworbene Kompetenzen für den erfolgreichen Einstieg in Ausbildung und Arbeit [damit] kaum ausreichen würden (Braun, 2006, S. 37). Hingegen weist Braun (2006) darauf hin, dass „die PISA-Untersuchung wahrscheinlich die Gruppe von Schülern nicht angetroffen [hat], für die das Risiko der späteren beruflichen Ausgrenzung besonders hoch ist: Die Jugendlichen, die trotz Schulpflicht die Schule am Tag der Untersuchung nicht besucht haben" (a.a.O.). Auch auf diese Weise stellt Schulabsentismus einen problematischen Aspekt dar, indem – nicht nur in Zusammenhang mit den PISA-Tests – die Kontrolle der Schülerleistungen, die auch als Evaluation der Unterrichtseffektivität gelten kann, vielleicht gerade diejenigen nicht erfasst, denen die Schule am ehesten zur Erreichung notwendiger Mindestkompetenzen dienen könnte. Die oben zitierte Feststellung von Parsons, dass die Kooperation zwischen Schüler und Schule zumeist ein ausreichend attraktives Angebot seitens der Schule erfordere, ist ein Hinweis darauf, „dass nicht schulischer Zwang, sondern ein Angebot der Schule, das die Schüler zur Mitarbeit hinreichend motiviert, eine Abwendung der Jugendlichen von der Schule verhindern könnte" (Weißbrodt, 2007, S. 85). Solche Angebote, welche die Attraktivität des schulischen Lebens mit prägen, beziehen sich sowohl auf

---

13 Vgl. den Diskurs zwischen Klemm (2008) und Prenzel et al. (2008) in der Wochenzeitung Die ZEIT, in dem es um die Bestimmung der Risikogruppe in den PISA-Studien geht.

Lerninhalte als auch auf Gelegenheiten zu sozialen Interaktionen, denen mehrfach eine hohe Relevanz in Bezug auf Absentismus nachgewiesen wurde (Corville-Smith et al., 1998; Tillmann, 1999; Schwind, 2004). Insofern ist Absentismus also wiederum ein Problem auf Schulebene, da der Schule die Aufgabe
zukommt, ein entsprechend attraktives Angebot bereitzustellen, um ihre Schüler
zu halten. Diese Überlegung legt allerdings das Argument der Effekte von Eingangsvoraussetzungen nahe, wonach Schulabsentismus zu weiten Teilen auch
auf sozialstrukturelle Merkmale und Differenzen hinsichtlich der Herkunft der
Schülerschaft zurückgeht (Coleman, 1987; 1988; Schümer, 2001; Wagner et al.,
2004). Dieser Frage wird im empirischen Teil (Kapitel 7-9) gezielt nachgegan-
gen.

Absentismus als Problem auf individueller und gesellschaftlicher Ebene

Das Modell des ‚Nürnberger Trichters', das suggeriert, man könne Schülern quasi mechanisch jegliche Lerninhalte einflößen, die diese sich wiederum ohne Aufwand und Anstrengung aneignen, kommt im Diskurs über Grundbildungsbegriffe
und die Notwendigkeit der Schulpflicht fast notwendigerweise ins Spiel. Die
Auffassung von Grundbildung als einem Minimum an Kompetenzen, welches
Schulabgänger im Hinblick auf eine erfolgreiche Alltags- und Lebensbewälti-
gung besitzen müssen (Baumert et al., 2001), ist essentiell für die Relevanz von
Schulabsentismus als einem möglichen Problem. Wenn es so ist, dass der Übergang vom Schülersein in die Zeit der Verselbstständigung und des Eintretens in
die Gesellschaft als mündige Bürger ohne diesen Grundstock an Bildung nicht
möglich ist, dann wird Schulabsentismus insofern zu einem tatsächlichen Problem, als er den einzelnen Schüler daran hindert, dieses Mindestmaß an Bildung,
wie es auch Tenorth (2004) formuliert, zu erwerben. Ein funktionales Verständnis von muttersprachlichen, mathematischen und naturwissenschaftlichen Grundkompetenzen ist ein grundlegendes Charakteristikum der angelsächsischen Kon-
zeption von Grundbildung, der Literalität (*Literacy*, Baumert et al., 2001, S. 20):
„Die Beherrschung der Muttersprache in Wort und Schrift sowie ein hinreichend
sicherer Umgang mit mathematischen Symbolen und Modellen gehören in allen
modernen Informations- und Kommunikationsgesellschaften zum Kernbestand
kultureller Literalität". Die Notwendigkeit der Vermittlung von *Literacy* als
allgemeiner Basiskompetenz, die deutlich über eine einfache Alphabetisierung
hinausgeht, wird in der angelsächsischen Diskussion gemeinhin mit den Anforderungen einer sich immer rascher verändernden Wissensgesellschaft belegt
(Baumert et al., 2001). Demnach erhält der Grundbildungsgedanke einen zeitlichen wie auch einen räumlichen Aspekt: Grundbildung oder *Literacy* ist je spezi-

fisch für einen aktuellen Zeitraum und für eine bestimmte Gesellschaft zu definieren. Nur so kann dem Anspruch begegnet werden, Grundbildung als notwen-
diges Minimum für die erfolgreiche Bewältigung des Übergangs ins alltägliche
Erwachsenenleben zu verstehen und vermittelbar zu machen. Wird argumentiert,
dass ein regelmäßiger Schulbesuch Voraussetzung sei für eine erfolgreiche Bildungslaufbahn, so muss zumindest gefragt werden, ob der Schulbesuch eine *notwendige* oder eine *hinreichende* Bedingung sei. Oder aber die Frage muss nicht
dahingehend formuliert werden, ob, sondern inwieweit die Teilnahme am Schulunterricht relevant für das Erreichen einer bestimmten Grundbildung ist. Das,
was minimal benötigt wird, um zu einer bestimmten Zeit in einer bestimmten
Gesellschaft als junger Mensch Fuß zu fassen, mag aus der Perspektive der Jugendlichen und besonders der Schulschwänzer etwas ganz anderes sein als aus
Sicht ihrer Eltern und Bildungsverantwortlichen. Für die meisten westlichen Gesellschaften gehört dazu sicher der Beginn des Erwerbslebens mit der Suche
nach einem Ausbildungsplatz, aber auch der schlichte Alltag der Informationsbe-
schaffung und -verarbeitung. Aus der Sicht der Jugendlichen jedoch gehen „mit
der Entwicklung von jugendkulturellen Orientierungen spezifische Bildungser-
wartungen und -bestrebungen von Heranwachsenden einher, die abhängig von
Herkunftsmilieu und stilbezogenen [i.S.v. Jugendkulturen, Anm. d. Verf.] Bedingungen in einem Passungsverhältnis zur Schule stehen, das entweder komple-
mentär angelegt ist oder schulische Leistungserwartungen zurückweist bzw.
ersetzt" (Pfaff, 2008, S. 34). Der Kontext der Klassengemeinschaft innerhalb des
formellen Bildungssystems ist neben dem institutionalisierten Bildungsauftrag
also im Sinne solcher Jugendkulturen auch sozialer Rahmen für „informelle, außerhalb von schulischer Unterrichtsorganisation ablaufende Prozesse der Wissensvermittlung zwischen den Lernenden selbst (a.a.O.). Schule ist folglich ein
Ort des Lernens, aber auch der Begegnung und Interaktion zwischen Schülern
sowie zwischen ihnen und ihren Lehrpersonen. Der angedeuteten, teilweise kritischen, meidenden Haltung von Jugendlichen entgegen steht der gesellschaftliche
Anspruch auf lückenlosen Schulbesuch: „Gesellschaften sind hochgradig diffe-
renzierte soziale Gebilde arbeitsteilig organisierter Existenzbewältigung (Fend,
2006, S. 38). Wenn man gemäß Parsons' (1967) strukturfunktionalistischem Ansatz davon ausgeht, dass in Bildungsinstitutionen gesellschaftliche Arbeit geleistet wird, um ihre Mitglieder auf ihre je spezifischen Aufgaben vorzubereiten[14], so

---

14 Nach Parsons' (1967) entspricht eine Gesellschaft ähnlich einem biologischen Organismus einer
komplexen Struktur von Subsystemen mit je spezialisierten Aufgaben, die sich im Rahmen ökonomi-
scher, ökologischer, sozialer und psychischer Kontexte Funktionen aneignen müssen. Gemäß seiner
strukturfunktionalistischen Modernisierungstheorie können die Unterschiede zwischen modernen von
traditionellen Gesellschaften anhand begrifflicher Gegensatzpaare (rationale vs. affektive, universa-
listische vs. partikularistische und funktional spezifische vs. funktional unspezifische Rollen von
zwischenmenschlichen Beziehungen) ausgedrückt werden (vgl. Degele & Dries, 2005).

wird Schulabsentismus zur teilweisen Verweigerung dieser sozial relevanten Arbeit. Fend (2006) umschreibt diese gesellschaftliche Arbeit so: „Die Beschreibungen dessen, was ein Adressat nach abgeschlossenen Lernprozessen sein, können und tun sollte, sind Konkretisierungen gesellschaftlicher Wertvorstellungen. Sie repräsentieren die Erwartungen und Anforderungen, denen ein Heranwachsender im Lernsystem Schule begegnet" (S. 31). Da der Mensch aus anthropologischer Perspektive vergleichsweise hilflos zur Welt kommt und viele Jahre benötigt, um selbstständig einen Platz, eine ‚Funktion'[15] in der Gesellschaft einnehmen zu können, ergibt sich für die Gesellschaft als System die Notwendigkeit, die Heranwachsenden zu erziehen, zu sozialisieren und zu bilden. Dem Bildungssystem kommen nach Fend also zwei wichtige Funktionen zu (a.a.O.): die Vermittlung von Qualifikationen für individuelle und kollektive Existenzbewältigung und die Förderung der Integration des Einzelnen in die Gesellschaft sowie in deren Beschäftigungssystem. Dass der Erwerb eines Titels allerdings noch keine Stelle garantiert, stellte Köhler bereits 1981 fest. Auch die Annahme, dass sich stabile Zusammenhänge zwischen dem Niveau von Grundkompetenzen und Lebensgeschichten nachweisen lassen, sofern die soziale Herkunft und die Verfügbarkeit formaler Bildungspatente kontrolliert werden (Baumert et al., 2001), wird vielfach kritisiert. Meyer und Scott (1983, vgl. a.a.O.) konstatieren in ihrer Chartering-Theorie[16], dass „Bildungszertifikate und tatsächlich erworbene Kompetenzen weitgehend unabhängig voneinander variieren können und für soziale Platzierungsprozesse primär die symbolische Bedeutung des Bildungspatents [...] verantwortlich ist, nicht aber die mit dem Zertifikat versprochenen Kompetenzen" (a.a.O.). Diesem Kritikpunkt kann jedoch mit der OECD (2000) entgegen gehalten werden, dass bei Menschen verschiedener Altersgruppen der OECD-Staaten eine markante Korrelation zwischen dem erworbenen Bildungsniveau und der Lese- und Mathematikkompetenz besteht. Wenn eine Gesellschaft mit Grimm (1987) als ein Gesamt dreier aufeinander bezogener Subsysteme (Politik, Wirtschaft, Bildung) gedacht werden kann und Bildung langfristig die Lebensqualität der Menschen erhöht (Baumert, 2001), dann muss zumindest für massiv schwänzende Schüler in Richtung einer möglichen Problemlage gedacht werden, die sich sowohl individuell als auch auf gesellschaftlicher Ebene auswirken kann und im Folgenden dargelegt werden wird.

---

15 ‚Funktion' im Sinne eines Austausches von Leistungen, für welche Bildung auf analytischer Ebene eine Voraussetzung ist: Ein gelingender Einstieg ins Erwerbsleben ist in der Sphäre der Wirtschaft ein wichtiger Schritt, um der Gesellschaft die monetären wie ideellen Sozialisationsleistungen (Kindergeld u.ä.; Heranführung an Werte und Normen über Institutionen sowie deren Internalisierung) „zurückzugeben", die zumindest ihrer Intention nach für jedes junge Gesellschaftsmitglied verfügbar gemacht werden, um es zu befähigen, ein autonomes Mitglied dieser Gesellschaft zu werden.
16 Im Amerikanischen ist ein *Charter* ein Dokument, das die Funktion einer verbrieften Zugangsberechtigung zu Autorität oder einer Position erfüllen soll.

In der bereits oben zitierten interkantonalen Vereinbarung über die Harmonisierung der obligatorischen Schule vom 14. Juni 2007 regelt die Schweizerische Konferenz der kantonalen Erziehungsdirektoren die Grundbildung als übergeordnetes Ziel der obligatorischen Schule (EDK, 2007, Art. 3, Abs. 1 und 2): „In der obligatorischen Schule erwerben und entwickeln alle Schülerinnen und Schüler grundlegende Kenntnisse und Kompetenzen sowie kulturelle Identität, welche es ihnen erlauben, lebenslang zu lernen und ihren Platz in Gesellschaft und Berufsleben zu finden. Während der obligatorischen Schule erwirbt jede Schülerin und jeder Schüler die Grundbildung, welche den Zugang zur Berufsbildung oder zu allgemein bildenden Schulen auf der Sekundarstufe II ermöglicht." Insbesondere gehören laut der EDK zu diesem Grundbildungsanspruch die lokale Standardsprache sowie mindestens eine andere Landessprache und eine weitere Fremdsprache, Einsichten in und grundlegende Anwendung von mathematischen und naturwissenschaftlichen Konzepten, sozial- und geisteswissenschaftliche Kenntnisse, die zur Beurteilung gesellschaftlicher und politischer Umstände befähigen sowie eine praktische Grundbildung in Musik, Kunst, Bewegung und Gesundheit (a.a.O.). In dem Maße, wie Schulabsentismus zu vorzeitigem Schulabbruch führt und damit die betroffenen Jugendlichen in verstärkte Gefahr bringt, den Übergang in die Erwerbstätigkeit nicht zu schaffen und die genannten Grundbildungsziele nicht zu erreichen, stellt Schulabsentismus auch ein Problem auf gesellschaftlicher Ebene dar. Gesichertes Datenmaterial liegt insbesondere für den deutschsprachigen Raum bislang noch kaum vor, dennoch kann mit Blick auf anglo-amerikanische Studien (z.B. Rumberger, 2001; Janosz et al., 2000) davon ausgegangen werden, dass vornehmlich massiver Absentismus überzufällig häufig zu späterem Schulabbruch führt. Bereits Rutter (1980) bezeichnete Schulabsentismus als Indikator für die distanzierte Einstellung eines Schülers gegenüber der Schule und weist damit auf diesen möglichen Zusammenhang hin. Für die These, dass Schulabbruch (‚Dropout') zumindest mit massivem vorherigem Absentismus zusammenhängt, spricht in neuerer Zeit auch eine Studie von Hubbard im US-amerikanischen Denver (Smink & Zorn, 2005): Während Schulabsolventen durchschnittlich 14 Schultage während des gesamten Schuljahres versäumt hatten, brachten es Schulabbrecher ohne qualifizierten Abschluss auf durchschnittlich 53 Tage. Die Differenz hinsichtlich der Häufigkeit spricht hier für sich, Schulabbrecher hatten beinahe viermal so viel Unterricht versäumt wie reguläre Absolventen. Jugendliche, denen der Einstieg in die Berufstätigkeit nicht gelingt, sind einem erhöhten Risiko ausgesetzt, diesen Zugang zur Arbeit als einem für unsere Gesellschaft zentralen Lebensbereich niemals wirklich zu finden. Keiner regelmäßigen Erwerbstätigkeit nachgehen zu können, bedeutet wiederum eine erhöhte Wahrscheinlichkeit der gesellschaftlichen Marginalisierung, da die Teilnahme an der Produktion von Gütern und Dienstleistungen nicht erfolgt, dementsprechend auch der Konsum eingeschränkt ist und wesentliche Interaktionen zwischen Individuum und Gesellschaft nicht stattfinden können. Diese Faktoren führen unweigerlich zur Kostenfrage. Ein Schulabbruch ohne qualifiziertes Zeugnis am Ende verursacht enorme staatliche Kosten. Nicht nur die relativ hohe Arbeitslosigkeit unter Schulabbrechern, auch ihr Lebensstil mit überzufällig häufigen Gesundheitsproblemen sowie die Inanspruchnahme von Transferleistungen wie Sozialhilfe oder sonstiger staatlicher Unterstützung ergeben zusammen bedeutende Summen. Obgleich aktuell keine Studien vorliegen, die die monetären Kosten von Schulabsentismus per se zu beziffern vermögen, so existieren zumindest für die USA Untersuchungen, die die Folgekosten von vorzeitigem Schulabbruch bemessen. Smink und Zorn (2005) fassen in ihrer Bestandaufnahme zu möglichen Folgekosten von Schulabsentismus und vorzeitigen Abbrüchen zusammen, welche ‚Posten' mit hoher Wahrscheinlichkeit zu erwarten sind: Schulabbrecher verdienen im Durchschnitt weniger Geld als reguläre Schulabsolventen und sind häufiger arbeitslos. Dementsprechend bezahlen sie weniger Einkommenssteuern an den Staat, während sie zugleich mehr Mittel aus Sozialhilfeprogrammen beanspruchen. In vielen Fällen verursachen Schulabbrecher aber auch überdurchschnittlich hohe Gerichtskosten, da sie sowohl als Jugendliche als auch als Erwachsene mit erhöhter Wahrscheinlichkeit kriminell werden und damit bei ihren Opfern sowohl monetäre als auch nonmonetäre Kosten verursachen (Baier et al., 2006). Sekundärkosten sind ferner bei den Kindern der Schulabbrecher zu erwarten, da etwa Epstein und Sheldon (2002) darauf verweisen, dass die Haltung der Jugendlichen gegenüber der Schule vorwiegend durch elterliche Erziehungspraktiken und Einstellungen vermittelt wird. Demnach besteht bei den Kindern von Schulabbrechern eine erhöhte Gefahr, dass sie selbst ebenfalls ohne Abschluss die obligatorische Schulzeit beenden. In Ziffern ausgedrückt, schätzen Smink und Zorn (2005) die lebenslangen Kosten eines Schulabbruchs für die Zeit zwischen 18 und 80 Jahren auf 800'000 US-Dollar, wobei andere Autoren (National Center for Mental Health Promotion and Youth Violence Prevention, o.J.) auf lediglich ein Viertel dieser Summe kommen. Das U.S. Bureau of the Census (Alliance for Excellent Education, 2007) veröffentlicht hierzu, dass das durchschnittliche Einkommen eines High School Dropouts im Jahr 2005 mit $17'299 um $9'634 geringer war als das eines gleichaltrigen Absolventen ($26'933) bzw. dass der Amerikanische Staat aufgrund des geringeren Einkommens von Schulabbrechern mehr als 300 Milliarden höhere Einnahmen haben könnte.[17] Zwar ist die Logik solcher Berechnungen durchaus zu

---

17 „How much does a high school dropout cost? Researchers have started to examine various annual and lifetime costs associated with high school dropouts. The United States could save between $7.9 and $10.8 billion annually by improving educational attainment among all recipients of Temporary Assistance to Needy Families, food stamps, and housing assistance (Garfinkel et al., 2005). A

kritisieren – könnte man doch ähnliche Rechnungen mit depressiven Erkrankungen oder dem Geschlecht von Erwerbstätigen aufstellen; dennoch ist im Hinblick auf die darin verwendeten Bezugsgrößen wie Gesundheitskosten oder
Steuereinnahmen nicht von der Hand zu weisen, dass die mit Schulabsentismus
verbundene Dropout-Problematik auch monetäre Folgen hat.

Schulabsentismus kann sich unter Berücksichtigung seines Ausmaßes, seiner
zeitlichen Dauer und seines Zeitpunktes also durchaus zu einem Problem auf
verschiedenen Ebenen entwickeln. Die Schulen als unmittelbar betroffene Institutionen werden in ihrem Alltag, in ihrer Legitimation und in ihrer Aufgabe als
allgemeine Bildungsinstitution tangiert und müssen mit der Ist-Soll-Diskrepanz
zwischen Schulpflicht und unentschuldigt abwesenden Schülern umgehen, während auf gesellschaftlicher Ebene vorwiegend Transferleistungen und durch die
Gesellschaft zu tragende monetäre Kosten problematisch werden. Der Schüler
selbst als Individuum ist in beiden Fällen direkt mit einem Problem konfrontiert,
da das schulische Setting zumindest bei massivem Absentismus zu einer als
feindlich wahrgenommenen Umwelt wird. In sozialer Hinsicht – setzt man die
erläuterten Folgen der erschwerten Erwerbstätigkeit voraus – entstehen schwer-
wiegende Problemlagen durch die Wahrnehmung eines Außen-vor-Seins und der
Abhängigkeit von staatlicher Unterstützung. Das Nicht-Erreichen eines Minimums an Bildung als Voraussetzung für eine Teilnahme am sozialen Leben als
mündiger Bürger schadet letztlich dem Staat und der Gesellschaft. Durch um-
fangreiche Studien wie PISA werden aktuelle Fragen an die Erziehungswissenschaft gerichtet, die teilweise weitreichende gesellschaftliche, ökonomische und
politische Folgen haben können; gerade wenn es um eine eventuelle Neustruktu-
rierung des Bildungswesens geht oder grundsätzliche Erwägungen darüber, was
Schulen im erzieherischen oder bildenden Bereich leisten können, sollen und
müssen. Hier stellt sich wiederum die Frage nach den Absenzen: Kann eine
Schule überhaupt nur dann effektiv ‚etwas leisten', wenn die Schüler ausnahms-
los am Unterricht teilnehmen? Aus diesem Grund ist das nun folgende, den theoretischen Teil abschließende Kapitel dem Thema Schuleffektivität als pädagogischer Wirksamkeit von Schulen gewidmet.

---

high school dropout contributes about $60,000 less in taxes over a lifetime (Rouse, 2005). If the male
graduation rate were increased by only 5 percent, the nation would see an annual savings of $4.9 bil-
lion in crime-related costs (Alliance for Excellent Education, 2006b). America could save more than
$17 billion in Medicaid and expenditures for health care for the uninsured by graduating all students
(Alliance for Excellent Education, 2006a)" (Alliance for Excellent Education, 2007, S. 4).

2 Schuleffektivität als pädagogische Wirksamkeit von Schulen oder: Eingangsvoraussetzungen und Kontexteffekte

Dieses zweite theoretische Kapitel behandelt bisherige Forschung zur Schuleffektivität bzw. der pädagogischen Wirksamkeit von Schulen. Die Rolle der Schule in Bezug auf Schulabsentismus wirft unmittelbar die Frage auf, inwiefern und inwieweit die *Geringhaltung von Absenzenraten* zu einer pädagogischen Wirksamkeit von Schulen gehören kann und überhaupt soll.

Zunächst werden die verwendeten Begriffe voneinander abgegrenzt und die Entwicklung der Schuleffektivitätsforschung als Fachdisziplin skizziert. Die Herstellung eines Bezuges zu Schulabsentismus als möglichem Kriterium für die Effektivität von Schulen schließt sich dem an. So wird einerseits die Rolle der An- bzw. Abwesenheit von Schülern in der Schuleffektivitätsforschung deutlich und andererseits tritt noch vorhandener Untersuchungsbedarf hervor. Den Abschluss des Kapitels bildet die Gegenüberüberstellung von Forschungsergebnissen um die Frage, ob unter dem Gesichtspunkt der pädagogischen Wirksamkeit die Schule eines Kindes einen Unterschied in Bezug auf den Bildungserfolg macht oder nicht. Mit dieser Gegenüberstellung wird zugleich das eingangs vorgestellte Hypothesenpaar theoriebasiert gegeneinander abgewogen: Der Annahme, dass eine problematische Schülerzusammensetzung bereits derart stark zu einem bestimmten Leistungs- oder Absenzenniveau führt, dass die Schule hier keine relevanten Unterschiede macht, steht die Behauptung gegenüber, dass die Merkmale einer Schule[18] über die Zusammensetzung der Schülerschaft hinaus wichtige Differenzierungen bei Leistung und Absenzen ausmachen (so genannte Kontexteffekte).

Während strukturelle Merkmale von Schulen relativ klar festzulegen sind, erfordern kulturelle Charakteristika eine genauere Eingrenzung. Im Diskurs um Schulqualität wird der „Begriff der Schul- oder Lernkultur als eine empirisch bestimmbare Dimension der Schule verstanden" (Helsper, 2008, S. 65). ‚Kultur'

---

18 Strukturell, wie z.B. Schulgröße, durchschnittlicher SES der Schülerschaft, und kulturell, z.B. ‚Policy' in Bezug auf Umgang mit Absenzen oder ‚Ethos' bei Sanktionen von Regelübertretungen, Schule als Sinnordnung etc.

meint in diesem Fall also ein Dimensionenbündel, das Elemente des Schullebens in ‚Kultur' (=positive Aspekte) und ‚Nicht-Kultur' (=negative Aspekte) trennt (vgl. a.a.O.). Darüber hinaus ist eine Schule ein Ort, der die Absicht verfolgt, als pädagogische Institution Prozesse der Kulturaneignung bei den Schülern anzuregen und zu begleiten. Schulen sind aus kulturtheoretischer Perspektive „akteursgenerierte, strukturelle, symbolische Ordnungen von Diskursen, Praktiken und Artefakten" (a.a.O., S. 66). Die symbolische Ordnung einer Schule umfasst sekundäre (da außerhalb der Familie angeeignete) Habitusentwürfe, die den Habitusformen der Herkunftsmilieus der Schüler entsprechen, aber auch mit ihnen in Konflikt stehen können. Helsper (2008) bezeichnet Schulkulturen aus diesem Grund als „hybride Institutionen-Milieu-Verbindungen" (a.a.O., S. 77), deren Passung als Auseinanderklaffen des primären und sekundären Habitus ihrer Schülerschaft ausgedrückt werden kann. Anders formuliert, wirken „Kontext- und Kompositionsbedingungen von Schulen [...] in den seltensten Fällen direkt auf Lern- und Entwicklungsprozesse ein. Sie werden vielmehr durch die soziale Interaktion zwischen Eltern, Lehrkräften und Schülerinnen und Schülern und deren normbildenden Wirkungen vermittelt und moderiert" (Baumert, Stanat & Watermann, 2007; vgl. auch Coleman, 1991). Als Basis für die Relevanz einer so gearteten Schulkultur wird zunächst der Qualitätsbegriff erläutert. Zwar fassen Bessoth und Weibel (1999, S. 9) ihre Studie zur Unterrichtsqualität in Schweizer Schulen zusammen: „Qualität ist nicht definierbar, aber gestalt- und erfahrbar". Dennoch wird immer wieder der Versuch unternommen, etwa in Bezug auf Evaluationen oder Wirksamkeitsuntersuchungen konkret jene Qualität zu definieren, die eine gute von einer weniger guten Schule unterscheidet. Hier werden Absenzen der Schüler explizit als ein solches Qualitätskriterium für schulische Wirksamkeit definiert, weshalb nach einer allgemeinen Behandlung des Themas gezielt Arbeiten zu diesem Zusammenhang gebündelt werden. Ein besonderes Augenmerk gilt der Unterschiedlichkeit der Forschungsansätze im Bereich der Schulentwicklungs- und Schulqualitätsforschung in englisch- und deutschsprachigen Arbeiten. Insgesamt ist festzustellen, dass in den USA, in Großbritannien und Australien das Problembewusstsein hinsichtlich Schulabsentismus früher formuliert wurde als in Kontinentaleuropa bzw. im deutschsprachigen Raum. Dies geht auch mit der oben erwähnten Tatsache einher, dass ein Nicht-Nachkommen der gesetzlichen Schulpflicht beispielsweise in den USA im Jugendstrafrecht als Delikt klassifiziert ist und in Großbritannien vor einer Belangung der Eltern zunächst geprüft werden muss, ob das schwänzende Kind nicht selbst vor Gericht geladen wird (Hersov & Berg, 1980), während im deutschsprachigen Gebiet die Eltern bzw. Erziehungsberechtigten für die Einhaltung der Schulpflicht verantwortlich sind. Die Darstellung der hier aufgegriffenen und besprochenen Arbeiten ist nicht erschöpfend; die Auswahl erfolgt erstens nach dem Kri-

terium der Nachzeichnung der Hauptforschungslinien im englisch- und deutschsprachigen Raum, zweitens nach der Relevanz der Präsenz bzw. der Abwesenheit
von Schülern während des Unterrichts. Der Aufbau des Kapitels ist nach einer
Erläuterung der verwendeten Begriffe weitestgehend chronologisch, wobei für
jedes Jahrzehnt jeweils Forschungen aus dem anglo-amerikanischen Raum und
der deutschsprachigen Region einander gegenüber gestellt werden.

2.1 Systematisierung der verwendeten Begriffe Schulentwicklung, Schulqualität und Schuleffektivität

Schulentwicklung, Schulqualität und Schulwirksamkeit bilden ein begriffliche
Dreieck, die einerseits aufgrund ihrer inhaltlichen Nähe häufig gemeinsam und
teilweise synonym verwendet wird, deren Elemente aber andererseits voneinander abgegrenzt werden müssen. Schuleffektivität ist gleichbedeutend mit Schulwirksamkeit und wird in hier bewusst berücksichtigt, um die Nähe zum englischen Begriff der *school effectiveness* hervorzuheben.

Schulentwicklung

Forschung, die sich mit Schulentwicklung befasst, untersucht „mit besonderem
Fokus auf Wandel und Reform Voraussetzungen und Bedingungen, Formen und
Prozesse sowie Ergebnisse und Wirkungen im Schulbereich, und zwar auf mehreren Ebenen: Systemebene, Ebene der einzelnen Schule auf der Ebene der Lerngruppen und des Lehrerhandelns" (Holtappels, 2005, S. 30). Schulentwicklung
ist also Planung, Initiierung, Begleitung und Evaluation von *Prozessen*, welche
Schulen von einem Ist- in einen Soll-Zustand überführen sollen. Dagegen sind
Schulqualität und Schulwirksamkeit grundsätzlich das *Ziel* einer Schulentwicklung, wie im folgenden Abschnitt verdeutlicht wird.

Schulqualität und Schuleffektivität[19]

Schulqualität umfasst ein Maß für die Klassifikation einer Schule oder eines
Schulsystems anhand von Standards und Indikatoren, anhand derer eine Vergleichbarkeit und Rangordnung untersuchter Bildungseinrichtungen ermöglicht
wird. Solche Standards und Indikatoren können Variablen wie die Leistungen

---

19 Schuleffektivität wird gleichbedeutend mit dem Begriff der Schulwirksamkeit verwendet.

von Schülern sein oder auch Absenzenquoten, fächerübergreifende Projektarbeiten oder erfolgreiche Übertritte der Schüler ins Erwerbsleben. Schulwirksamkeit oder Schuleffektivität als dritter Pol der Begrifflichkeiten neben der Entwicklung und der Qualität untersucht die Effekte und Wirkungen, die Schulen auf verschiedenen Ebenen haben können. So kann etwa Schule als Sozialisationsfeld (gemessen am familiären Hintergrund der Schülerpopulation) in Bezug auf ihre bildende, qualifizierende Wirkung analysiert werden. Über die Bildungs- und Sozialisationswirkungen von Schulen hinaus werden auch die Qualität und Wirksamkeit der pädagogisch-organisatorischen Gestaltung einer Schule betrachtet und damit sowohl Struktur- als auch Prozessfaktoren einbezogen. Prozessfaktoren meinen hier (im Gegensatz zu Schulentwicklungsaspekten) Effekte hinsichtlich individueller Schüler, beispielsweise im Sinne einer durch die Schule ermöglichten ‚Chancengleichheit'.

Der Begriff der Effektivität ist ursprünglich der Ökonomie entlehnt und beschreibt das Resultat einer Transformation von Inputs in Outputs, wobei als *Inputs* einer Schule sowohl die Schüler mit bestimmten gegebenen Eingangsvoraussetzungen gelten, als auch personelle, materielle und finanzielle Ressourcen. Unter *Outputs* werden meist Leistungswerte am Ende eines Schuljahres oder der Schulzeit verstanden (Scheerens & Bosker, 1997). Schuleffektivität ist also der Grad, zu dem das angestrebte Niveau des Outputs unter Aufwendung so weniger Ressourcen wie möglich erreicht wird (a.a.O.). Über diese ökonomische Perspektive hinaus befassen sich auch organisationstheoretische Ansätze mit Schuleffektivität. Zusätzlich zur den ökonomischen Theorien zu Grunde liegenden Annahme, dass Schulen als Organisationen rational oder zielgerichtet funktionieren und demnach die erreichten Ziele an den gewünschten Vorgaben gemessen werden können, werden Schulen auf organisationstheoretischer Ebene auch als organische Systeme gesehen, welche sich an ihre gegebene Umwelt anpassen (a.a.O.).

Der Hauptunterschied zwischen Schulentwicklung und Schulwirksamkeit liegt also im jeweiligen Fokus: während *Schulentwicklung* letztlich das System Schule im Blick hat, konzentriert sich die *Wirksamkeit* zunehmend auf die Schülerebene. Einerseits hängt die pädagogische Qualität einer Schule von normativen Entscheidungen der unmittelbar beteiligten Personen (Lehrpersonen, Schüler- und Elternschaft, Schulleitung) ab, während auf der anderen Seite empirische Befunde etwa zur fachlichen Leistung der Schülerschaft einer Schule wesentliche Informationen zur Bestimmung der Schulqualität oder zumindest einzelner Aspekte liefern. Schulqualitäts- und Schulwirksamkeitsforschung haben demnach relativ ähnliche Themen zum Gegenstand und untersuchen momentane Zustände, während Schulentwicklungsforschung beide als Erkenntnisinteresse haben kann und sich auf die vorangegangenen oder anzustrebenden Verläufe und Vorgänge konzentriert. Zusammenfassend werden die drei zentralen Begriffe dieses Kapitels schematisch dargestellt.

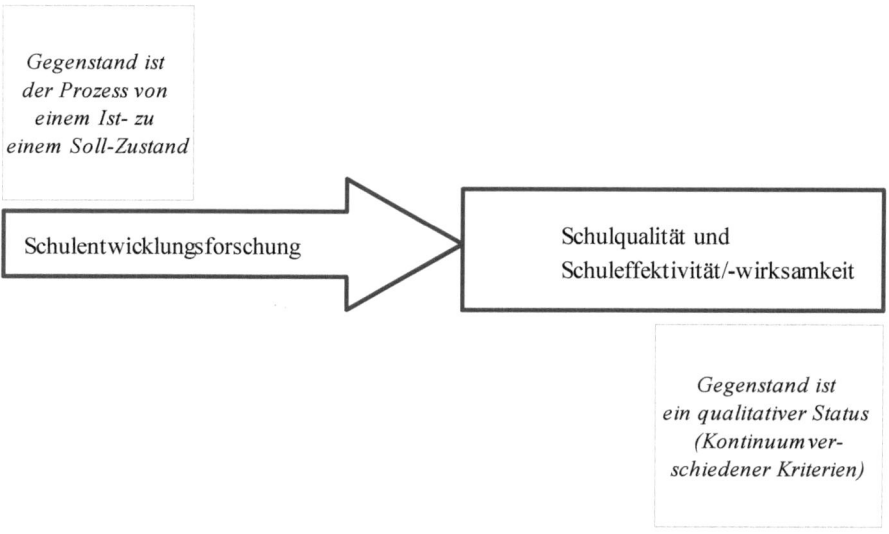

Abbildung 1 Verwendung der Begriffe Schulentwicklung, Schulqualität und Schuleffektivität

Für dieses Buch sind die Begriffe Schulqualität und Schulwirksamkeit vordergründiger als Schulentwicklung. Schlussfolgerungen, die für die Schulentwicklung relevant sind, werden allenfalls implizit in Form von Aussagen zur Schuleffektivität bezüglich der Geringhaltung von Absentismusraten formuliert, weshalb nach dieser Begriffsklärung in den nachfolgenden Abschnitten die Hauptforschungslinien der *Schuleffektivitätsforschung* skizziert werden. So kann aufgezeigt werden, inwieweit Absentismus in der Schuleffektivitätsforschung bisher thematisiert wurde und wo allenfalls noch Bedarf besteht. Es wird deutlich werden, dass der Weg von den Anfängen zur Schuleffektivitätsforschung mit einzelnen fokussierten Merkmalen hin zu komplexen Prozessmodellen führt, in denen Schulabsentismus zumindest teilweise als wesentliches Merkmal der Schuleffektivität erfasst wird.

Skizzierung der Forschungslinien im anglo-amerikanischen Raum und Europa

1950 bis 1970. Während die bildungspolitische Debatte in den USA zwischen 1950 und 1970 weitgehend durch zwei Ereignisse geprägt wurde, den so genannten Sputnik-Schock[20] und den Coleman-Report, war im deutschsprachigen Raum die Schulwirksamkeit laut Holtappels (2005) erst seit den 1970er Jahren ein Thema bildungswissenschaftlicher Forschung. Vor allem zwischen 1960 und 1970 bewegte sich die deutsche Diskussion um die Bedeutung des Bildungssystems im Kapitalismus, wobei nicht mehr vorwiegend eine humanistisch begründete Bildung im Mittelpunkt stand[21], sondern eine ökonomische Betrachtung und Diskussion von Schule und Lernen. Auf kritische Weise wurde dem Strukturfunktionalismus (vgl. etwa Parsons, 1967) entgegengehalten, dass die Vermittlung von Qualifikationen sich auf diejenigen begrenze, deren ‚Herstellung' für den kapitalistischen Staat gerade relevant sei; dass ferner die Integration in die Gesellschaft derart von Statten gehe, dass Schüler die bestehenden Herrschafts- und Produktionsverhältnisse in der kapitalistischen Gesellschaft akzeptieren lernten und Schulsysteme damit letzten Endes der Reproduktion sozialer Klassen dienen (Fend, 2006). Diese skeptische Perspektive hatte sicherlich ihren Anteil daran, dass erst danach empirische Forschung im Bereich der Schulentwicklung auch im deutschen Sprachraum betrieben wurde.

1970 bis 1990. In den Jahren zwischen 1970 und 1989 waren die USA von einer pessimistischen Grundhaltung bezüglich der Wirkkraft von Schulen geprägt (Reynolds, 2005). Familien galten auch in Folge des Coleman-Reports als die einzigen Determinanten der „Bildbarkeit" (*educability*, a.a.O., S. 14). In der Bilanz von Purkey und Smith (1991) wird sehr deutlich, wie unterschiedlich die Merkmale und Kriterien sein können, die auf Grund von Untersuchungen zur Wirksamkeit von Schulen genannt werden. Der Begriff *school effectiveness* setzte sich hier als Bezeichnung dessen, was eine ‚gute Schule' ausmacht, durch. Da-

---

20 Am 4. Oktober 1957 schickte die damalige Sowjetunion mit Sputnik den ersten Erdsatelliten ins Weltall. Dieses Ereignis löste in den USA die als ‚Sputnik-Schock' bekannt gewordene Reaktion aus, welche mit der Erkenntnis verbunden war, dass die Sowjetunion technologisch mindestens ebenso weit entwickelt sein musste wie die USA und damit deren bislang ungefährdet geglaubte Vorherrschaft plötzlich in Frage stand. Als Konsequenz besann man sich in den USA auf die bisher als so genannte ‚Bildungsreserve' (Stamm, Ruckdäschel & Templer, 2009) vernachlässigten Bevölkerungsgruppen und begann diese in speziellen *Head-Start*-Programmen frühpädagogisch zu fördern, um so jedes vorhandene Potenzial für die technische Weiterentwicklung und den Gewinn an Wissen nutzen und optimieren zu können.
21 Die im Funkkolleg geführte Debatte um den Slogan „Bildung ist Bürgerrecht" von Ralf Dahrendorf, an der auch Jürgen Habermas beteiligt war, darf hier allerdings nicht vergessen werden. Hauptkritikpunkt waren die Ende der 1960er Jahre vergleichsweise niedrigen Abiturienten- und Studierendenraten in Deutschland (Greven, 1998).

bei hängt das Verständnis dieses Begriffes von den Kriterien bzw. auch von den Maßstäben ab, die in den jeweiligen Studien an die pädagogische Wirksamkeit oder auch Leistungsfähigkeit einer Schule angelegt werden.

Erst mit Beginn der 1980er Jahre wandte sich die Forschung wieder der Einzelschule als pädagogischer Handlungseinheit zu (Szaday, Büeler & Favre, 1996) und entwickelte Schulqualitätskriterien in Form von Input-, Prozess und Ergebnisvariablen. Bestätigt hat sich hierbei die Einsicht, dass nicht einzelne schulische Faktoren entscheidend für die Leistungsentwicklung ihrer Schüler sind, sondern gemeinsam wirkende Faktorenbündel betrachtet werden müssen. Purkey und Smith (1991) weisen ferner darauf hin, dass „trotz beachtlicher Überschneidungen in diesen Literaturbesprechungen nicht immer die gleichen Merkmale herausgestellt werden, die für wirksame Schulen charakteristisch sind, selbst wenn im Prinzip dieselbe Literatur berücksichtigt wurde" (a.a.O., S. 17). So findet sich das Kriterium der An- oder Abwesenheit auch nur unregelmäßig in Studien zur Schuleffektivität wieder, wie verschiedene Überblicksarbeiten feststellen (vgl. etwa Scheerens & Bosker, 1997; Ricking, Kastirke & Thimm, 2006). Im deutschsprachigen Raum sind die Jahre von 1970 bis 1989 eine Zeit des Übergangs von einem „rein an einer Gestaltung der Praxis orientierten Bemühen der Pädagogik" (Fend, 2006, S. 185) zu einer empirisch orientierten Erziehungswissenschaft, die sich als eine die soziale Wirklichkeit erfassende und analysierende Disziplin zu verstehen beginnt. Gestützt von den Grundannahmen des Kritischen Rationalismus führen die „Beschreibungs- und Erklärungskonzepte [...] immer ‚tiefer' in die Bildungssoziologie bzw. in die Pädagogische Psychologie" (a.a.O.). Quantitative Zugänge auf der Basis der empirischen Surveyforschung wachsen parallel zu qualitativen, am Verstehen orientierten Zugängen der geisteswissenschaftlichen Pädagogik heran und werden lange zu Unrecht als widerstreitende, konkurrierende Ansätze gehandelt. Neben den Systemvergleichen, die für die deutsche und indirekt auch für die Schweizerische Bildungsforschung und -landschaft prägend sind, werden in den 1970er Jahren auch Schulversuche zu Ganztagsschulen etabliert und evaluiert. Allerdings kann sich diese Forschungsrichtung nicht lange halten und bereits in den 1990er Jahren verlagert sich der Fokus auf Unterrichtsprozesse und psychologisch orientierte Bildungsforschung (Weinert & Helmke, 1997) und damit auf „innere Schulentwicklung und pädagogische Teilgebiete" (Holtappels, 2005, S. 34). Das resultierende Gesamtbild solcher Untersuchungen ist jedoch eher diffus, es fehlen zu dieser Zeit noch groß angelegte Studien mit Signalwirkung in Deutschland (a.a.O.). Stattdessen inspirieren besonders Befunde aus den USA und Großbritannien Schulentwicklungsstudien in Deutschland, indem Merkmalslisten für Schulqualität rezipiert werden. Der folgende Abschnitt geht genauer auf diesen Wandel ein.

1990 bis heute. Anfang der 1990er Jahre befasst sich die Schulwirksamkeitsforschung in den USA und Europa vornehmlich mit Variablen wie Struktur und Art der Entscheidungsfindung in Schulen und Bezirken, Prozessen des Wandels sowie Veränderungsmöglichkeiten, damit die verfügbare Zeit optimal für produktive Unterrichtsarbeit genutzt werden kann. Das Vorgehen folgt dabei dem Prinzip, dass hervorragende Schulen identifiziert und untersucht werden oder dass Schulen mit sehr guten Schülerleistungen solchen mit besonders schlechten Schülerleistungen gegenübergestellt werden. Purkey und Smith (1983) etwa nennen in ihrem Überblicksartikel vier Prozessvariablen, die für eine produktive Schulkultur bzw. ein erfolgreiches Schulklima und damit für die Entstehung und den Stellenwert von An- bzw. Abwesenheit im Unterricht charakteristisch sind (in Holtappels, 2003):

(1) *Kooperation und Konsens* sowohl zwischen Schule (Kollegium) und Administration als auch innerhalb des Lehrerkollegiums. Dies beinhaltet gemeinsame Planungen und kollegiale Beziehungen.

(2) Entwicklung eines *Zusammengehörigkeitsgefühls* aller Schulmitglieder, z.B. durch den angemessenen Einsatz von Zeremonien, Symbolen und Regeln.

(3) *Klare Ziele und hohe Erwartungen*, die von allen Mitgliedern der Schulgemeinschaft geteilt werden: Ziele auf Konsensbasis und diese klar kommuniziert; Konzentration auf Aufgaben, die zu den Zielen führen; kontinuierliche Kontrolle des Lernfortschritts.

(4) *Ordnung und Disziplin*: Die zielorientierten Aufgaben werden ernsthaft und zielstrebig wahrgenommen, was durch transparente und verbindliche Regeln unterstützt werden kann und soll.

Solche aus Metastudien resultierenden Merkmalslisten sind stets als Gesamtset von Kriterien zu verstehen, die in ihrer Kombination wirksam werden statt als Auswahl an beliebigen Einzelfaktoren, die wahlweise eine gute Schule ausmachen. Scheerens und Bosker (1997) legen gegen Ende der 1990er Jahre ebenfalls einen Aufsatz vor, in dem sie den damaligen Stand der Schuleffektivitätsforschung in Europa bündeln und die Quintessenz in Form von funktionalen Modellen und Merkmalszusammenstellungen herausfiltern. Auffallend ist, dass die beiden Autoren im Rahmen der Charakterisierung des Schulklimas den zu diesem Zeitpunkt noch seltenen Aspekt des Absentismus mit einbeziehen: Absentismus und vorzeitiger Schulabbruch sind hier effektiv Teil der Faktoren, welche ein gutes Schulklima ausmachen (Scheerens & Bosker, 1997). Konkret finden Absenzen Eingang in die Überlegungen, (1) inwiefern sie registriert werden und (2) wie häufig Schüler zu spät zur Schule kommen, illegitim fehlen oder einer Unterrichtsstunde fern bleiben (a.a.O., S. 113).

Aktuelle Tendenzen. Die Übernahme von charakteristischen Merkmalen, die in der einen oder anderen Untersuchung vorgeschlagen wurden, führt also sehr wahrscheinlich nicht in jeder anderen Schule gleichermaßen zum Erfolg oder wird zumindest andere Ergebnisse hervorbringen als erwartet. Nur ein Teil der Studien legt bisher konsequent Wert auf die Erfassung von An- bzw. Abwesenheitsraten der Schüler bei der Untersuchung von Schuleffektivität. In der Bilanz von Holtappels (2003) wird deutlich, dass die Schule „mit stärker pluralisierten und divergierenden Erziehungsmustern in den Familien konfrontiert [wird]. Möglichkeiten zur Information über Erziehung sind zwar gestiegen, werden aber von Eltern unterschiedlich stark genutzt. So muss vermutet werden, dass die Pluralität in Erziehungsstilen und zugleich die Schere zwischen Elternhäusern mit bewusstem und elaboriertem Erziehungskonzept und solchen ohne konsistente Erziehungsvorstellungen eher zugenommen hat" (Holtappels, 2003, S. 8). Im Schulalltag wird dies spürbar durch unterschiedliche Lernvoraussetzungen, aber auch durch unterschiedliche soziale und kognitive Entwicklungsmöglichkeiten der Schüler. Zum Teil werden ungelöste Probleme und Entwicklungsaufgaben mit in die Schule gebracht. Aus diesem Grund muss Schule mehr sein als eine reine Unterrichtsanstalt, sie nimmt als Lebenswelt und Erfahrungsraum für Schüler eine nicht nur zeitlich bedeutende Rolle ein: sie eröffnet kultur- und altersübergreifende Lernzusammenhänge. „Für eine förderliche Lernkultur wird guter Unterricht immer mehr eine notwendige Voraussetzung, aber ist immer weniger eine hinreichende" (a.a.O., S. 10). So muss Schulabsentismus zwangsläufig zum Thema auch der Schuleffektivität werden, wenn nämlich der Unterricht einerseits nicht (mehr) ausreicht, die Schüler zum Kommen bzw. zum Bleiben zu motivieren oder andererseits sogar ein Grund für sie ist, der Schule fernzubleiben. Dass sich spätestens seit Veröffentlichung der PISA-Studien die Effektivität einer Schule daran messen lassen muss, inwieweit sie in der Lage ist, der Reproduktion sozialer Ungleichheiten durch Aufbrechen quasi deterministischer Übertrittsentscheidungen aufgrund der sozialen Herkunft entgegen zu wirken, spiegelt den aktuellen Trend der Schuleffektivitätsforschung wieder (Maaz, Watermann & Baumert, 2007; Hauf, 2007). Die mit dieser komplexen Aufgabe verbundene Schwierigkeit der begrifflichen Festlegung und Beschreibung von schulischer Qualität und Wirksamkeit lässt bereits erahnen, dass Arbeiten auf diesem Gebiet vielfach Hinterfragung und Kritik hervorrufen. Woran soll und woran kann festgemacht werden, was eine ‚gute Schule' ist? Luyten, Visscher und Witziers (2005) legen hierzu eine umfassende Analyse langfristiger Kritik an Untersuchungen zur Schulentwicklung im anglo-amerikanischen Raum vor. Dass die

An- bzw. Abwesenheit der Schüler nicht grundsätzlich zu den Merkmalen gehört, die überprüft werden, ist nicht Gegenstand dieser Kritik; dennoch steht in Frage, ob und inwiefern die Ausbildungsqualität wirklich über Outcomes wie Schülerleistungen gemessen werden kann und ob nicht weitere Faktoren (wie z.B. die Anwesenheit im Unterricht) berücksichtigt werden müssten. Ein Teil dieser Kritikpunkte wird von Leithwood, Jantzi und McElheron-Hopkins (2006) aufgegriffen. Die Autoren kritisieren, dass die Auswirkungen von Schulentwicklungsmaßnahmen auf Schüler an sich bisher kaum aufgenommen worden waren, allenfalls auf deren Testergebnisse. Ausgehend von solchen Funktionsmodellen stellt sich die Schulentwicklungsforschung heute verstärkt die Frage, wie Schulen ihrer Rolle als Sozialisationsinstanzen gerecht werden können. Schulabsentismus kann Ausdruck einer familiären Sozialisation bzw. eines Habitus sein, demgemäß der Schule *keine zukunftsweisende Rolle* zukommt und der Schulbesuch daher nicht konsequent überwacht wird (Dunkake, 2007). Insgesamt lässt sich als aktuelle Tendenz der Schuleffektivitätsforschung erkennen, dass die Begriffe der *Selektivität* (auch in Folge der PISA-Studien), der *Chancengleichheit* sowie der *Qualifikations-* und *Sozialisationsfunktion* von Schulen als Bildungsinstitutionen immer wieder relevant werden. Die Aufgabe von Schulen, allgemeine Instanzen zur Befähigung junger Menschen zu sein, in ihre Gesellschaft hinein zu wachsen, wird immer wieder gemessen an der Fähigkeit, die Reproduktion sozialer Ungleichheiten aufzulösen (Maaz et al., 2007; Hauf, 2007).

Am Ende dieses streiflichtartigen Überblicks über die Entwicklungslinien der Schuleffektivitätsforschung steht die Erkenntnis, dass sich zum einen die Funktion der Schulen als Bildungs- und Sozialisationsinstanz im Wesentlichen kaum verändert hat und dass sich zum anderen die konkrete Ausprägung dieser Funktion jeweils aus gesellschaftlichen Anforderungen speist und ableitet. Schulversäumnisse werden in einem Teil der Studien mit erhoben, auch wenn diese meist ein anderes Thema als Schwerpunkt haben (Baier et al., 2006; Scheerens & Bosker, 1997). Andererseits wird die Anwesenheit der Schüler im Unterricht bei einer empirischen Überprüfung der Effektivität weitestgehend als gegeben vorausgesetzt. Der folgende Abschnitt ist aus diesem Grund gezielt Studien gewidmet, in denen Absenzen im Rahmen der pädagogischen Wirksamkeit einer Schule aufgegriffen werden. Damit wird zugleich ein weiterer Teil der hier behandelten Forschungslücke charakterisiert, indem Effekte der *Eingangsvoraussetzungen* der Schüler und *Kontexteffekte* auf der Basis geeigneter Studien gegeneinander abgewogen werden.

2.2 Macht die Schule einen Unterschied?

„Die Verteilung von Schülerinnen und Schülern auf unterschiedliche Schulformen in der Sekundarstufe I führt zu einer leistungsmäßigen und sozialen Stratifizierung von Bildungseinrichtungen. [...] 70 Prozent der Fähigkeitsvarianz zwischen Schulen wird durch das mittlere soziale Niveau der Schülerschaft erklärt (Baumert et al., 2007, S. 95). Diese auf den PISA-Daten von 2006 basierende Feststellung weist auf die bedeutende Relevanz der Herkunftsmerkmale von Schülern hin, die auch als Eingangsvoraussetzungen bezeichnet werden. Dass Schulen und besonders Schulformen in gegliederten Bildungssystemen differenzielle Entwicklungs- und Lernmilieus sind, gilt als gesichert; laut Baumert et al. (a.a.O.) betrifft dies sowohl die Leistungs- als auch die Persönlichkeitsentwicklung. Damit sei gemeint, „dass junge Menschen unabhängig von und zusätzlich zu ihren unterschiedlichen persönlichen, intellektuellen, kulturellen, sozialen und ökonomischen Ressourcen je nach besuchter Schulform differenzielle Entwicklungschancen erhalten, die schulmilieubedingt sind und sowohl durch den Verteilungsprozess als auch durch die institutionellen Arbeits- und Lernbedingungen und die schulformspezifischen pädagogisch-didaktischen Traditionen erzeugt werden" (a.a.O., S. 99). Kern dieser Aussage ist die Formulierung, dass die Schüler *unabhängig von und zusätzlich zu* den individuellen Merkmalen auch schulmilieubedingten Entwicklungseinflüssen ausgesetzt sind. Um diesen Punkt dreht sich dieses Buch: es wird versucht, unter Kontrolle individueller Schülerfaktoren den *darüber hinaus* vorliegenden Zusammenhang zwischen *schulbedingten* Unterschiedlichkeiten und Häufigkeiten von Absenzen zu beleuchten. Effekte der Schülerzusammensetzung werden gemäß Luyten und van der Hoeven-van Doornum (1995) in erheblichem Ausmaß über schulische Prozessmerkmale wie etwa Kooperation im Lehrerkollegium oder das Lernklima vermittelt, indem Interaktionseffekte zwischen kognitiven und sozialen Merkmalen der Schülerschaft und den genannten Schulprozessmerkmalen entstehen. Solche und andere Studien zu Effekten der Eingangsvoraussetzungen beziehen sich freilich auf Leistungs- und nicht auf Absentismuswerte und die Relevanz solcher Effekte wurde bisher kaum explizit simultan für Leistungs- und Persönlichkeitsvariablen untersucht, daher können sie hier nicht unkritisch übernommen werden. Dennoch liefern sie eine entscheidende theoretische Basis für den analytischen Zugang zum Thema Schulabsentismus, weil durchweg betont wird, dass Schulen nicht nur differenzielle Lern- sondern auch Entwicklungsmilieus sind: „Nach Dreeben und Barr (1988) ist es vor allem das mit der sozialen Zusammensetzung kovariierende Fähigkeitsniveau der Schülerschaft, auf das Lehrkräfte organisatorisch, curricular und didaktisch adaptiv reagieren" (Baumert et al., 2007, S. 112).

Es darf also davon ausgegangen werden, dass die Eingangsvoraussetzungen der Schüler grundsätzlich sowohl mit Leistungsvariablen als auch mit Entwicklungs- oder Persönlichkeitsvariablen zusammenhängen.

Anwesenheit der Schüler als Qualitätskriterium der Schuleffektivität

Was Staroba (1989) als „Haltekraft" (engl. Orig.: „holding power") bzw. Ricking et al. (2006) als „prosoziale Halte- und Integrationskräfte" (S. 131) einer Schule bezeichnen, umschreibt die Fähigkeit, Schüler zur ununterbrochenen Teilnahme am Unterricht zu motivieren. Holtappels (2003) bestätigt diese Eigenschaft von Schulen und sagt, dass zumindest teilweise von den Jugendlichen ungelöste Probleme und Entwicklungsaufgaben von zu Hause mit in die Schule gebracht werden (a.a.O.). Schule nehme als Lebenswelt und Erfahrungsraum für Schüler eine nicht nur zeitlich bedeutsame Rolle ein und eröffne darüber hinaus kultur- und altersübergreifende Lernzusammenhänge. Die Aussage, dass „für eine förderliche Lernkultur [...] guter Unterricht immer mehr eine notwendige Voraussetzung [sei], aber [...] immer weniger eine hinreichende" (a.a.O.), wird besonders relevant für die Thematik des Schulschwänzens: nämlich dann, wenn schulischer Unterricht keine *hinreichende* Bedingung ist, die Schüler zum Kommen zu motivieren. Unterricht an sich ist wohl zumindest zeitweise für die wenigsten Jugendlichen der Hauptgrund, regelmäßig in die Schule zu gehen. Wesentlich mehr im Vordergrund stehen soziale Komponenten wie die Begegnung mit Freunden (Oehme, 2007). Dennoch muss guter Unterricht als notwendige Voraussetzung für die Haltekraft von Schulen betrachtet werden, die zwar *per se* wahrscheinlich Absentismus nicht verhindern kann, aber ohne die für die Schüler ein starker Auslöser für Absentismus entsteht.

Die Frage, ob die Schule, die Jugendliche besuchen, einen wesentlichen Unterschied hinsichtlich ihres Erfolges auf dem Bildungsweg ausmacht, ist grundlegend für dieses Buch. Im nächsten Abschnitt wird daher aufgezeigt werden, wie unterschiedlich die Positionen der Bildungsforschung zum Einfluss der Schule auf Absentismus sind. ‚Erfolg' im Sinne eines qualifizierenden Abschlusses oder anderer messbarer Kriterien kann hier nicht operationalisiert werden; ‚Erfolg' bedeutet daher für diese Arbeit der regelmäßige Schulbesuch und damit die *Chance*, über den Bildungsweg den Einstieg in ein selbstständiges (Erwerbs-) Leben zu meistern. Die Struktur der folgenden Abschnitte ist dialektisch aufgebaut, d.h. es werden zunächst Studien vorgestellt, die dagegen sprechen, dass schulische Merkmale relevant für den Bildungsweg von Schülern sind (‚These'). Dem werden anschließend Befunde gegenübergestellt, die solche schulischen Effekte durchaus nachweisen konnten (‚Antithese'). Abschließend wird aus beiden

Argumentationslinien ein Fazit formuliert („Synthese'). Es geht damit eigentlich um die Frage nach der Stärke von Effekten der Herkunftsmerkmale von Schülern, wonach die folgenden Abschnitte zugleich die Herleitung der beiden untersuchungsleitenden Hypothesen sind: die besagte ‚These' drückt aus, dass eine problematische Schülerzusammensetzung so viel stärker ist als mögliche schulische Effekte, dass letztere praktisch keine Relevanz bezüglich Outcome-Variablen wie Absentismus haben. Die ‚Antithese' hingegen geht davon aus, dass so genannte ‚Policy-Prädiktoren' einer Schule (wie Umgang mit Absenzen, Regeln und Normen, Ethos einer Schule bezüglich Umgang mit Übertretungen von solchen Regeln u.ä.) über die Herkunftsmerkmale der Schülerschaft hinaus signifikante Zusammenhänge mit Absenzen oder Schülerleistungen aufweisen.

These: Die Schule macht keinen Unterschied

Der bereits erwähnte Coleman-Report (Coleman, Campbell, Hobson, McPartland, Mood, Weinfeld & York, 1966) erregte ebenso wie der umstrittene Moynihan-Report (Moynihan, 1965) und eine Studie von Jencks (1972) in den USA Aufsehen durch ihre damals erwartungswidrigen Resultate. Im Zusammenhang mit der Rassenstrennung (Segregation) war vor diesen Untersuchungen die Vermutung verbreitet, dass die besseren Schulleistungen der weißen Schüler im Vergleich zu afro-amerikanischen und hispanischen Klassenkameraden auf die materiell besser ausgestatteten Schulen zurückzuführen seien. Kurze Zeit, nachdem in den USA der Coleman-Report veröffentlicht worden war, legte in Großbritannien das Plowden-Committee (1967) einen Bericht vor, aus dem hervorging, dass Kinder aus unterprivilegierten Familien in der Schule aller Betonung der Chancengleichheit zum Trotz benachteiligt seien. Dies wurde dem verstärkten Einfluss des Elternhauses gegenüber der Schule zugeschrieben. Nach der Veröffentlichung dieser Studien galt in den USA und darüber hinaus gemäß Szaday et al. (1996) weitgehend unangefochten die Ansicht, dass die Effekte der Beschulung bei Kindern und Jugendlichen sehr gering seien (a.a.O.). Coleman selbst jedoch betont gut 20 Jahre nach seinem Bericht, dass der familiäre Hintergrund von Schülern zwar wesentlich mehr Varianz der Leistungen aufklären kann als die Schule, dies bedeute jedoch nicht, dass es auf die Schule nicht ankäme (Coleman, 1987). Die Varianzverteilung impliziere vielmehr, dass „Schulen, welcher Qualität auch immer, für Kinder mit starkem familiärem Hintergrund effektiver sind als für Kinder aus schwachen Familien" (a.a.O., S. 35, Übers. d. Verf.). Obwohl der Coleman-Report sowohl für seine Methodologie als auch für die enthaltenen Interpretationen kritisiert wurde und einige weitere Arbeiten inspiriert hat, ist die Diskussion zwar nicht beendet (Rivkin, Hanushek & Kain, 2005), jedoch liegen kaum Belege für die These vor, dass die Schule *keinen* Unterschied für Schülerleistungen oder andere Variablen wie z.b. Absentismus macht. Diese erste Position basiert also auf relativ wenigen und alten Studien und konnte bis dato nicht mehr stichhaltig nachvollzogen werden.

Antithese: Die Schule macht einen Unterschied

Für die Gegenposition, d.h. dass die von Schülern erzielten Leistungen durchaus abhängig sind von der besuchten Schule, wurde während der vergangenen 40 Jahre wesentlich mehr empirische Evidenz gefunden. Rutter et al. (1980) konnten wie später auch Mortimore (1994) für Londoner Schulen den Nachweis erbringen, dass diese sehr wohl unterschiedliche Wirkungen auf die Leistungsperformanz ihrer Schüler haben. Einschränkend ist hier allerdings zu bemerken, dass v.a. die Studie von Rutter et al. aufgrund der geringen Fallzahl (20 Schulen als oberste Analyseeinheit) auf statistischer Ebene vorsichtig zu interpretieren und eher konzeptuell von Nutzen ist. Auch und gerade Studien aus Deutschland legitimieren Schulentwicklungsprozesse und damit, dass Schulen „durch gesellschaftliche Umbrüche unweigerlich vor neue und veränderte Herausforderungen gestellt [werden], auf die zahlreiche Schulen nicht hinreichend vorbereitet scheinen, andere hingegen bereits Konzepte und Ansätze entwickelt haben" (Holtappels, 2003, S. 7). Die Diskrepanz in den herkunftsbedingten Lernvoraussetzungen und sozial-kognitiven Entwicklungschancen der Schüler ist eine umfassende Herausforderung für Schulen, hinsichtlich derer sich die Schulen in ihrer Wirksamkeit unterscheiden. In einer früheren Forschung findet Holtappels (1985) heraus, „dass ein ungünstiges Lernklima offenbar Schulprobleme und Schülerdevianz hervorbringt" (S. 57), worunter auch Absentismus fällt. Fend (1976; 1998) unterscheidet in seinen Studien gute von schlechten Schulen bzw. erfolgreiche von weniger erfolgreichen, was auch Holtappels (2003) aufgreift: „Nicht Disziplin- und Leistungsanforderungen unterscheiden gute von schlechten Schulen, sondern der Stil des Umgangs mit Schülern und die Annahme der pädagogischen Herausforderung durch einzelne Schülergruppen" (S. 67). Zudem treten markante Unterschiede hinsichtlich Schulklima und pädagogischer Wirkungen hervor: „In guten Schulen zeigen sich bei den Schüler/innen fast durchgängig positive Effekte im Hinblick auf Einstellungen zur Schule und Arbeitshaltungen, sozialem Verhalten und Devianz und zentralen Personmerkmalen (z.B. Selbstbild)" (a.a.O.). Im anglo-amerikanischen Raum werden gute von schlechten Schulen vornehmlich durch Fachleistungstests unterschieden, wobei diese Praxis zunehmend in die Kritik gerät aufgrund der Veröffentlichung und Klassifikation auf der Basis unkorrigierter Werte der mittleren Testleistungen (Helmke, 2003).

Nicht nur die Leistungen der Schüler, auch ihre An- bzw. Abwesenheit in Verbindung mit Schulangst oder Schulunlust variieren laut mehreren jüngeren Studien mit dem Schulkontext: „In einer Studie über Wirkungen der Lernkultur [vgl. Tillmann u.a. 1999] wird nachgewiesen, dass ein förderndes Lehrerengagement letztlich auch positive Effekte im Hinblick auf Devianz und psychosoziale Dispositionen wie Selbstwertgefühl und leistungsbezogenes Selbstvertrauen zeigt; zudem wirkt sich eine solche Förderorientierung auch dämpfend auf Schulangst, Schulunlust und psychische und physische Aggressionen aus" (Holtappels, 2003, S. 69). Auch so genannte ‚hard facts' wie strukturelle und organisatorische Merkmale von Schulen erweisen sich in verschiedenen Untersuchungen als erklärungsstark für absente Verhaltensweisen (Reissig, 2001; Fredricks, Blumenfeld & Paris, 2004; Lee & Burkam, 2003). Moore (2004) trägt Befunde zum Einfluss der Schulgröße zusammen, wobei unter anderem auch die Anwesenheits- und Schulabbruchsquoten der Schüler als Kriterien berücksichtigt werden. Kleine Schulhäuser schneiden hierbei im Vergleich zu größeren Schulen eindeutig besser ab:[22] „Small schools have lower incidences of negative social behavior, including truancy, classroom disruption, vandalism, aggressive behavior, theft, substance abuse and gang participation [...]. The holding power of smaller schools is considerably greater than that of large schools" (Moore, 2004, S. 69). Stamm (2007) differenziert diese Aussage, indem sie sie um die Qualität der Beziehungen zwischen Schüler- und Lehrerschaft erweitert. Die Größe der Schule macht einen Unterschied in Bezug auf das Risiko, hohe Absenzenraten zu erreichen, nämlich im Zusammenspiel mit den zwischenmenschlichen Beziehungen unter ihrem Dach. Auch aus den PISA-Studien geht explizit hervor, dass Schulen deutliche Unterschiede bewirken können, was die Leistungen ihrer Schüler angeht. Deutschland und die Schweiz liegen hinsichtlich der schulbedingten Varianz signifikant über dem OECD-Durchschnitt. Es wurden folglich deutliche Unterschiede zwischen den Schülern in Bezug auf ihre Leistungen gefunden, die die Schulen nicht ausgleichen konnten (OECD, 2005b). Diejenigen Länder, deren Schüler sowohl hohe Leistungen erzielt haben als auch deren Schulen eine niedrige *between-school variance*[23] aufweisen, können also in zweierlei Hinsicht als die erfolgreichsten in PISA gelten, da sie einerseits das umfassendste Wissen zu

---

22   Die Schulen wurden dabei nicht in Kategorien hinsichtlich ihrer Größe eingeteilt. Die formulierten Hypothesen gelten in der Form: „Je größer die Schule, desto...". Insofern können relative Aussagen zu großen und kleinen Schulen gemacht werden, ohne jedoch einen Grenzwert festzulegen.
23   Deren Schulen sich also leistungsmäßig nicht sehr stark von einander unterscheiden. Wenn man sich die Varianz, also die Unterschiedlichkeit der erzielten Leistungen von Schule zu Schule anschaut, ist immer ein wichtiger Punkt, wie viel von dieser Unterschiedlichkeit auf individuelle Merkmale der Schüler und wie viel auf institutionelle Merkmale der Schule zurückgeht. Von relevanten Unterschieden zwischen Schulen geht man als Daumenregel derzeit aus, wenn mindestens 10% der Varianz auf die Schule zurückgehen.

vermitteln scheinen und andererseits für die größtmögliche Gleichheit des erreichten Bildungsstandes sorgen. Dies gilt besonders für Finnland, Spanien, Australien, Kanada, Irland und Neuseeland. Die Rolle, welche die Schulen in Bezug
auf Leistungen spielen, variieren allerdings von Land zu Land beträchtlich. Während in den genannten Ländern lediglich maximal 10% der Varianz der Schülerleistungen auf die einzelnen Schulen zurückzuführen sind, so sind es u.a. für
Deutschland bis zu 60% (a.a.O., S. 29).[24] Generell konnte nachgewiesen werden,
dass je weniger die Schulen eines Landes sich hinsichtlich des Leistungsniveaus
unterscheiden, desto höher sind die durchschnittlichen Leistungen der Schüler.
Weißbrodt (2007) stellt in einer Reanalyse der Daten von PISA 2000 fest, dass
1.6% der befragten deutschen Schüler in den beiden Wochen vor der Befragung
mindestens fünfmal einzelne Schulstunden geschwänzt hatten und dass dieser
Befund in Zusammenhang mit dem Anforderungsniveau der Schule stehe: „Besonders bei den Jungen steigt die Absentismusquote in Richtung niedriger Schulformen stark an. [...] Alle drei Formen des Schulabsentismus [kommen] bei
Schülern in Hauptschulen und Integrierten Gesamtschulen häufiger [vor] als bei
den Schülern anderer Schultypen" (a.a.O., S. 92).

Einen deutlichen Hinweis darauf, dass die Schule einen Unterschied macht in
Bezug auf die Häufigkeit der Absenzen, liefert auch der Befund, dass die Qualität der Beziehung zu den Lehrpersonen sowie die Wahrnehmung des Schullebens
eng mit der Häufigkeit der Absenzen zusammenhängen (a.a.O., S. 102). Im Sinne einer Bindung an die Schule, die durch das vorhandene Angebot an die Schüler gefördert wird, kann mit Weißbrodt (2007) argumentiert werden, dass es
durchaus relevant für das Absenzenverhalten ist, auf welche Schule eine Jugendliche oder ein Jugendlicher geht.

---

24 Diese Diskrepanz darf jedoch nicht vorschnell als Schuleffekt überinterpretiert werden, da sie
v.a. auf die unterschiedlichen Schulformen in Deutschland zurückgeht, welche in anderen Ländern so
nicht gegeben sind.

Synthese: Unterschiedliche Ergebnisse, Fragen an diese Untersuchung

Die besprochenen Untersuchungen zur Wirksamkeit von Schulen fördern Ergebnisse zu Tage, die grundsätzlich zueinander in Widerspruch stehen. Sie wurden mit der Absicht zusammen gestellt, die folgenden konträren Hypothesen gegeneinander abzuwägen:

(1) Die Unterschiedlichkeit der Schulen bezüglich der Absenzen ihrer Schüler geht *vollständig* auf deren Eingangsvoraussetzungen zurück.

(2) Die Unterschiedlichkeit der Schulen bezüglich der Absenzen ihrer Schüler geht über die Eingangsvoraussetzungen hinaus auch auf Kontextmerkmale der Schulen zurück.

Diese beiden Hypothesen sind bewusst allgemein gehalten; sie werden im Rahmen der Zusammenstellung der Teilmodelle für die Datenanalyse jeweils auf das Modell bezogen präzisiert. Frühe amerikanische Forschungen weisen eher darauf hin, dass es keine Rolle spielt, welche Schule ein Kind besucht, während in britischen Studien seit Ende der 70er Jahre gerade das Gegenteil erkannt wird. Diese Widersprüchlichkeit der Ergebnisse wird bereits von Rutter et al. (1980) diskutiert und dabei auf unterschiedliche Fragestellungen und Methoden in US-amerikanischen und britischen Studien zurückgeführt (a.a.O.). In den beschriebenen deutschsprachigen Untersuchungen zum Thema steht hingegen ebenso wie in neueren amerikanischen Studien kaum in Frage, dass die von Jugendlichen besuchten Schulen unterschiedliche Outcomes im Sinne von Leistungsmaßen, Devianz oder Identifikation mit der Schule hervorbringen (Pong, 1997). Eingangsvoraussetzungen im Sinne von Merkmalen der Herkunft, Leistungsfähigkeit und Lernbereitschaft der Schüler haben einen starken Anteil an der Erklärung vieler Outcomevariablen; eine signifikante Bedeutung kommt darüber hinaus der Schulkultur als Ethos des Umgangs miteinander, als Lernangebot und als Sozialraum zu. Zusammenfassend lässt sich bezüglich der unterschiedlichen pädagogischen Wirksamkeit von Schulen konstatieren, dass die empirische Evidenz zu Gunsten der Ansicht, dass die Schule durchaus einen Unterschied macht für die gefragten Outcome-Variablen (Leistung resp. Absentismus) gegenüber der konträren Meinung stark überwiegt. Hieraus ergibt sich die Frage, worauf solche Unterschiede zurückzuführen sind und konkret, inwiefern die Merkmale einer Schule mit der Absenzenhäufigkeit ihrer Schüler zusammenhängen. Um diese Frage auf empirischer Basis zu beantworten, wird im folgenden Abschnitt ein theoriegeleitetes Arbeitsmodell entwickelt, das später bei der Datenanalyse aufgegriffen wird und den dort konstruierten Modellen zu Grunde liegt.

2.3   Statt eines Fazits: Verdichtung zu einem Arbeitsmodell

Als Abschluss dieses theoretischen Kapitels zur Schulentwicklung und Schuleffektivität bleibt die Annahme, dass die Präsenz der Schüler während des Unterrichts als Qualitätsmerkmal in bisherigen Arbeiten zum Thema lediglich als unabhängige Variable ‚mitgenommen', nicht jedoch als abhängige Variable in den Mittelpunkt gerückt wurde. Dies soll daher im Rahmen dieses Buches geschehen, weshalb nun die oben dargestellten Befunde zu einem Arbeitsmodell verdichtet werden, das im Untersuchungsteil als theoretische Grundlage für die dort konstruierten Modelle dient. Im Sinne eines Fazits wird zunächst aufgezeigt, welche Elemente aufgrund der Schuleffektivitätstheorien in das Modell aufgenommen werden, ehe abschließend das Modell dargestellt und kommentiert wird.

Ein Modell, das Schulabsentismus als klar definierte Kriteriumsvariable umfasst, kann mit Cheng (1993) als *Zielmodell* bezeichnet werden. Eine Schule ist demnach genau dann ‚effektiv', wenn sie ihre gesetzten Ziele erreicht hat.[25] Hier ist zu beachten, dass die Absenzenrate als Ziel nicht von den Schulen selbst definiert, sondern speziell für dieses Buch im Nachhinein festgelegt wurde und es sich daher nicht um ein Effektivitätsmodell im eigentlichen Sinne handelt, sondern um ein heuristisches Zielmodell zur Analyse und zum Vergleich eines willkürlich gewählten Aspekts innerhalb der Schulen. Der in das Modell integrierte Zielbegriff erhält für die hier vorgestellte Studie zusätzlich eine fragende Komponente, nämlich ob es sich bei der Output-Variable der Absenzenquote um einen Schuleffekt, d.h. ein von der Schule hervorgebrachtes Produkt handelt. Aus den theoretischen Ausführungen zur Frage, ob die Schule einen Unterschied macht in Bezug auf Leistungen und Absentismus der Schülerschaft, wurde die These abgeleitet, dass der Besuch einer bestimmten Schule einen nicht zu vernachlässigenden Teil der Schülerleistungen und Absenzen aufklären kann. Deshalb wird in das Arbeitsmodell die Schule als Kontextebene integriert, unter der verschiedene mögliche Faktoren analysiert werden, die aufgrund bisheriger Forschung und Theorie wahrscheinlich mit Schülerabsenzen zusammenhängen. Darunter fallen das Konstrukt des Lernklimas, das Selbstkonzept der Schüler, das Engagement und weitere Merkmale der Lehrpersonen sowie strukturelle und or-

---

25 Selbstverständlich sind diese Ziele inhaltlich diskutabel; eine Schule ist nicht dann ‚gut' oder ‚effektiv', wenn sie sich kaum Ziele setzt oder nur solche, die ohne Mehraufwand erreicht werden.

ganisatorische Merkmale des Schulhauses. Weil das Modell an dieser Stelle aufgrund der bislang kaum beachteten Relevanz von Absenzen für ein stimmiges Gesamtbild der Schuleffektivität relativ schmal und allgemein bleiben muss, wird es im Untersuchungsteil um Aspekte aus dort formulierten Hypothesen ergänzt bzw. diesbezüglich modifiziert, die anhand von Mehrebenenanalysen überprüft werden.

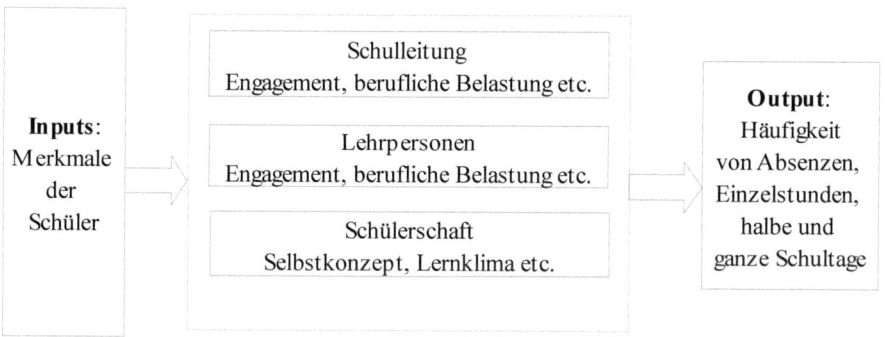

Abbildung 2   Input-Output-Modell zum Kontext Schule; basierend auf OECD (2005c, S. 12)

Als heuristisches Modell ist diese Abbildung die Grundlage für die analytischen Teilmodelle in diesem Buch auf den drei Ebenen Schüler, Lehrperson (Klasse) und Schulleitung (Schule).

3 Forschungsstand: zur Rolle der Schule bei Schulabsentismus

Wie in Kapitel 1 beschrieben wurde, kann Schulabsentismus nur dann umfassend verstanden werden, wenn man sowohl seine *individuellen* als auch seine *kontextuellen* Bedingungsfaktoren und Begleitumstände berücksichtigt. Mit Aussagen wie „truancy is the ‚kindergarten of crime'" (Healy, 1915, zit. nach Turner, 1974) wurde bereits 1915 ein Zusammenhang von Schulabsentismus und Devianz bzw. Delinquenz postuliert. Allerdings zeigen diverse jüngere Studien zum Thema, dass Schulschwänzen mit einer ganzen Reihe von anderen Verhaltensweisen zusammenhängen kann, die nicht notwendigerweise deviant sind. In Kapitel 3 werden nun relevante Studien zusammengestellt, in denen Schulabsentismus, Einflussgrößen aus dem schulischen Bereich und mögliche Folgen thematisiert werden. Mit diesem Kapitel wird daher die Forschungslinie zur Rolle schulischer Faktoren für Schulabsentismus nachgezeichnet und die Thematik auf das Hauptinteresse dieses Buches hin verdichtet. Es wird gezielt auf Variablen eingegangen, die im *schulischen Kontext* prädiktiv für Absentismus sind, also ein Hinweis auf Schulschwänzen. Damit werden die in Kapitel 1 und 2 vorgestellten theoretischen Zugänge ergänzt und um relevante empirische Befunde erweitert. Es wird sich zeigen, dass eine ganze Reihe von Faktoren identifiziert wurde, die mit Schulabsentismus zusammenhängen; jedoch wurde kaum gezielt herausgearbeitet, wie sich das so genannte ‚multifaktorielle Bedingungsgefüge', das aktuell als Konsens für die Erklärung und Beschreibung von Schulabsentismus gilt, genau zusammensetzt. Abgeschlossen wird Kapitel 3 mit einer Beschreibung des Fribourger Forschungsprojekts, das die Daten für diese Untersuchung liefert. Es hat als Grundlagenstudie Pionierarbeit im Bereich der Schulabsentismusforschung geleistet und widerspiegelt den aktuellen Forschungsstand der Schweiz.

3.1 Beginn der Thematisierung von Schule und Absentismus im angelsächsischen Raum

Schulabsentismus wurde erstmals im englischen (amerikanischen) Sprachraum als Forschungsgegenstand thematisiert. In Kontinental-Europa hingegen bestehen noch vergleichsweise große Defizite im Hinblick auf *systematisch* untersuchte Faktoren, Bedingungen und Verhaltensweisen in Zusammenhang mit Absentismus. „Im Wesentlichen gründet dieses Defizit darin, dass in den USA Schulabsentismus seit langer Zeit unter dem weit gefassten Begriff der Delinquenz subsumiert wird, unter das Jugendstrafrecht fällt und entsprechend oft mit jugendstrafrechtlichen Sanktionen beantwortet wird" (Stamm, 2006, S. 287). Auch in Großbritannien werden die Kinder mit zur Rechenschaft gezogen, wenn sie ihrer Schulpflicht nicht nachkommen und den Unterricht aus einem nicht legitimierten Grund versäumen: „A child is lawfully absent when he is ill, or when there is some other unavoidable cause for his absence. He and his parents are breaking the law when he is kept away from school without good reason, or when he is playing truant" (Tyerman, 1968, S. 21, Hervorh. d. Verf.).

Tyerman bemerkte beispielsweise auch, dass Schulversäumnisse generell ein umfangreiches Phänomen zu sein scheinen (1968, S. 19): „Exact figures for absence from school are difficult to obtain; but those which are available from local authorities and school welfare officers show that if absence were evenly spread over the school population and over the school year, each child would be spending on an average nearly half a day away from school each week" (a.a.O., Hervorh. d. Verf.). Bereits zu dieser Zeit wird in Großbritannien das Augenmerk nicht nur auf die Seite der Schulversäumnisse gerichtet, sondern auch auf die Seite des Schulbesuchs (*school attendance*). Diese Umdeutung der Absenzenproblematik erlaubt die Angabe so genannter *attendance rates* als Qualitätsmerkmal britischer Schulen, welche bildungspolitisch immer wieder relevant werden, wenn es um die staatliche Förderung von Schulen geht. In Großbritannien und den USA werden aus dieser Motivation heraus dann auch vorwiegend Wirkungsstudien zur *school effectiveness* durchgeführt, die zumeist auf den Leistungsbereich konzentriert sind. In den USA gilt bereits in den 1970er Jahren unter den Schulleitern weiterführender Schulen die nachlässige Anwesenheit als das zentrale Problem der Schulverwaltung.

Erste Studien wie z.B. von Wright (1978) in Virginia konzentrieren sich auf Faktoren, die mit niedrigen Anwesenheitsraten verbunden sind. Der wichtigste Befund dieser Untersuchung ist, dass in städtischen Schulen signifikant weniger geschwänzt wird als in suburbanen und ländlichen Schulen, möglicherweise aufgrund der Mithilfe der Kinder in der Landwirtschaft. Auch das fachliche Angebot einer Schule sowie das Alter der Lehrpersonen und die Möglichkeit, über praktische Arbeiten schulische Leistungen zu erzielen, spielen eine Rolle. Rutter et al. (1980) zeigen in ihrer Londoner Längsschnittstudie „Fünfzehntausend Stunden" dann als eine der ersten Forschergruppen, dass die Schule, welche ein Kind besucht, sich merklich auf die erzielten Leistungen auswirkt. Bereits in dieser frühen Studie werden nicht mehr nur die aggregierten (durchschnittlichen) Schülerantworten, sondern *sowohl* Individualvariablen der Schüler *als auch* die Schule

als Organisation betrachtet, womit ein Paradigmenwechsel in der Schuleffektivitätsforschung markiert wird. Als besonders wichtig für die lückenlose Anwesenheit der Schüler (*attendance*) erweisen sich eine koordinierte Curriculumplanung
sowie die von den Lehrpersonen erwarteten Leistungen der Schüler. Im Gegenzug dazu wirkt sich eine häufig vorzeitige Beendigung von Schulstunden ebenso
wie Verwarnungen durch den Schulleiter nach Rutter et al. (1980) negativ auf die
Anwesenheit der Schüler aus. Dies entspricht auch den Erkenntnissen, die Reynolds et al. (1976) einige Jahre zuvor gewonnen hatten, als sie den Lehrerfolg
von Sekundarschulen in einer relativ homogenen Arbeitergegend untersuchten.
Trotz der anzunehmenden scheinbar geringen sozio-ökonomischen Unterschiede
der Schülerpopulationen können deutliche Variationen hinsichtlich der Anwesenheitsrate ermittelt werden: Besonders häufig tritt Absentismus auf, wenn das
Schulklima von den Schülern als unangenehm empfunden wird. Das ist laut Reynolds et al. (1976) dann der Fall, wenn die Schulleitung streng, unfreundlich und
überaus bedacht auf die Einhaltung der Schulordnung ist. In der Folge wird sie
von den Schülern als autoritär und feindlich eingestellt erlebt. Ausgeprägtes
Konkurrenzdenken bei Lehrpersonen und Mitschülern erweisen sich ebenfalls
als Risikofaktoren für häufige Absenzen und Schulangst. Zudem kann nachgewiesen werden, dass die Absenzen an Schulen mit hoher außerunterrichtlicher
Kooperation unter den Schülern vergleichsweise selten sind (Reynolds et al.,
1976; 1980).

Reid (1982) setzt seit nunmehr 25 Jahren seinen Beobachtungsschwerpunkt
auf massive Schulschwänzer in Wales, welche etwa zwei Drittel eines Trimesters
(engl: *term*) abwesend sind und vergleicht diese Anfang der 1980er Jahre mit
konstant anwesenden Schülern. Zentrale Resultate sind, dass sich diese beiden
Schülergruppen vornehmlich in ihrer Familienstruktur, im Beruf ihrer Eltern und
der Berechtigung zu kostenlosen Mahlzeiten (oft als Armutsindikator eingesetzt)
in der Schule unterscheiden. Die massiven Schulschwänzer haben von allen drei
Gruppen das niedrigste akademische Selbstkonzept und am wenigsten Selbstvertrauen. Die Lehrpersonen sind in den Augen der Schulschwänzer eine entscheidende Einflussvariable für ihr absentes Verhalten. Einige Jahre später identifiziert Sommer (1985) als relevante schulische Faktoren für das Verhalten der
Schüler, auch und gerade in Bezug auf Absentismus, den Umgang mit Regeln,
die Lehrpläne sowie die Einstellung und das Verhalten von Lehrern. Diese Arbeit
ist noch deutlicher als die von Rutter von der Schule her gedacht und sucht speziell im schulischen Kontext nach Prädiktoren[26] für absentes Verhalten. Coleman

---

26 Ein Prädiktor ist in der empirischen Sozialforschung eine Variable, die mit der untersuchten Out-
come- Variablen (z.B. Schulabsentismus) statistisch signifikant zusammenhängt. Durch die Signifikanz wird ausgesagt, dass ein Zusammenhang (z.B. Je angenehmer das Schulklima, desto seltener
wird geschwänzt) mit einer bestimmten Wahrscheinlichkeit (meist über 95%) nicht zufällig ist.

(1987) bettet seine Untersuchung zur Präsenz im Unterricht, Schulabbrecherraten und damit zusammenhängenden schulischen Faktoren in soziologische Überlegungen ein und beschreibt Schulen als gegenüber den Familien formal komplementäre Institutionen. Diese können laut Coleman bei Kindern aus hohen Bildungsschichten einen größeren Einfluss nehmen als bei Kindern aus niedrigeren Schichten. Letzten Endes machen jedoch nicht Schulen alleine einen Unterschied, sondern vielmehr diese in Verbindung mit dem Elternhaus. Die Schule liefert dabei gemäß Coleman einen Teil der Komponenten sozialen Kapitals für die Sozialisierung der Schüler (Lerngelegenheiten, Anforderungen und Anreize), während die Familie als das nähere Umfeld des Kindes weitere Faktoren beisteuert (Einstellungen, Arbeitshaltung/Anstrengung und Selbstkonzept).

Purkey und Smith (1991) geben einen Überblick über bis zu den 1990er Jahren veröffentlichte Studien zur pädagogischen Wirksamkeit von Schulen im englischsprachigen Raum. Sie stellen fest, dass die Übernahme von charakteristischen Merkmalen, welche in der einen oder anderen Darstellung vorgeschlagen wurden, sehr wahrscheinlich nicht in jeder anderen Schule gleichermaßen zum Erfolg führt oder zumindest andere Ergebnisse hervorbringt als erwartet. Es zeigt sich jedoch die Tendenz, dass ein Klima der Einigkeit unter den Lehrpersonen, sich bestimmter Fächer verstärkt anzunehmen, den Erfolg schulischer Bemühungen zwar nicht garantieren, diesen jedoch ebenso fördern kann wie von den Schülern Lernerfolge zu erwarten, die Aufgabe zu lehren gewissenhaft wahrzunehmen und ein angenehmes Umfeld zu schaffen. Bos, Ruijters und Visscher (1992) liefern mit ihrer Untersuchung zum Schulabsentismus in vier niederländischen Städten eine europäische Perspektive. Die Forschergruppe erfasst in 36 holländischen Sekundarschulen die Absenzenraten an den Tagen Montag, Mittwoch und Freitag (insgesamt knapp 9000 Unterrichtsstunden) und stellt fest, dass in allgemein bildenden Schulen häufiger geschwänzt wird als in berufsbildenden Institutionen.

Reid (1999) setzt einen weiteren Meilenstein und wendet sich in einer umfassenden, auf Wales und Schottland bezogenen Publikation vornehmlich an Schulen sowie mit ihnen kooperierende Institutionen, indem er zunächst auf erzieherisch-institutionelle, psychologische und soziale Auslöser für Schulabsentismus eingeht und auf dieser Basis mögliche Lösungsansätze zur Verringerung der Absenzen formuliert. Besonders einschlägig sind diese und weitere Untersuchungen von Reid, weil er neben quantitativen Daten kontinuierlich auch den Jugendlichen selbst das Wort erteilt und ergänzend qualitative Erhebungen durchführt. So weist er etwa darauf hin, dass Schwänzen ungerechtfertigt häufig mit Spaß assoziiert wird. Allerdings: „The reality of truancy is very different. Many truants often engage in meaningless activity while away from school. Some are even bored, finding it difficult to while away their time. In fact, if you talk to many truants, they will privately admit that if they had their time over again they would never start truanting. For many persistent cases, the truants have become victims of their own misguided practice" (Reid, 1999, S. 1).

Auf der Basis von langjährig gesammelten Interviews und der Verdichtung von Merkmalen identifiziert Reid drei (vier) Haupttypen von Schulabsentisten (a.a.O., S. 6f.): *Der ‚traditionelle' oder ‚typische' Absentist:* Dieser Absentismustyp entspricht in weiten Teilen dem in den Medien häufig beschriebenen ‚Schulschwänzer', der tendenziell ein Einzelgänger aus einem ungünstigen sozialen Umfeld und ein eher scheuer Mensch ist. Absentisten dieses Typs meiden gemäß Reid offene Konfrontationen, sind eher introvertiert und sich ihrer eigenen sozialen und bildungsbedingten Grenzen bewusst. Indem sie sich vor unangenehmen Erfahrungen in der Schule zurückziehen, versuchen sie diese Grenzen zu kompensieren. *Der ‚psychisch bedingte' Absentist:* Im Extremfall liegen bei diesem Typus schulphobische Züge vor. Mehrheitlich jedoch versäumen psychisch bedingte Absentisten die Schule aus Gründen, die mit ihrem emotionalen und seelischen Befinden zusammenhängen. Solche Faktoren können etwa psychosomatische Krankheiten sein, aber auch Faulheit oder Angst vor Begegnungen in der Schule, die meist irrational begründet seien. *Der ‚institutionelle' Absentist:* Wie die traditionellen Absentisten kommen diese Jugendlichen häufig aus ungünstigen sozialen Verhältnissen. Bei diesem Typus sind die Ursachen für das unerlaubte Fernbleiben vom Unterricht jedoch fast ausschließlich in dessen Schule zu suchen. Typischerweise gehören dieser Gruppe extravertierte, konfrontationsfreudige Jugendliche an, die sich während des Unterrichts vorwiegend demonstrativ auf dem Schulgelände, nicht jedoch im vorgesehenen Unterricht aufhalten. Institutionelle Absentisten haben ein höheres Selbstkonzept als traditionelle Absentisten und in der Regel einen größeren Freundeskreis. Gegenüber Sanktionen oder Autoritäten sind sie meist gleichgültig. *Der ‚generische' Absentist:* Dieser vierte Absentistentyp durchläuft und umfasst die übrigen drei Kategorien phasenweise. So kann ein Jugendlicher im Alter von elf Jahren ein traditioneller Absentist sein und sich mit 14 oder 15 Jahren zu einem psychologischen oder institutionellen Absentisten entwickeln. Darüber hinaus gelang es Reid, Einblicke in die Strategien der Absentisten zu gewinnen. Er unterscheidet dabei zwischen „Pauschalabsenzen" und „Nach-Registrierungs-Absenzen" als zwei Kategorien von Absentismus (‚*blanket truancy'* und ‚*post registration truancy'*). Darunter ist nach Reid zu verstehen, dass ein Schüler entweder einen bzw. mehrere Schultage komplett (‚pauschal') versäumt und hierfür keinen legitimen Grund nachweisen kann sowie im Falle der zweiten Kategorie, dass ein Schüler sich zu Beginn eines Schultages als anwesend meldet und danach gezielt während einzelner Stunden oder für den Rest des Tages dem Unterricht fernbleibt. Wiederholt zeigt Reid, dass schulische Umstände zu den Hauptursachen zählen, die Jugendliche ihrem Absentismus zuweisen (Reid, 1999, S. 86ff.). Langfristig gesehen, gibt es drei „kritische Phasen" (a.a.O., S. 93) für den Beginn mit Absentismus, nämlich die letzten beiden Grundschuljahre (Alter in Wales: 13-14 Jahre) sowie das erste und das dritte Jahr der weiterführenden Schule (15 und 17 Jahre). Reid vermutet als Begründung hierfür den Umstand, dass die Einteilung in ‚akademische' und ‚nicht akademische' Züge die Moral der Schüler zu senken scheint. Als wichtigste Erkenntnisse hält Reid fest, dass schulbedingte Gründe für Absentismus mit dem Alter zunehmen, ebenso massiver Absentismus – beides gilt sowohl für Mädchen als auch für Jungen. Die meisten Schulen (in Wales) seien bis dato nicht sehr gut darin, Schulabsentismus im Anfangsstadium zu erkennen und die Gründe dafür im Keim zu ersticken. Der Hinweis darauf, frühzeitig auf unerlaubte Absenzen zu reagieren, entspricht dem Tenor einer Vielzahl von Untersuchungen.

Lee (1999) kann in verschiedenen Studien zum Einfluss der Struktur und Organisation von Schulen zeigen, dass das Wohlbefinden der Schüler mit der Größe einer Schule zusammenhängt und dass diese ihrerseits Effekte auf die Organisation im Schulhaus nach sich zieht. Der Einfluss der Schulgröße ist an Schulen mit einer relativ statusniedrigen Schülerschaft höher als an solchen mit einem hohen durchschnittlichen sozio-ökonomischen Status (Lee & Burkam, 2003, S. 361). Kleine Schulen scheinen demnach grundsätzlich ‚schülerfreundlicher' zu sein, weil die Lehrpersonen mehr Engagement für das Lernen ihrer Schüler zeigen, was sich wiederum auf deren Lernmotivation auswirkt (Lee & Loeb, 2000). Es darf hier allerdings nicht übersehen werden, dass ‚kleine' Schulen in US-amerikanischen Studien mit 600-900 Schülern in der Schweiz bereits mittleren oder großen Schulhäusern entsprechen. Hingegen zeigt sich laut Lee und Burkam (2003) besonders in jüngeren quantitativ und qualitativ angelegten Untersuchungen, dass Jugendliche sich von der Schule abwenden und sie womöglich ganz verlassen, weil sie auf sozialer Ebene nicht motiviert sind, zur Schule zu gehen und im Gegenteil durch ihre Abwesenheit unangenehme Begegnungen vermeiden möchten: „Interviews with dropouts as they left school revealed that half said they were quitting explicitly for social reasons: because they didn't get along with teachers or other students" (Caterall, 1998; nach Lee & Burkam, 2003).

Als nächste relevante Studie legt Rothman (2001) eine mehrebenenanalytische Arbeit zum Schulabsentismus und den Hintergrundfaktoren der Schüler in Australien vor. Damit bearbeitet er einen bis vor einigen Jahren offen gebliebenen Aspekt, welcher sowohl die individuell-familiäre als auch die institutionell-schulische Perspektive auf Absentismusverhalten berücksichtigt. Anhand einer längsschnittlich angelegten Mehrebenenanalyse kann Rothman nachweisen, dass die Unterschiede zwischen Schulen bezüglich ihrer Absenzenrate sowohl von der geographischen Lage als auch von der Schülerkomposition abhängen. Innerhalb von Schulen ergeben sich Unterschiede aufgrund von Migrationshintergrund und niedrigem sozio-ökonomischem Status der Schüler. Interessanterweise haben gebürtige Australier dabei eine höhere Absenzenrate als Schüler mit Migrationshintergrund und Kinder mit niedrigem sozio-ökonomischem Status schwänzen häufiger als andere. Beide Effekte sind jedoch niedriger als erwartet.

Rumberger (2001) betont in seiner Bestandaufnahme zu vorzeitigem Schulabbruch, dass das Engagement der Schüler als wichtiger Hinweis für Absentismus und v.a. späteres vorzeitiges Ausscheiden aus der Schule dienen kann. Dies gilt selbst dann noch, wenn Schulleistungen oder die soziale Herkunft der Schüler kontrolliert werden. Rumberger spricht Absentismus gemeinsam mit Disziplinproblemen dabei die Rolle des gängigsten Indikators für einen späteren Schulabbruch zu. So kann Schulabsentismus in diesem Zusammenhang als einer von mehreren Faktoren innerhalb des Prozesses hin zu Schulabbruch gesehen werden. Rumberger weist bereits in früheren Studien darauf hin, dass *attendance rates* als Teil des Schulklimas erhoben werden sollten und ist damit einer der wenigen, die der Anwesenheit der Schüler zumindest implizit den Status eines Qualitätsmerkmals für Schulen zusprechen. Reid (2005) vermutet, dass die Entwicklung von einer ersten unerlaubten Absenz hin zum persistenten Stadium sich zunehmend verkürzt und zieht hierfür curriculare Gründe heran (S. 33). Er analysiert die unterschiedlichen Erfassungssysteme von Absenzen in Wales, die sowohl von den Schulen selbst als auch von externen Behörden vorgenommen werden. Erstaunlich hierbei ist die Erkenntnis, dass sich trotz zahlreicher Studien, welche ein transparentes und konsequentes Absenzensystem als Schlüsselvariable zur Eindämmung massiver Absenzen nachgewiesen hatten, in dieser Analyse folgendes zeigt: „Nearly all schools used electronic registration systems to track pupils and analyse attendance figures. Some undertook truancy sweeps. Despite these systems, determined pupils continued to skip classes, especially when being taught by supply teachers" (a.a.O.). Die Natur des Zusammenhangs zwischen einem konsequenten Sanktionssystem und Absentismus bleibt folglich noch zu klären.

3.2 Aufnahme der Thematik als Forschungsgegenstand im deutschsprachigen Raum

Das Thema Schulschwänzen wird auch in Deutschland bereits in den 1970er Jahren wissenschaftlich behandelt, allerdings zu dieser Zeit noch sehr spärlich und kaum unter pädagogischem Blickwinkel. Auch Studien in jüngerer Zeit sind meistens regional begrenzt und nicht oder nur eingeschränkt repräsentativ (Oehme, 2007) bzw. sie befassen sich mit den gerade in den letzten Jahren ins Leben gerufenen alternativen Beschulungseinrichtungen für Schulverweigerer bzw. deren Wirkung (Herz et al., 2004; Ricking, 2005; Ricking et al., 2006) und weniger mit grundlagenorientierten Bestandaufnahmen des Phänomens Schulabsentismus überhaupt.

Wie in Kapitel 1.2 (individuelle und institutionelle Perspektive) beschrieben wurde, setzen erste Forschungsarbeiten bei Schulabsentismus als pathologischem Verhalten an (Nissen, 1972). Dies resultiert darin, dass unterschieden wird zwischen *Schulverweigerern*, die als psychisch krank und behandlungsbedürftig angesehen wurden, und *Schulschwänzern*, die eher als prädelinquent betrachtet werden (Ganter-Bührer, 1991). Erst ab 1993 erhält die Gegenposition, die institutionell orientierte Perspektive, Aufwind (Oehme, 2007) und sucht in den Schulen nach Bedingungsfaktoren für hohe Absenzenraten. Eine Kombination aus der individuellen und der institutionellen Betrachtungsweise herrscht in den letzten Jahren vor, wobei die Thematisierung von Schulabsentismus als Problem zwar regional repräsentativ, aber nicht bundesweit erfolgt. Eine Ausnahme ist der deutsche PISA-Datensatz aus dem Jahr 2000, der von Schümer (2003) ausgewertet wird: „Als wichtiges Erfolgskriterium für ein Schulsystem kann die Akzeptanz gelten, die die Schule bei ihren ‚Kunden' findet" (S. 210). Bei den deutschen 15-Jährigen ergibt sich, dass im Verlauf von lediglich zwei Schulwochen (!) in den neuen Bundesländern bei mehr als 40 Prozent, in den alten Bundesländern sogar bei nahezu 50 Prozent der Schülerschaft Unterrichtsversäumnisse vorliegen. Die Metaanalysen von Wagner und seinen Mitarbeitern (2007) liefern darüber hinaus einen wesentlichen Beitrag im Sinne eines Überblicks über die Erforschung des Phänomens Schulabsentismus in Deutschland. Das Schweizer Nationalfondsprojekt an der Universität Fribourg erlaubt immerhin für die deutsche Sprachregion der Schweiz repräsentative Aussagen. Schreiber-Kittl & Schröpfer (2002) haben mehrere regional begrenzte deutsche Studien gesichtet, in denen die Rolle schulischer Merkmale in Bezug auf das Schulschwänzen untersucht wird. So finden etwa Wetzels und seine Mitarbeiter (Schreiber-Kittl & Schröpfer, 2002) 1999 heraus, dass Schwänzen mit dem Schulniveau stark negativ korreliert: Je höher das Schulniveau, desto weniger wird geschwänzt. Zudem habe die formelle Kontrolle der Anwesenheit in der Schule durch Lehrpersonen einen „großen Einfluss auf das Schulbesuchsverhalten" (a.a.O.). Als weitere Variablen, die aus der Sicht der Schüler ihr Schwänzverhalten beeinflussen, werden die Qualität des Unterrichts, die Bedeutung der Schule für die eigene Zukunft sowie die Beziehung zu Mitschülern und Lehrkräften genannt. Dieselbe Forschergruppe erhebt 1999 in Delmenhorst Daten zu Schulabsentismus und Delinquenz. Als schulische Merkmale, die mit Absentismus zusammenhängen, werden die Qualität der Schule sowie Schulleistungen identifiziert, allerdings kann die Richtung des Effektes nicht geklärt werden. Das Klassenklima und die Beziehung zu Lehrpersonen sind weitere Einflüsse, wie dies auch bereits Reynolds et al. (1976) oder Fend et al. (1976) gezeigt haben. Intensive Schwänzer beschreiben ihre Beziehungen zu den Mitschülern deutlich positiver als die zur jeweiligen Lehrperson. Neben dem Klima und der Qualität des Unterrichts rückt auch das schulische Wohlbefinden als Resultat dieser beiden Faktoren zunehmend in den Blick der Forschung (Hascher, 2004). Dabei zeigt sich: Je höher das individuelle Wohlbefinden der Schüler in ihrer Schule ist, desto stärker identifizieren sie sich mit ihr und desto niedriger fallen Schulabsentismus- bzw. Abbruchraten aus. Ricking & Neukäter (1997) veröffentlichen einen Überblicksartikel, in dem der damalige Forschungsstand aufgearbeitet wird. Die Autoren widmen sich gezielt dem Bedingungsgeflecht an Variablen, die Schulabsentismus auslösen oder aufrecht erhalten können. Unter anderem zeigen sich starke Zusammenhänge zwischen dem „Absentismusaufkommen und der Schulqualität, zwischen Absentismushäufigkeit und Schulform sowie zwischen Absentismus und Schulleistungsversagen" (Rickung & Neukäter, 1997, S. 50; Wetzels & Wilmers, 2000).

Wandel der Forschungsperspektive

Ricking & Neukäter (1997) arbeiten den Wandel der Forschungsperspektive heraus, der sich bezüglich Schulabsentismus seit den 1970er Jahren vollzogen hat. Schulabsentismus in regelmäßiger Form wird nicht mehr länger ausschließlich als „Ausdruck kindlichen Ungehorsams oder eines ausgeprägten Wandertriebes" (Stier, 1913, zitiert nach Ricking & Neukäter, 1997) bzw. generell als individuell persönliches Fehlverhalten betrachtet, sondern als ein Produkt multifaktoriellen Wirkens innerhalb des schulischen Kontextes erwogen (Mutzek, Popp, Franke & Oehme, 2004). So sei beispielsweise ein „restriktives Schulmilieu mit hohem Reglementierungsgrad und demgemäß hohem Anpassungsdruck auf Schülerseite sowie ausgeprägtes Konkurrenzdenken bei Lehrern und Schülern" (a.a.O., S. 61) ein schulischer Kontextfaktor, der unentschuldigtes Fehlen fördere. Eine zentrale Erkenntnis dieses die bisherige Forschung reflektierenden Artikels ist, dass die Frage nach einer Erklärung von Schulabsentismus losgelöst vom Einzelfall nicht nachhaltig zu beantworten sei. Zudem geben die Autoren wertvolle Hinweise für die problematische Erfassung von Schulabsentismus, etwa aufgrund der schwierigen Unterscheidung zwischen *legitimen* und *illegitimen* Versäumnissen. Eine Durchsicht verschiedener methodischer Zugänge zeigt klar, dass der Begriff Absentismus ohne eine operationale Differenzierung (etwa hinsichtlich des Ausmaßes der Abwesenheit) keinen relevanten Nutzen für die Wissenschaft und ihre

Abnehmer erbringt, da (gelegentliches) Fehlen in der Schule zum Verhaltensrepertoire so vieler Schüler gehört, dass es nicht mehr als abweichendes Verhalten gelten kann, sondern ‚normal' ist. Hinsichtlich Alter und Geschlecht zeigen sich international, auch im deutschsprachigen Raum, keine eindeutigen Tendenzen. Als ein wichtiger Faktor bei (massivem) Schulabsentismus wird sowohl im englisch- als auch im deutschsprachigen Raum das Selbstkonzept der Schüler identifiziert (a.a.O, S. 57).

Eine bereits ältere Studie von Fend et al. (1976) sieht in Schulabsentismus einen Sozialisationseffekt, der mit der Größe und der damit verbundenen Anonymität einer Schule zusammenhängt. So kommen Gesamtschüler signifikant häufiger zu spät und fehlen öfter als Gleichaltrige in dreigliedrigen Schulsystemen. Dass das Engagement in freiwilligen, außerunterrichtlichen Aktivitäten wie der Schülerzeitung oder der Theatergruppe die Wahrscheinlichkeit senkt, häufig die Schule zu versäumen, weisen verschiedene Studien nach (Brimm et al., 1978; Willms, 2003; Fend, 2006).

Holtappels (2003) zieht in jüngerer Zeit Bilanz über die Notwendigkeit, die Entwicklung und den Forschungsstand zur Schulqualität und Schulentwicklung. Er trägt dabei ein breites Spektrum an Aspekten der Schulqualität zusammen. Eine wesentliche Erkenntnis ist hier: alle empirischen Analysen verdeutlichen, „dass nicht einzelne Faktoren entscheidend sind, sondern das Augenmerk auf synergetisch wirkende Faktorenbündel zu richten" ist (Holtappels, 2003, S. 55). Unterrichtsqualität und Lernkultur, Schulqualität und Erziehungskultur, Schulorganisation, Organisationsklima und Management sowie das Bildungssystem werden hierbei in den Mittelpunkt gerückt.

In einer Studie über Wirkungen der Lernkultur (Tillmann et al., 1999; Holtappels, 2003) zeigt sich, dass ein förderndes Lehrerengagement letztlich auch positive Effekte im Hinblick auf Devianz und psychosoziale Dispositionen wie Selbstwertgefühl und leistungsbezogenes Selbstvertrauen zeigt. Außerdem wirkt sich eine solche Förderorientierung auch dämpfend auf Schulangst, Schulunlust und psychische und physische Aggressionen aus, welche als eng verbunden mit Schulabsentismus gelten können. Kontinuierlich nachgewiesen werden konnte, dass *häufiges* Schulschwänzen beinahe ausschließlich unter den leistungsschwachen Schülern vorkommt (Tyerman, 1958; Fogelman et al., 1980; Sturzbecher & Dietrich, 1993). Dies zeigt sich auch in der gefundenen Überalterung (durch Klassenwiederholungen oder spätes Einschulen) notorischer Schulschwänzer, was gemäß Stamm et al. (2007) auf Unzufriedenheit und dem Meiden-Wollen des Ortes, an welchem man immer wieder erfährt, dass man den Ansprüchen nicht genügt, beruht. Allerdings bedeutet die Überalterung massiver Schulschwänzer nicht zwingend, dass die Häufigkeit der Absenzen mit zunehmendem Alter ansteigt. Vergleichsweise alte Schüler bringen in eine Untersuchung zum

Absentismusverhalten zwar im Vergleich zu jüngeren Klassenkameraden besonders viele Fehltage ein, jedoch sagt dies noch nichts über die Schülerpopulation und den Zusammenhang von Alter und Absenzen an sich aus. Altersaspekte sollten daher stets in Relation zur Klassenstufe berücksichtigt werden.

Schüler-Lehrer-Beziehungen

Untersuchungen, die den Zusammenhang zwischen Schüler-Lehrer-Beziehungen und Schulabsentismus thematisieren, teilen sich im Wesentlichen in zwei Richtungen auf: Einerseits liegen Studien vor, die belegen, dass viele Schüler aus sozialen Gründen gerne zur Schule gehen (Ricking & Neukäter, 1997, S. 64). Andererseits wird jedoch immer wieder gezeigt, dass Absentismus durch Schulangst bzw. konkrete Angst vor Lehrpersonen oder auch Mitschülern begünstigt wird (a.a.O.). Aus soziologischer Sicht interessant ist die Frage des Verhältnisses und der Aufgabenverteilung von Schule und Elternhaus. Ulich (1996) macht in diesem Kontext darauf aufmerksam, dass die Beziehung zwischen Lehrern und Eltern eine schwierige zu sein scheint, die je nach Bildungsaspiration der Eltern in die eine oder andere Richtung belastet werden kann: Ist den Eltern die Bildung ihrer Kinder nicht prioritär wichtig, so stehen die Lehrpersonen mit ihren pädagogischen Bemühungen alleine da, achten die Eltern hingegen sehr auf einen hohen Bildungsabschluss, so geraten die Lehrenden häufig in Rechtfertigungsdruck für ihren Unterricht und besonders für schlechte Noten. Die reine Häufigkeit des Kontaktes zwischen Eltern und Lehrpersonen genügt in diesem Falle also nicht für eine Analyse in Verbindung mit Schulabsentismus. Da sich dieser Kontakt in der Regel auf das formal Nötige beschränkt, liegt der Verdacht nahe, dass sehr häufiger Kontakt im Falle schlechter schulischer Leistungen besonders wahrscheinlich ist. Diese Annahme muss jedoch als ungesichert gelten, da es auch andere Gründe für einen relativ häufigen Kontakt zwischen Eltern und Lehrkräften geben kann.

Leistungen und Absentismus

Die bis dato aktuellste Analyse mit dem Fokus auf schulische Faktoren liefert die OECD (2005a). In dieser Auswertung der PISA-Daten von 2003 stehen die Qualität und Gleichheit von Schulen mit spezifischem Blick auf den Zusammenhang mit Leistungen im Mittelpunkt. Die Anwesenheitsrate der Schüler wird hierbei zwar nicht explizit berücksichtigt, jedoch lässt sich aus der Analyse der Zusammenhänge schulischer Faktoren mit den Leistungsergebnissen ihrer Schüler eine parallele Fragestellung ableiten, die sich nicht ihren Leistungen, sondern dem Schwänzverhalten widmet. Auch im jährlichen Bericht der OECD, *Bildung auf einen Blick* (2006), in dem regelmäßig Indikatoren für erfolgreiche Bildungssysteme aufgezeigt werden, tritt die Absentismusquote nicht in Erscheinung.

Bereits durch die Veröffentlichung der ersten PISA-Studie im Jahr 2001 kam die Frage auf, ob die gemessenen und in Testscores übersetzten Schülerleistungen als zentrales Qualitätskriterium zur Klassifizierung einzelner Schulen zulässig seien. Der Begriff des *‚teaching to the test'* (Volante, 2004; Maag Merki, 2005) verweist auf die Gefahr einer Etikettierung von Schülern in Gruppen Leistungsstarker und Leistungsschwacher durch eine auf akademischen Erfolg fixierte Kultur der Leistungsmessung. Diese Unterteilung wiederum birgt das Risiko, gerade für leistungsschwache Schüler in fatale Kreisläufe zu münden: So wirken sich schlechte Leistungen mit hoher Wahrscheinlichkeit negativ auf das Prestige bei Lehrpersonen und den meisten Mitschülern aus und motivieren darüber hinaus zu Verhaltensweisen, die einer negativen Etikettierung entsprechen. Diese verhindern wiederum, dass die betreffenden Schüler von ihrem absteigenden Ast herunter kommen können. Abgesehen von diesem Teufelskreis zeigen mehrere Studien (Lee & Burkam, 2003; Rumberger & Palardy, 2005), dass eine „verstärkte Orientierung an Leistungstests Gefahr läuft, einen gewissen Prozentsatz an Schulschwänzern und Abbrechern zu produzieren" (Stamm, 2006, S. 293). Dies in dem Sinne, dass das Unterrichtsgeschehen mehrheitlich an überprüfbarer Leistung (in Form von Testergebnissen) ausgerichtet wird und damit schwache Klassenmitglieder in das Licht eines Hindernisses für gute Gesamtresultate rücken. Das gleichzeitige Vorliegen von guten Testergebnissen und hohen Absentismusquoten legt diesen Verdacht jedenfalls nahe.

Zusammenfassung des Forschungsstandes bis zur Schweizer Grundlagenstudie

Zusammenfassend kann aus den Teilkapiteln 3.1 und 3.2 festgehalten werden, dass sich einige Merkmale von Schulen bei der Untersuchung von Schulabsentismus kontinuierlich als relevant erwiesen haben. Darin enthalten sind sowohl strukturelle als auch kulturelle Faktoren. Eine verlässliche Struktur, das Curriculum und den Alltag im Unterricht betreffend, sind ebenso wichtig für eine attraktive Schulkultur wie die Einstellung und das Verhalten der Lehrpersonen. Überaus strenge oder unfreundliche Schulleitungs- und Lehrpersonen hingegen gelten als Absentismus begünstigend, ebenso ein ausgeprägtes Konkurrenzdenken im Schulhaus, Spannungen zwischen Schüler- und Lehrerschaft, Schulangst oder Anonymität an großen Schulen. Auf der anderen Seite sind Faktoren, die Absentismus mindern, gemäß den zitierten Studien positive Erwartungshaltungen der

Lehrpersonen, ein angenehmes Lernumfeld, schulisches Wohlbefinden sowie die Förderorientierung der Schule. Als bislang ungeklärt oder widersprüchlich in Bezug auf Absentismus sind die geographische Lage und die Schülerzusammensetzung einer Schule zu nennen, ebenso wie Migrationshintergrund, der sozioökonomische Status oder ein strenges Absenzensystem bzw. die formale Kontrolle der Anwesenheit (Monitoring). Ebenfalls noch weitgehend ungeklärt ist, wie das genannte *multifaktorielle Bedingungsgefüge*, das in der einschlägigen Forschung mittlerweile als Konsens für die Erklärung und das Zustandekommen von Schulabsentismus gilt, sich genau zusammensetzt. Zwar wurden diverse einzelne Einflussgrößen identifiziert, doch liegt noch immer wenig Aufschluss über das Zusammenwirken von individuellen und kontextuellen Merkmalen vor.

Das Fribourger Forschungsprojekt, aus dem auch der Datensatz für die hier vorgestellte Untersuchung stammt, reagiert als Grundlagenforschung auf diese Ausgangslage. Der interessierte Leser sei für genauere Informationen zum Projekt an den Schlussbericht verwiesen (Stamm et al., 2007) bzw. an das darauf aufbauende Buch (Stamm et al., 2009a). Im nun folgenden Kapitel werden die Fragestellungen abgeleitet, mit denen sich das vorliegende Buch befasst.

4 Fragestellungen

In Kapitel 1 wurden theoretische Zugänge zu Schulabsentismus vorgestellt und in Beziehung zu bildungsbiographischen Aspekten gebracht. Schulabsentismus wurde dabei als Element jugendlichen Handlungsrepertoires herausgearbeitet, das sowohl mit individuellen bzw. familiären Merkmalen der Schüler zusammenhängt als auch mit ihrem schulischen Umfeld. Auch die Hauptfragestellung dieser Studie wurde bereits erwähnt. Die folgende Übersicht zeigt, wie die Hauptfragestellung für die Datenanalyse in vier Teilfragestellungen untergliedert wird. Die Teilfragestellungen gehen auf die drei Analyseebenen *Individuum*, *Klasse* und *Schule* zurück und werden in den nachfolgenden Abschnitten auf die zuvor gelegten Fundamente bezogen. Die unten stehende Abbildung 3 zeigt, wie die Hauptfrage an diese Untersuchung und vier Teilfragen heruntergebrochen wird.

Unter den *Eingangsvoraussetzungen* der Schüler werden ihre Hintergrundmerkmale verstanden. Dazu gehören das Geschlecht, der sozio-ökonomische Status der Familie, Migrationshintergrund, die beiden Leistungsindikatoren Klassenwiederholung und Mathematiknote sowie das jeweils aktuell besuchte schulische Anforderungsniveau und die Jahrgangsstufe (vgl. Baumert et al., 2007). Als *geteilte Wahrnehmungen* gelten auf den Kontextebenen aggregierte Variablen[27], welche vorwiegend Aspekte des Schulklimas und der Beziehungsstruktur innerhalb des Schulhauses abdecken. *Strukturelle Merkmale* einer Schule sind beobachtbare, klassifizierende Eigenschaften wie z.B. die Schülerzahl, das vorhandene Angebot einer Schulsozialarbeit oder auch die geographische Lage. Unter *kulturellen Merkmalen* schließlich werden Urteile von Schülern sowie von Lehrpersonen und Schulleitungen verstanden, die sich auf die Beziehungsqualität und Prozesse („Policy' und ‚Ethos') in der Schule beziehen und auf der Ebene der Erhebung verbleiben, also nicht aggregiert werden.

---

27 *Aggregierte Variablen* sind erfragte Eigenschaften, die nicht als einzelne Werte pro Schüler für die Berechnungen verwendet werden, sondern z.B. als Durchschnittswert auf Klassen- oder Schulebene.

Hauptfragestellung

Inwiefern hängen Merkmale einer Schule mit der Absenzenhäufigkeit ihrer Schüler zusammen?

Teilfragestellungen auf drei Ebenen

Ebene 1	Individualebene/ Schüler	a. Welche *Eingangsvoraussetzungen* der Schüler sind relevant für ihr Absentismusverhalten?
Ebene 2	Klassenebene/ Lehrpersonen	b. Welche *geteilten Wahrnehmungen* des Kontexts Schule durch die Schüler hängen darüber hinaus mit Absentismus zusammen?
Ebene 3	Schulebene/ Schulleitungen	c. Welche *strukturellen* Merkmale einer Schule hängen mit der Häufigkeit von unerlaubten Absenzen zusammen?
		d. Welche *kulturellen* Merkmale einer Schule hängen mit der Häufigkeit von unerlaubten Absenzen zusammen?

Abbildung 3   Schematik der forschungsleitenden Fragestellungen

Dass die Schule, die Jugendliche besuchen, relevant für deren bildungsbezogene Entwicklung ist, wurde besonders im Rahmen der PISA-Studien hergeleitet und begründet: Baumert et al. (2007) argumentieren, dass Schüler in ihrer Schule milieuspezifische, differenzielle Entwicklungschancen in Form von Begegnungen, Lernbedingungen und schuleigenen Traditionen vorfinden. Vor dem Argument, dass Schulabsentismus gerade dann zu einem Risikofaktor für die Bildungslaufbahn schulpflichtiger Jugendlicher wird, wenn er zu einer nachhaltigen Abkopplung vom institutionalisierten Bildungsprozess führt, bleibt zu klären, inwiefern Schulen eine Rolle dabei spielen, dass Schulschwänzen über kurz oder lang für die Schüler zur attraktivsten Handlungsalternative wird.

Dass Schulabsentismus in Deutschland und der Schweiz ein weit verbreitetes Phänomen ist, konnte bereits in zahlreichen Studien gezeigt werden (Ricking & Neukäter, 1997; Stamm et al., 2007; Weiß, 2007). Unabhängig davon, wie hoch die Absenzenquoten in einzelnen Regionen, Kantonen oder Ländern tatsächlich ist, so konnte bislang kaum vertiefend herausgearbeitet werden, wie das inzwischen als Konsens geltende *multifaktorielle Bedingungsgefüge*, das zu Schulabsentismus führt, zu Stande kommt und sich zusammen setzt. Diese Studie macht sich daher eine Annäherung an diese bisherige Forschungslücke im Bereich der Schulabsentismusforschung zur Aufgabe, indem der Aspekt der schulischen Umgebungsfaktoren genauer beleuchtet wird. Rothman (2001) verfolgt mit seiner Mehrebenenanalyse einen ähnlichen Ansatz wie diese Arbeit und widmet sich der Trennung von Individual- und Kontexteffekten bei australischen Schülern. Er kann zeigen, dass nach Kontrolle individueller Merkmale schulische Elemente durchaus mit den Absenzen der Jugendlichen zusammenhängen. Rothman kontrolliert die Herkunftsmerkmale der Schüler und findet darüber hinaus schulische Faktoren, die mit dem Schulschwänzen verbunden sind. Rumberger (2001) argumentiert ergänzend, dass Schulschwänzen als Ausdruck mangelnden schulischen Engagements bzw. fehlender Identifikation mit der eigenen Schule ein zentraler Indikator für die Gefährdung von *Schulabbruch* ist, was die Frage nach schulbezogenen Anziehungs- und Abstoßungspunkten wiederum aufwirft.

Daher lautet die *Hauptfragestellung* für diese Untersuchung: Inwiefern hängen Merkmale einer Schule mit der Absenzenhäufigkeit ihrer Schüler zusammen? Untersucht wird diese Frage anhand von strukturellen und kulturellen schulischen Merkmalen, die innerhalb von sechs Teilmodellen zusammengestellt und analysiert werden (vgl. Kapitel 7). Die sechs Teilmodelle werden einerseits auf der Basis der Studie von Rutter et al. (1980) konstruiert und darüber hinaus aus den bisher nachgewiesenen starken Effekten abgeleitet, die schulische Kontextfaktoren auf die Leistungen ihrer Schüler auszuüben scheinen (Baumert, Trautwein & Artelt, 2003; OECD, 2005c). Wenn also der Besuch einer bestimmten Schule derart relevant für die Leistungen eines Jugendlichen ist, so liegt die Vermutung nahe, dass ähnliches auch für die Neigung zum Schulschwänzen gelten kann. Dieser Ansatz wird in den sechs Teilmodellen zerlegt in die Frage, *welche* Merkmale einer Schule das Schwänzverhalten ihrer Schüler konkret beeinflussen bzw. in Kombination mit welchen weiteren Merkmalen (z.B. schulische Biographie) sie dies tun. Dem zu Grunde liegen zwei konträre Hypothesen, die gegeneinander abgewogen werden: Die Annahme, dass Merkmale von Schülern das Schulbesuchsverhalten so stark bestimmen, dass die Schule an sich keinen weiteren Unterschied macht (Effekte der Eingangsvoraussetzungen), steht als Aussage derjenigen gegenüber, dass die institutionellen Merkmale einer Schule darüber hinaus bedeutsame Unterschiede bei Variablen wie Absenzen oder Leistungen machen (Kontexteffekte). Die oben diskutierte institutionelle Perspektive auf Schulabsentismus soll, wie auch im Fribourger Projekt, gemeinsam mit der individuellen berücksichtigt werden, um mögliche Einflussfaktoren aus beiden Bereichen für die Analyse berücksichtigen zu können und nicht irrtümlicherweise bereits vorab wichtige Variablen aus der Datenanalyse auszuschließen. Laut dem Bericht der OECD (2005c) zur Qualität und Gerechtigkeit von Schulen[28] ist die Schule, welche ein Jugendlicher besucht, in weiten Teilen maßgeblich für seine Leistungen „Generally, research reviews indicate that factors that are closer to the students, actual learning process have the strongest impact. School factors have more impact than more distant factors, such as administrative characteristics of the education system at the national level" (Wang et al., zit. nach OECD, 2005c, S. 13). Es kann insbesondere ein starker Zusammenhang zwischen Schulklima, Schülermerkmalen und Schulkontext gezeigt werden (a.a.O., S. 40): „The degree to which school composition and either school resources or school policies jointly explain variance could therefore be interpreted as an indicator of the magnitude of the inequitable distribution of human and material resources in a country" (a.a.O., S. 41). Meistens stehen in derartigen Untersuchungen Leistungsvariablen der Schüler im Mittelpunkt des Interesses, weshalb in Bezug auf ‚Leistung als Outcome' der Forschungsstand am ausgereiftesten und differenziertesten ist. Noch immer selten wird hingegen explizit das unerlaubte Fehlen im Unterricht in den Fokus genommen, so dass bezüglich der Rolle von schulischen Kontextfaktoren in diesem Buch teilweise ein Transfer von theoretischen Zugängen zu Kontextwirkungen auf Schülerleistungen hin zu möglichen Kontexteinflüssen auf *Schulabsentismus* vorgenommen werden musste. So etwa für die ausgewählten Devianztheorien oder die makrosoziologische Betrachtungsweise auf Schulabsentismus, ebenso wie für die individuell ausgerichtete Theorie zur Anstrengungsvermeidung.

Bereits seit der Studie von Rutter et al. (1980) ist evident, dass auch unter Kontrolle des sozio-ökonomischen Status der Schüler die An- und Abwesenheitsraten beträchtlich variieren und damit auch innerhalb der Schule sowohl strukturell als auch kulturell (Beziehungsebene) Einflüsse wirksam werden, die sich in Präsenz und Absenz der Schüler niederschlagen. Damit wird die Frage, wie häufig Schüler einer Schule schwänzen, auch ein Thema der Schulentwicklungsforschung. Die bisherige Schulentwicklungsforschung in den USA, Großbritannien und Europa wird von Scheerens (2002) in drei Kategorien von relevanten Faktorenbündeln für Schülerleistungen zusammengefasst: *Ressourcen* (Schulinputs), *Organisationsmerkmale* sowie *Unterrichtsbedingungen*. Diese drei Kategorien dienen im Rahmen der Datenanalyse als Basis für die Modellkonstruktion.

Ausgehend von der Annahme, dass Schulen als differenzielle Lern- und Entwicklungsmilieus an der Entscheidung ihrer Schüler, dem Unterricht fernzubleiben, mitbeteiligt sind, wird in den nächsten empirisch ausgerichteten Kapiteln die Datenanalyse beschrieben. Kapitel 5 ist der Stichprobe und der Untersuchungsstrategie gewidmet. In Kapitel 6 geht es um die Erhebung, Aufbereitung

---

28 Originaltitel: School Factors Related to Quality and Equity. Results from PISA 2000.

und Analyse der Daten sowie die Operationalisierung[29] der verwendeten Konstrukte. Kapitel 7 stellt deskriptive Befunde sowie die Konstruktion und Spezifikation der sechs Teilmodelle vor. Dann befasst sich Kapitel 8 mit der zusammenfassenden Darstellung und Interpretation der Resultate. Kapitel 9 bildet mit der Diskussion dieser Studie und dem darauf aufbauenden Ausblick auf zukünftige Forschungsvorhaben den Abschluss.

---

29 Operationalisierung bedeutet „messbar machen". Um herauszufinden, wie bestimmte Eigenschaften oder Verhaltensweisen miteinander zusammenhängen, muss man sie in Skalen „übersetzen". Auf diesen Skalen können je nach Antworten verschiedene Punktwerte erzielt werden, mit denen dann berechnet wird, wie stark einzelne Eigenschaften miteinander zusammenhängen (z.B. Je ängstlicher eine Person ist, desto seltener reist sie in fremde Länder).

5   Stichprobe und Untersuchungsstrategie

In Kapitel 5 wird beschrieben, wie die Fragen an diese Untersuchung bearbeitet und beantwortet werden sollen. Als erstes erfolgt die Beschreibung der Stichprobe aus Schulen, Schülern, Lehrpersonen und Schulleitungen. Anschließend steht die Datenanalyse im Mittelpunkt: es wird gezeigt, wie das Abwägen zwischen den beiden Haupthypothesen (Eingangsvoraussetzungen versus Kontexteffekte) anhand von Mehrebenenmodellen durchgeführt wird. Der letzte Teil des Kapitels ist einer ausführlichen Beschreibung und Begründung der verwendeten Methode gewidmet.

5.1   Die Stichprobe: Schulen, Schüler, Lehrpersonen und Schulleitungen

In diesem Teilkapitel wird die untersuchte Stichprobe vorgestellt.[30] Sowohl die Stichprobe als auch die Erhebungsinstrumente setzen sich aus mehreren Teilen zusammen: Befragt wurden knapp 4000 Schüler sowie deren Lehrpersonen und Schulleitungen mit einem gezielten Fragebogen für die jeweilige Personengruppe. Bei den Schulleitern wurden zusätzlich Interviewangaben ausgezählt und für die Analysen verwendet. In den folgenden Abschnitten werden die befragten Schulen und Personen charakterisiert.

5.1.1   Die Stichprobenziehung

Die Stichprobe von 28 Schulen wurde aus der Grundgesamtheit aller Oberstufenschulhäuser der neun am Nationalfonds-Projekt (Leitung: Prof. Margrit Stamm, Universität Fribourg, Projekt-Nr. 100013-107961/1) beteiligten Kantone Aargau, Appenzell-Außerrhoden, Basel-Landschaft, Bern, Glarus, Graubünden, Sankt Gallen, Solothurn und Zürich in der deutschsprachigen Schweiz gezogen. Die Teilnahme der Schulen beruhte aus Datenschutzgründen auf Freiwilligkeit. Es wurde eine geschichtete Klumpenstichprobe gezogen, bei der bezüglich der geographischen Lage und des Anforderungsniveaus Repräsentativität angestrebt wurde. Als Klumpen wurden aus den neun Kantonen Schulhäuser gezogen und

---

30 Die Beschreibung der Stichprobe ist stark an Stamm et al. (2009a) angelehnt, da dort bereits eine präzise Stichprobenbeschreibung vorliegt.

deren Teilnahmebereitschaft eingeholt. Diese Schulhäuser wurden dann in Vollerhebung befragt, d.h. alle vorhandenen siebten bis neunten Klassen füllten den Schülerfragebogen aus.

5.1.2 Repräsentativität und Rücklauf

Die Schülerstichprobe kann anhand der Angaben des Schweizerischen Bundesamtes für Statistik als repräsentativ in Bezug auf die Geschlechterverteilung, die Verteilung der Anforderungsniveaus und den Anteil von Kindern mit Migrationshintergrund gelten. In Bezug auf die Gemeindegröße sind kleine Gemeinden mit weniger als 1000 Einwohnern unterrepräsentiert im Gegensatz zu Gemeinden, die mindestens 5000 Einwohner haben und übervertreten sind (statistisch jedoch nicht signifikant). Das ist angesichts der Tatsache, dass große Gemeinden anteilig mehr Schulen haben, akzeptabel. Bei den Schülern ist eine Rücklaufquote von 97% zu verzeichnen. Von den Klassenlehrpersonen füllten 86% ihren Fragebogen aus, von den Schulleitungen 94%. Von den 30 ursprünglich angefragten Schulen sahen zwei von einer Teilnahme ab.

5.1.3 Die teilnehmenden Schulen

Dieses Teilkapitel ist der Beschreibung der 28 teilnehmenden Schulen gewidmet. Es werden relevante strukturelle Merkmale beschrieben, so dass die Klumpen der Stichprobe und ihre Verschiedenheit ersichtlich werden. In den Schulhäusern sind die Anforderungsniveaus[31] Sekundarschulzweig (zu denen auch die in einigen Kantonen üblichen Bezirksschulen zählen), Realschulzweig, Niveauklassen[32] und Klein- oder Werkklassen vertreten. 13 Schulen in der Stichprobe haben

---

31 Die Sekundarschule entspricht dem Begriff der weiterführenden Schulen in Deutschland, wobei die genaue Abstufung von Kanton zu Kanton unterschiedlich ist. In Bern und Zürich etwa ist die Sekundarschule der Zweig mit den höchsten Anforderungen (entspricht dem deutschen Gymnasium), während andere Kantone wie z.B. der Aargau darüber noch den Bezirksschulen haben und damit die Sekundarschule der deutschen Realschule entspricht. Der Schweizer Begriff der Realschule ist daher nicht zu verwechseln mit der deutschen Realschule, er umfasst die anforderungsniedrigeren Niveaus und kann mit dem deutschen Terminus der Hauptschule gleichgesetzt werden. Klein- und Werkklassen sind kleine Lerngruppen für Kinder und Jugendliche mit besonderen Bedürfnissen wie Lernschwierigkeiten oder Verhaltensproblemen.
32 Niveauklassen sind ein integratives Unterrichtsmodell, in welchem die Schüler zwar im Klassenverband verbleiben, in einzelnen Fächern jedoch entsprechend ihrer Leistungen gruppiert und unterrichtet werden. Die Niveaus A und B entsprechen hier etwa dem Sekundarschullevel, die Niveaus C und D dem Realschulzweig. Werk- oder Kleinklassen sind spezielle Klassen für Schüler, die aufgrund von Lern- oder Verhaltensschwierigkeiten in kleinen Gruppen Unterricht erhalten.

solche Kleinklassen, deren Fragebogen im Vergleich zu dem der Regelschüler gekürzt worden war. Die in der Befragung vorhandenen Schulniveaus verteilen sich wie folgt: von den beteiligten Schulhäusern nahmen in drei ausschließlich Schüler des Realschulzweigs an der Befragung teil, in weiteren zwei lediglich Lernende des Sekundarzweigs. In acht Schulen füllten sowohl Real- als auch Sekundarklassen den Fragebogen aus, in sechs Schulhäusern Real-, Sekundar- und Kleinklassen. Sieben Schulstichproben enthielten Niveau- und Kleinklassen. In jeweils einer Schule nahmen ausschließlich Niveauklassen oder Oberstufenklassen an der Studie teil. 18 der 28 Schulen haben ein Organigramm mit klarer Aufteilung der Kompetenzen und Aufgabenbereiche in den einzelnen Hierarchiestufen. In allen teilnehmenden Schulen gibt es eine Schul- oder Hausordnung, 20 Häuser haben zusätzlich ein Leitbild oder eine Präambel. Zunächst werden in den folgenden Abschnitten die Schulgröße und das geographische Einzugsgebiet beschrieben, dann der Umgang mit Absenzen an der Schule sowie das außercurriculare Angebot.[33]

Größe und geographisches Einzugsgebiet der Schulen

Das geographische Einzugsgebiet der Schule wird durch die beiden Angaben zur Größe der Gemeinde sowie der Schule[34] definiert. Die Schulstichprobe setzt sich dabei wie folgt zusammen: eine Schule befindet sich in einer Gemeinde mit weniger als 1000 Einwohnern, 11 Schulen in Gemeinden mit 1000 bis 4999 Einwohnern, 5 Schulen in Gemeinden mit 5000-9999 Einwohnern und 11 Schulen liegen in Gemeinden mit über 10000 Einwohnern. Die meisten Schulen betreuen 100 bis 300 Oberstufenschüler (101-200: elf Schulen; 201-300: zehn Schulen). In sechs Schulen werden weniger als 100 Schüler und in einer Schule zwischen 301 und 450 Schüler unterrichtet.

---

33 Für detailliertere Charakteristika der Schulen vgl. Stamm et al. (2009a).
34 Die Einteilung der Schulen *städtisch*, *suburban* und *ländlich* erfolgt gemäß dem Richtwert des Schweizerischen Bundesamtes für Statistik zur Volkszählung 2000 (BfS, 2003). Darin zählen erst Agglomerationen ab 10000 Einwohnern als ‚städtisch'; laut Jones und Duncan (1998) sollten jedoch die meisten Gruppen der Level-3-Einheiten (Schulen) möglichst nicht weniger als zehn Elemente haben. Aus diesem Grund wird für diese Untersuchung der Grenzwert von 5000 Einwohnern für städtische Schulen festgelegt. Dass wegen dieser Einteilung nur eine Schule als ‚ländlich' gilt, ist gemäß Kelvyn Jones (Leiter des Kurses *Multilevel Analysis* in der Essex Summer School 2007 und 2008; persönliche Mitteilung, 25. Juli 2008) unproblematisch und einer Unterteilung in vier Gruppen vorzuziehen. Die Angaben zur effektiven Größe einer Schule beziehen sich in diesem Zusammenhang lediglich auf die Anzahl Oberstufenschüler. Bei fünf Schulen handelt es sich nicht um reine Oberstufenschulen, was zu einer Differenz zwischen der Gesamtschülerzahl und der Schülerzahl der Oberstufe führt. Für die Einteilung im Rahmen der Datenanalyse war die Schülerzahl in der Oberstufe ausschlaggebend.

Unterschiedliche Absenzensysteme an den Schulen

In Kapitel 2 zum Forschungsstand wurde darauf hingewiesen, dass das Absenzensystem einer Schule ein umstrittener Prädiktor für Schulabsentismus ist. Da sowohl Befunde vorliegen, die *für* eine präventive Rolle konsequenter Absenzensysteme sprechen als auch gegenteilige, ist der Einbezug dieses Merkmals für diese Studie besonders wichtig. An allen 28 teilnehmenden Schulen müssen Absenzen der Schüler schriftlich oder mündlich von den Eltern entschuldigt werden. Bis auf drei Ausnahmen verfügen außerdem alle Schulen über Dokumente, die den formellen Umgang mit Absenzen regeln (so genanntes Absenzenwesen oder Absenzensystem). Konkret werden die Fehlzeiten jedoch sehr unterschiedlich erfasst: 15 Schulen kennen Absenzenhefte oder -karten, in die Absenzen und Entschuldigungen eingetragen und von den Eltern unterschrieben werden. In vier Schulhäusern werden die Fehlzeiten ausschließlich von der Klassenlehrperson gesammelt und im Klassenbuch notiert, während die übrigen neun Schulen die Absenzen mit Hilfe der schriftlichen Entschuldigungen der Eltern registrieren, die in freier Form verfasst werden. In 20 der befragten Schulen gilt die Regel, die unrechtmäßigen Absenzen der Schüler am Schuljahresende in deren Zeugnis einzutragen. An 23 der 28 Schulen geben die befragten Schulleitungen an, dass die Schüler während des Schuljahres über so genannte Jokertage verfügen, welche frei, meist zu einem beliebigen Zeitpunkt und *außerhalb der üblichen Absenzenregelung* bezogen werden können. Möchte ein Schüler einen Jokertag beanspruchen, so muss er dies vorab bei der Schulleitung ankündigen. Die Dauer der Jokertage variiert von zwei- bis maximal fünfmal einem halben Tag pro Schuljahr. Auf Sanktionen und Interventionen bei Absentismus angesprochen, werden ‚klassische' Strafen wie die verpassten Lektionen nachholen (14 mal), dem Hausmeister bei Putzarbeiten helfen (1) oder Zusatzarbeiten verrichten (3) genannt. Die gängigste Interventionsmaßnahme ist die Kontaktaufnahme mit den Eltern (21) und zusätzlich, falls die Schule über ein solches Angebot verfügt, mit der Schulsozialarbeit (10). Nur fünf Schulleitungen berichten über verhängte Geldbußen gegenüber den Eltern oder Schülern oder von Schulausschlüssen (2) im Verlauf der letzten fünf Schuljahre. Eine Schule verfügt im Zusammenhang mit dem Absenzenwesen über ein Belohnungssystem und damit positive Verstärkung der *Anwesenheit* im Unterricht: Schüler, die es schaffen, während eines ganzen Jahres lediglich zwei Einträge auf der Absenzenkarte in den Bereichen ‚Pünktlichkeit', Bemerkungen zu ‚Betragen/Ordnung/Anstand/ Fleiß' und ‚Material vergessen' zu haben, erhalten von der Schule einen Kinogutschein und eine Anerkennungskarte für eine besonders lobenswerte Arbeitshaltung, die sie späteren Bewerbungen beilegen können. Als Hauptbefund stellt sich heraus, dass die Absenzsysteme der teilnehmenden Schulen sehr unterschiedlich sind und daher für eine Gegenüberstellung einzelne Aspekte konkret betrachtet werden müssen, anstatt die Absenzensysteme als Ganzes zu vergleichen. Für die Analyse im Rahmen des Fribourger Projekts wurden die Absenzensysteme in ‚streng', ‚mittel streng' und ‚nicht streng' unterteilt (Kriterien für die Unterteilung vgl. Stamm et al., 2007).

Förderangebote an den Schulen

Vor den Interviews wurden die Schulleiter gebeten, dem Fribourger Projektteam eine Aufstellung des Förderangebots ihrer Schule zukommen zu lassen. Die Kategorien, nach denen diese Angebote unterteilt werden, setzen sich aus den folgenden Bereichen zusammen: Wahl- und Freifächer, Mittagstisch, Aufgabenhilfe/Nachhilfe, heilpädagogische Angebote, Begabtenförderung, Schulsozialarbeit, Logopädie und schulpsychologischer Dienst. Die Angebote werden dahingehend klassifiziert, ob sie *intern, extern* oder *gar nicht* an der Schule angeboten werden. Um eine dreistufige Einteilung des Angebots in ‚schmal', ‚mittel' und ‚breit' zu erreichen, werden die Angaben gewichtet (intern=2; extern=1, nicht im Angebot=0). So ergibt sich eine effektive Verteilung von mindestens 7 und maximal 15 Punkten, wobei 7-9 Punkte als schmales, 10-12 als mittleres und 13-15 Punkte als breites außercurriculares Angebot bezeichnet werden. Das breite außercurriculare Angebot (15 Punkte) einer Schule ist beispielsweise so gestaltet, dass die Schule den Schülern direkt im Schulhaus Wahl- und Freifächer, Aufgabenhilfe/Nachhilfe, einen Mittagstisch, heilpädagogische Angebote wie Kleinklasse und Deutsch als Zweitsprache sowie Logopädie anbietet. Außerdem verfügt sie über eine interne Schulsozialarbeit und einen schulpsychologischen Dienst. Die Begabtenförderung wird dort als einziges Angebot schulextern zur Verfügung gestellt. Ergänzt wird das Schulangebot zusätzlich durch schulinterne sozialpädagogische Projekte wie Arbeitseinsatz und „2. Chance"[35]. Von den befragten 28 Schulen verfügen elf über ein schmales, zehn über ein mittleres und sieben Schulen über ein breites außercurriculares Förderangebot.

---

35 Als „2. Chance" wird das angeleitete außerschulische Nacharbeiten versäumten Unterrichtsstoffes bezeichnet. Die Umsetzung eines solchen Angebots liegt in der Verantwortung der Schulen. Häufig werden hierfür Intensivwochen organisiert, die neben dem reinen Lernen des Stoffs auch ein darüber hinaus reichendes Motto haben, etwa „Was erwarte ich vom Leben".

5.1.4 Die Schüler

An der Studie des Schweizer Nationalfonds-Projektes, aus welcher der hier verwendete Datensatz stammt, beteiligten sich 3942 Schüler der Jahrgangsstufen sieben bis neun. Jeweils rund ein Drittel der Klassen in der Stichprobe entfällt auf die einzelnen Jahrgangsstufen (Klasse 7: 75; Klasse 8: 81; Klasse 9: 76; missing: 7). Das Alter der Jugendlichen variiert zwischen 12 und 17 Jahren; durchschnittlich waren die teilnehmenden Schüler zum Zeitpunkt der Befragung 14.5 Jahre alt (SD=1.1). Die Altersgruppen verteilen sich wie folgt: 2% der Schüler gehören mit 12 Jahren zur jüngsten Altersgruppe, 19% waren zum Zeitpunkt der Befragung 13 Jahre alt, 29% waren 14, 30% 15 Jahre alt und die übrigen 20% waren mit 16 bis 17 Jahren unter den ältesten Befragten. Die Schüler besuchten zum Zeitpunkt der Befragung zu 58% eine Schule des erweiterten Niveaus, 34% gingen auf eine Schule des grundlegenden Niveaus und 8% besuchten eine Kleinklasse.[36] Da in den Kleinklassen nicht derselbe Fragebogen eingesetzt werden konnte wie für die Regelklassen, werden aus Gründen der Vergleichbarkeit der Modelle in den Analysen ausschließlich die Regelschüler berücksichtigt. Die für die Analysen verwendete Stichprobe beläuft sich demnach auf N=3491 Regelschüler (=92% der Gesamtstichprobe) in 220 Regelklassen. Schüler in Niveauklassen wurden gemäß ihrem Anforderungsniveau eingestuft (A und B=erweitertes Niveau, C und D=grundlegendes Niveau). Die Schüler gehen demnach in 82 Klassen des grundlegenden Niveaus, 138 Klassen des erweiterten Niveaus und 19 Kleinklassen. Nachfolgend werden alle befragten Jugendlichen (zur vollständigen Charakterisierung der Stichprobe auch die Kleinklassen) hinsichtlich ihrer Verteilung auf die Schulniveaus in Zusammenhang mit ihrem Geschlecht und ihrer Nationalität beschrieben.

---

36 Die Begriffe des grundlegenden und erweiterten Schulniveaus sind nicht direkt auf das deutsche Schulsystem zu übertragen. Das grundlegende Niveau entspricht Schulformen, die keinen weiterführenden Anspruch über die obligatorische Schulzeit hinaus haben (also am ehesten der deutschen Hauptschule). Schulen des erweiterten Niveaus zielen auf eine Schulzeit ab, die über die Dauer der Schulpflicht hinausgeht und können sowohl der deutschen Realschule als auch dem Gymnasium entsprechen.

Tabelle 1   Schulniveau und Geschlecht der Schüler

Schulniveau	Geschlecht männlich		weiblich		Total	
	N	%	N	%	N	%
Erweitertes Niveau	1060	49.0	1105	51.0	2165	100.0
Grundlegendes Niveau	682	52.3	621	47.7	1303	100.0
Kleinklassen	168	52.3	125	47.7	290	100.0
Total	1910	50.8	1851	49.2	3761	100.0

Missing: n=181; angegeben sind Zeilenprozente

Aus Tabelle 1 geht hervor, dass die Geschlechterverteilung innerhalb der Schülerstichprobe annähernd ausgeglichen ist: 50.8% der Befragten sind männlich, 49.2% weiblich. In Schulen mit erweitertem Anforderungsniveau befinden sich etwas mehr Mädchen als Jungen (51.0% gegen 49.0%), während in den Schulhäusern mit grundlegendem Niveau und Kleinklassen die Jungen etwas stärker vertreten sind (jeweils 52.3% gegen 47.7%).

Tabelle 2   Schulniveau und Nationalität der Schüler (Schweiz versus Nicht-Schweiz)

Schulniveau	Ausländische Nationalität		Schweizerische Nationalität		Total	
	N	%	N	%	N	%
Erweitertes Niveau	443	20.6	1705	79.4	2148	100.0
Grundlegendes Niveau	462	36.5	811	63.5	1273	100.0
Kleinklassen	166	58.1	118	41.8	284	100.0
Total	1071	28.9	2634	71.1	3705	100.0

Missing: n=237; angegeben sind Zeilenprozente

Gemäß Tabelle 2 haben knapp 30% der befragten Schüler eine ausländische Nationalität bzw. Migrationshintergrund (zwei Staatsbürgerschaften). Verhältnismäßig sind die Schweizer Schüler in Schulen mit erweitertem Anforderungsniveau am stärksten vertreten: 79.4% der dort befragten Jugendlichen sind Schweizer.

Auch im grundlegenden Niveau befinden sich mehr Schüler mit Schweizer Pass als ausländische Klassenkameraden (63.5% versus 36.5%). Einzig in den Klein-klassen überwiegen mit 58.1% Schüler mit ausländischer Nationalität.

5.1.5 Die Lehrpersonen

Zusätzlich zu den Regelschülern wurden ihre Klassenlehrpersonen anhand eines Fragebogens befragt (N=220). Männliche Lehrer sind insgesamt mit einem An-teil von 62.8% (N=138) gegenüber ihren Kolleginnen (N=82; 37.2%) stärker vertreten. Zu ihrem Alter wurden die Lehrpersonen gebeten, sich in Gruppen von jeweils einem Jahrzehnt einzuordnen, weshalb hier kein Mittelwert angegeben und die Verteilung lediglich beschrieben werden kann. Ein knappes Drittel (32.8%) der teilnehmenden Lehrpersonen und damit die größte Altersgruppe ist zwischen 50 und 59 Jahren alt. 23.4% sind 30 bis 39 Jahre alt und etwas mehr als ein Fünftel der Lehrkräfte 40 bis 49 (21.7%). Zur jüngsten Alterskategorie von 20-29 Jahren zählt knapp ein Sechstel (15.4%), während mit 6.6% die wenigsten Lehrpersonen der Stichprobe 60 Jahre oder älter sind. In den jüngeren Alterska-tegorien (bis 39 Jahre) sind die Lehrerinnen gegenüber den Lehrern stärker ver-treten. Das Spektrum der Berufserfahrung der Lehrpersonen reicht von weniger als einem Jahr bis hin zu mehr als 30 Unterrichtsjahren. Mehr als ein Drittel von ihnen (37.1%) hat zwischen sechs und 20 Jahren Berufserfahrung. 44.9% und damit knapp die Hälfte der Lehrpersonen ist seit mehr als 20 Jahren im Lehrbe-ruf. Etwa jede sechste Lehrperson (18.0%) kann mit weniger als 5 Jahren Berufs-erfahrung als Novize gelten. Durchschnittlich unterrichten die Klassenlehrperso-nen ihre Klasse wöchentlich 16 Lektionen (SD=6)[37]. 106 Personen (44.4%) unterrichten im erweiterten Niveau, 86 Personen (36%) im grundlegenden Ni-veau, 42 Personen (17.6%) unterrichten nach Bedarf eine Real- oder Kleinklasse und die restlichen 5 Lehrpersonen (2%) leiten Klassen mit gemischtem bzw. inte-grativem Niveau, bei dem geistig behinderte Jugendliche gemeinsam mit nicht behinderten Klassenkameraden beschult werden.

---

37 Die Abkürzung SD steht für Standardabweichung bzw. *standard deviation* und gibt an, wie stark die Werte einer Variablen um den Mittelwert gestreut sind. Im obigen Fall bedeutet das also, dass bei einer durchschnittlichen Lektionenzahl von 16 die meisten Lehrpersonen zwischen 10 und 22 Lektio-nen unterrichten (16±6).

5.1.6 Die Schulleitungen

Die Schulleiter aller beteiligten Schulen (N=28) wurden zunächst in einem teil-standardisierten Interview befragt und füllten zusätzlich einen Kurzfragebogen aus. Sieben dieser Schulen werden von zwei Schulleitungspersonen geführt. Die Altersverteilung der Schulleiter ist relativ homogen: 16 Schulleiter sind zwischen 40 und 49 Jahren alt, sieben zwischen 50 und 59. Nur drei Schulleitungspersonen sind unter 39 Jahren und zwei sind 60 Jahre oder älter. Knapp drei Viertel von ihnen (70%) sind männlichen, gut ein Viertel (30%) weiblichen Geschlechts. Die Befragten üben ihre Aufgabe als Schulleitung bereits 1-27 Jahre aus und sind im Durchschnitt seit fünfeinhalb Jahren als Schulleitung tätig (SD=3.6). Die überwiegende Mehrheit (93%) erteilt neben der Tätigkeit als Schulleitung auch Unterricht.

5.2   Strategie der Datenanalyse: sechs Teilmodelle mit Blick auf Schulabsentismus

Die hier vorgestellte Studie hat den Charakter einer Tiefenanalyse und arbeitet mit den Daten aus dem Schweizer Schulabsentismusprojekt, um herauszufinden, welche schulischen Merkmale mit Schulabsentismus zusammenhängen. Hierzu werden zunächst theoriebasiert Individualmerkmale der Schüler bestimmt, die aufgrund ihrer vermuteten Wirkung als Eingangsvoraussetzungen in allen Modellen kontrolliert werden müssen (Rothman, 2001; Baumert et al., 2007). Auf diese Weise können Individual- von Kontexteffekten getrennt werden, wobei aufgrund des querschnittlichen Designs streng genommen nicht von *Effekten* gesprochen werden darf, sondern lediglich von Zusammenhängen. Die Untersuchung der Bedingungsgeflechte für Schulabsentismus bewegt sich in jedem der sechs Teilmodelle zwischen folgenden zwei konträren Hypothesen:

1. Die Unterschiedlichkeit der Schulen bezüglich der Absenzen ihrer Schüler geht vollständig auf deren **Eingangsvoraussetzungen** zurück.

2. Die Unterschiedlichkeit der Schulen bezüglich der Absenzen ihrer Schüler geht über die Eingangsvoraussetzungen hinaus *auch* auf **Kontextmerkmale** der Schulen zurück.

Jedes der sechs Teilmodelle enthält im Sinne der ersten Hypothese diejenigen Merkmale, die die Schülerzusammensetzung ausmachen (Baumert et al., 2007). Es handelt sich dabei um individuelle Eingangsvoraussetzungen der Schüler wie ihr Geschlecht, Leistungsindikatoren (Mathematiknote und Klassenwiederholung), den sozio-ökonomischen Status der Familie, Migrationshintergrund sowie das Schulniveau und die Jahrgangsstufe. Von diesem so genannten ‚Basismodell', das die Schüler mitbringen, müssen durch die Hinzunahme weiterer Variablen im Sinne von Hypothese 2 die Charakteristika der Schule abgegrenzt werden. Solche schulischen Merkmale können entweder struktureller Art sein (Schülerzahl, Freifachangebot o.ä.) oder persönliche Urteile zu kulturellen Aspekten betreffen, etwa in Bezug auf die Qualität der Beziehungen oder der Prozesse innerhalb des Schulhauses. So werden in jedem Teilmodell Bereiche des schulischen Alltags inhaltlich gruppiert und analysiert. Konkret folgen alle Teilmodelle folgendem Aufbauschema:

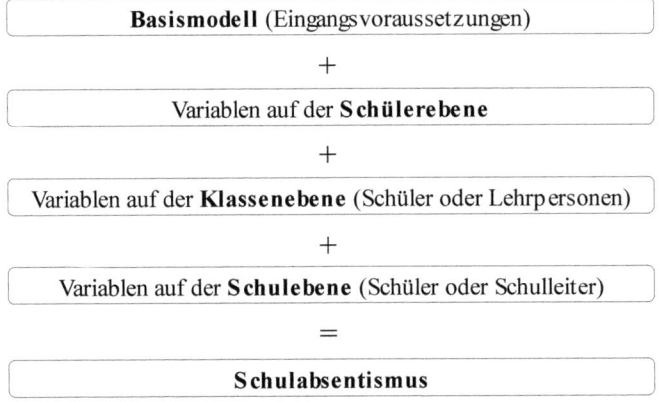

Abbildung 4   Aufbauschema der Teilmodelle für die Datenanalyse

Im nächsten Teilkapitel wird erläutert, wie diese Strategie für die Datenanalyse technisch umgesetzt wird und welche theoretischen Annahmen ihr zu Grunde liegen.

5.3   Methodik: Mehrebenenanalysen

5.3.1   Was sind Mehrebenenanalysen und was bringen sie?

In diesem Teilkapitel wird die gewählte Methodik für die Datenanalyse beschrieben. Bereits Durkheim (1930) betont in seinem Werk zum Selbstmord, dass individuelles Verhalten durch soziale Ursachen bedingt und erklärt werden könne. Hinter der „Differenzierung zwischen den zwei in jeder Person existenten Wesen: dem individuellen Wesen und dem sozialen Wesen" (Kurtz, 2007, S. 234) bzw. zwischen Individual- und Kollektivbewusstsein (Durkheim, 1930) steht der Grundgedanke, dass individuelles Verhalten in nicht unerheblichem Maße vom sozialen Kontext des Individuums beeinflusst wird. Auch Helmke und Weinert (1997) weisen darauf hin, dass die Kontextfaktoren schulischer Lehr- und Lernprozesse eine „eigentümliche, ziemlich theoriearm konzipierte Kollektion" (S. 99) mehrerer vernetzter Faktoren seien, die man nicht außerhalb ihres Kontexts analysieren könne. Die hier untersuchten Schüler sind Mitglieder von Klassen und Schulen, d.h. sie befinden sich in einem bestimmten sozialen Kontext, dessen Einfluss nun im Zentrum des Interesses steht. Hieraus ergibt sich aber eine analytische Schwierigkeit, mit der die Sozialwissenschaften häufig konfrontiert sind: Immer, wenn Themen oder Variablen untersucht werden, die innerhalb eines sozialen Kontexts situiert sind, muss der Ansatzpunkt der Analyse sowohl die Individual- als auch die Gruppenebene berücksichtigen; es liegt also ein Problem auf mehreren Ebenen vor, ein so genanntes *Mehrebenenproblem*. So wird ‚Leistungsdruck' möglicherweise von Lehrpersonen ausgeübt, jedoch von Schülern wahrgenommen, womit sich mehrere mögliche Analyseperspektiven ergeben (Ebene des einzelnen Schülers, des Klassenmittelwertes oder auch der Lehrperson). Die Vielfalt der Perspektiven oder Ebenen verbietet eine Datenanalyse anhand von herkömmlichen linearen Regressionen[38] und erfordert eine *simultane Untersuchung* aller beteiligten Ebenen: „Multilevel models are needed because with grouped data observations from the same group are generally more similar than the observations from different groups, which violates the assumption of independence of all observations" (Hox, 2002, S. 14). Schüler innerhalb derselben Schule sind einander in ihrem Antwortverhalten ähnlicher als Schüler verschiedener Schulen. Dieser Umstand kann in Mehrebenenanalysen berücksichtigt werden, indem einerseits ein direkter Effekt von individuellen und Gruppenvariablen auf Schulabsentismus (oder allgemein: eine abhängige Variable) nachge-

---

38 Eine „herkömmliche lineare Regression" würde Schulabsentismus als Funktion von anderen untersuchten Variablen (z.B. Schulklima) auf einer Geraden abbilden (y=mx+c) und nicht berücksichtigen, dass in verschiedenen Klassen und Schulen solche Geraden wahrscheinlich voneinander abweichen.

wiesen und andererseits festgestellt werden kann, ob die Variablen auf der Gruppenebene Zusammenhänge auf der Individualebene moderieren. Wenn Gruppenvariablen Beziehungen auf niedrigerem Niveau (Individualebene) moderieren, tritt das als statistische Interaktion (Produkt) zwischen unabhängigen Variablen verschiedener Ebenen in Erscheinung und kann gezielt interpretiert werden. Vergisst man bei der Datenanalyse allerdings, mögliche Interaktionseffekte in Erwägung zu ziehen und anzuschauen, liegt man sehr wahrscheinlich mit seinen Schlussfolgerungen falsch.

Grundsätzlich bietet das Verfahren der Mehrebenenanalyse den Vorteil, dass Fehlschlüsse weitgehend vermieden werden können, denn: betrachtet man nur eine der Ebenen und verallgemeinert von dieser auf die andere(n), so kommt es leicht zu einer (ökologischen bzw. individualistischen) Fehlinterpretation[39], welche durch Mehrebenenanalysen vermieden werden kann. Dass mit Mehrebenenanalysen individuelle und schulische Einflüsse durch die simultane Berechnung getrennt voneinander betrachtet werden können (Baumert et al., 2007), ist ein wesentlicher Anspruch dieses Buches und Grundlage für die Beantwortung der Fragestellungen.

5.3.2   Voraussetzungen für Mehrebenenanalysen

Eine notwendige Voraussetzung für Mehrebenenanalysen ist die Datenerhebung in Clustern wie z.B. Schulklassen, wie dies in der Schweizer Studie durchgeführt wurde. Die Methode ist auch deshalb für diese Untersuchung besonders geeignet, weil aus dem Gedanken der gleichzeitigen Betrachtung individueller und institutioneller Einflüsse auf Absentismus heraus die Analyse mehrerer Ebenen zu Tage fördert, inwiefern die Zugehörigkeit eines Schülers zu einer bestimmten Klasse bzw. Schule für dessen Schwänzverhalten von Bedeutung ist.[40] Die Gefahr einer Vermischung verschiedener Ebenen wird wesentlich reduziert.

---

39 Ein ökologischer (kollektiver) Fehlschluss liegt vor, wenn Daten auf einer Makroebene (z.B. aggregierte Werte) ausschließlich auf der Mikroebene interpretiert und damit falsche Schlussfolgerungen gezogen werden. Auch eine fälschlicherweise vorgenommene Übertragung von Korrelationen auf einer Ebene zu einer anderen wäre ein ökologischer Fehlschluss. Ein Beispiel: Der Anteil ausländischer Schüler in einer Klasse (Makroebene) kann mit der durchschnittlichen Note in Mathematik zusammenhängen, so dass die Aussage gilt: Je höher der Anteil ausländischer Schüler in einer Klasse, desto niedriger die durchschnittliche Note in Mathematik. Dies sagt jedoch nichts über Zusammenhänge solcher Art auf der Mikroebene aus. Beträgt der Anteil von Migrantenkindern in einer Klasse 30% und der Anteil von Schülern, die in Mathematik eine ungenügende Note haben, ebenfalls so, liegt der Schluss nahe, dass Migrantenkinder in Mathematik ungenügende Leistungen zeigen. Es ist allerdings rechnerisch möglich, dass nicht ein einziges Migrantenkind in dieser Klasse eine mangelhafte Mathematiknote hat. Korrelationen auf einer Ebene dürfen demnach nicht ohne weitere Überprüfung auf die jeweils andere Ebene analog übertragen werden (Stanat & Lüdtke, in Druck).

Vor der Datenanalyse wurde für jedes Modell überprüft, ob fünf Anwendungsvoraussetzungen für lineare Regressionen gegeben sind (Backhaus et al., 2006)[41]. Ausreißer bei der abhängigen Variablen, also Schulen mit einer besonders hohen oder niedrigen Absenzenrate, werden probeweise aus der Analyse ausgeschlossen.[42] Im Fribourger Datensatz liegt eine Schule als Ausreißer vor, die eine besonders hohe Absenzenrate aufweist. Die Herausnahme dieser Schule verändert die Verteilung in der gesamten Stichprobe allerdings nicht, weshalb sie ohne gesonderte Behandlung in den Modellen verbleibt.

Ein weiteres Argument, welches die Entscheidung für ein mehrebenenanalytisches Vorgehen stützt, ist der Einbezug der Varianz innerhalb der Stichprobe: Die Unterschiedlichkeit der teilnehmenden Schulen in Bezug die Häufigkeit von Absentismus zeigt sich wie folgt: vier Schulen liegen signifikant über dem Durchschnitt und damit deutlich über der mittleren Absenzenrate, während fünf Schulen mit ihrer Absenzenhäufigkeit wesentlich unter dem Durchschnitt liegen. Die Schweizer Stichprobe weist also eine markante Heterogenität auf. Mit Mehrebenenprozeduren können gezielt sowohl Kontext als auch Heterogenität modelliert werden, was für das Thema Schulabsentismus eine wichtige Eigenschaft ist. Einführend wurde gezeigt, dass zwischen Schülern, die nicht schwänzen, solchen, die gelegentlich ‚blau machen' und schließlich massiv schwänzenden Jugendlichen differenziert werden muss. ‚Die Schulschwänzer' sind eine äußerst heterogene Gruppe und keinesfalls alle gleichermaßen gefährdet, sich dauerhaft aus dem Bildungsprozess zurückzuziehen. „One of the main attractions of multilevel models is their capacity to allow ‚relations to vary over context'" (Jones & Duncan, 1998, S. 100). Mehrebenenmodelle enthalten demnach Informationen, die besagen, ob Zusammenhänge zwischen zwei Variablen in einer Schule stärker ausgeprägt sind als in anderen Schulhäusern. Neben Zusammenhängen zwischen Variablen, wie sie etwa auch in linearen oder logistischen Regressionen

---

40 Das auf Mehrebenenanalysen spezialisierte Programm MLwiN wird in der Version 2.10 beta (9) verwendet. Die Software wird im *Centre for Multilevel Modeling* an der Universität Bristol (UK) programmiert und laufend weiterentwickelt. Die Daten wurden von SPSS in ein ASCII-File umgewandelt und konnten so in MLwiN eingelesen werden. Zentrierung und andere Datentransformationen wurden in MLwiN durchgeführt, so dass jeweils der Rohdatensatz von SPSS in MLwiN übertragen wurde.

41 Für detaillierte Befunde dieser Anwendungsvoraussetzungen vgl. die diesem Buch zu Grunde liegende Dissertation (Ruckdäschel, 2009).

42 Ändert sich bei Herausnahme der Ausreißer die Verteilung der abhängigen Variablen, werden die betreffenden Schulen in den so genannten *fixed part* des Modells integriert. *Fixed part* bedeutet, dass alle Gruppen (Schulen) einen gemeinsamen Koeffizienten erhalten. Wenn also der Ausreißer herausgenommen wird, bekommt die Schule ein eigenes differenzielles Intercept im Modell. Ändert sich durch die Herausnahme die Verteilung der Absenzen nicht, so werden die Ausreißer in der Stichprobe belassen und gehen wie die übrigen Schulen in den *random part* ein. Das heißt, die Koeffizienten können für jede Schule variieren.

dargestellt werden, findet in Mehrebenenmodellen auch die *Varianz der Zusammenhangsstärke* Berücksichtigung, also wie unterschiedlich stark in verschiedenen Schulen bestimmte Merkmale mit Absentismus verknüpft sind. Interessiert man sich zum Beispiel dafür, ob Mädchen und Jungen unterschiedlich häufig schwänzen, so kann man durch Mehrebenenanalysen sehen, ob eventuelle Geschlechterunterschiede für alle untersuchten Schulen gelten oder nur für einen Teil. Mehrebenenanalysen gehen zunächst vom Prinzip einer linearen Regression aus, die in folgender Basisformel ausgedrückt wird:

$$Y = B_0 + B_1 X + R,$$

wobei B_0 der so genannte Achsenabschnitt auf der y-Achse ist (Intercept; durchschnittliche Häufigkeit von Absentismus) und B_1 der Regressionskoeffizient, der mit dem Prädiktor X verknüpft ist.[43] Der als R bezeichnete Teil der Gleichung ist die Fehler- oder Residualkomponente und drückt denjenigen Teil der Kriteriumsvariablen Y (Absentismus) aus, der auf einer linearen Funktion nicht (annähernd) abgebildet werden kann (Snijders & Bosker, 1999). Während in der dargestellten Regressionsgleichung die Residualvarianz R (Abweichung der geschätzten Werte von den beobachteten Werten) nicht weiter differenziert wird, zerlegt die Mehrebenenanalyse diese Gesamtresidualvarianz in zwei Teilvarianzen: die Abweichung einer *Gruppe* (u) von der Gesamtregressionsgeraden und die *individuelle* Abweichung (e) von der Gruppengeraden. Mehrebenenanalysen wenden dieses Prinzip an, um sowohl für die Zusammenhänge zwischen abhängigen und unabhängigen Variablen *innerhalb* einer Gruppe (z.B. Schule) als auch für diejenige *zwischen* den Gruppen Regressionen zu berechnen. Für jede Gruppe werden separate Regressionsgleichungen aufgestellt, in denen die Kriteriumsvariable (Absentismus) wie folgt durch die Prädiktorvariable ausgedrückt wird und jedes Individuum in dieser Gruppe einen eigenen *error term* (e; Residuum/Schätzfehler auf Individualebene) hat:

$$Y_{ij} = B_{0j} + B_{1j} X_{ij} + e_{ij}$$

---

43 Ein Regressionskoeffizient oder Regressionsgewicht gibt an, wie stark eine unabhängige Variable (z.B. Geschlecht, Mobbing) mit der Kriteriumsvariablen (z.B. Absentismus) zusammenhängt. Ein positiver Wert bedeutet dabei „je mehr, desto mehr" und ein negativer Wert „je mehr, desto weniger". Wenn also der Koeffizient für die Zusammenhang zwischen Mobbing und Absentismus .67 ist, dann bedeutet das: je mehr ein Schüler gemobbt wird, desto häufiger schwänzt er. In diesem Fall kann der Koeffizient so übersetzt werden, dass für jeden Punkt mehr auf der Mobbingskala 0.67 Punkte mehr auf der Absentismusskala erreicht werden.

Hingegen für die Berechnungen der Zusammenhänge über alle Gruppen hinweg, werden die in der soeben dargestellten Gleichung verwendeten B-Koeffizienten erklärt:

$$B_{0j} = \gamma_{00} + \gamma_{01}Z_j + u_{0j}$$

und

$$B_{1j} = \gamma_{10} + \gamma_{11}Z_j + u_{1j.}$$

Das u drückt in dieser Gleichung das Residuum auf Klassenebene aus, also wie stark der geschätzte Klassenwert vom tatsächlichen Absentismusaufkommen abweicht. Z ist eine Kontextvariable, was durch das *Subscript* j ausgedrückt wird. Ein zentraler Gedanke hierbei ist, dass sich diese Zusammenhänge vollkommen voneinander unterscheiden können: „Within-group and between-group relations can be completely different, even have opposite signs. The true relation between Y and X is revealed only when the within- and between-group relations are considered jointly, i.e. by the multilevel regression (Snijders & Bosker, 1999, S. 29).

Da die Analyse einer möglichen Wirkung von Gruppeneffekten (schulischen oder klassenraumspezifischen Variablen) im Mittelpunkt des Interesses steht, wird mit dem *random intercepts model* als einfacher Variante des hierarchisch-linearen Modells gearbeitet (a.a.O., S. 43), das denjenigen Anteil der Varianz einbezieht, der nicht auf der Individualebene bereits erklärt wurde (*fixed effects model*).[44] Es wird hier also berücksichtigt und vorausgesetzt, dass nicht nur individuelle Eigenschaften der Schüler, sondern zusätzlich Merkmale der Klasse und der Schule damit zusammenhängen, wie häufig Schüler schwänzen. Das *random intercepts model* eignet sich zudem für relativ kleine Gruppengrößen (<100), wie dies hier zumindest für einen Teil der Schulen zutrifft. Das Verfahren der Mehrebenenanalyse geht davon aus, dass Lebens- und Lernkontexte wie etwa Schulen grundsätzlich unterschiedlich sind. Die Hauptfragestellungen dieser Analyseart nehmen in den Blick, woher hauptsächlich die Unterschiede zwischen verschiedenen sozialen Kontexten kommen und wie sich Erfahrungsräume wie Schulen unter Berücksichtigung individueller Eingangsvoraussetzungen voneinander unterscheiden (Schwetz & Subramanian, 2005).

---

44 In *Random Intercepts Modellen* variieren die Intercepts (also der durchschnittliche Wert für Absentismus), nicht aber die Geradensteigungen. Es wird hier also eine gemittelte Gerade abgebildet, die für die ganze Stichprobe den mittleren Zusammenhang zwischen einer unabhängigen Variablen (z.B. sozio-ökonomischer Status) und Absentismus ausdrückt.

Auf der Basis der Argumentation bis hierher konnte deutlich gemacht werden, weshalb Mehrebenenanalysen die derzeit beste Option für eine stichhaltige Untersuchung des vorhandenen Datensatzes sind. Es gilt jedoch auch zu beachten, dass gerade aufgrund des querschnittlichen Untersuchungsdesigns (statt einer mehrmaligen Datenerhebung und Beobachtung von Veränderungen) einige methodische ‚Stolperfallen' bei der Betrachtung von Effekten der Eingangsvoraussetzungen und des Kontexts bestehen, denen auch mehrebenenanalytische Verfahren nicht per se vorbeugen und die bei der Analyse und Interpretation zu beachten sind. Deshalb wird nun in Teilkapitel 5.4 auf mögliche methodische Schwierigkeiten hingewiesen.

5.4   Methodische Stolpersteine

Bei der Untersuchung von Eingangsvoraussetzungen in Querschnittstudien müssen einige mögliche Gefahren beachtet werden. Baumert et al. (2007) weisen darauf hin, dass die Einschätzung von Eingangsvoraussetzungen gegenüber Klassen- oder Schuleffekten stark auf die korrekte Spezifikation des theoretischen Modells zurückgeht. So sei auch zu erklären, weshalb die Forschungsbefunde zu diesem Thema derart heterogen sind. In diesem Abschnitt soll mit Bezug auf Baumert et al. (2007), die hinsichtlich der u.a. mehrebenenanalytisch untersuchten PISA-Daten auf solche methodischen Probleme aufmerksam machen, der Blick auf mögliche methodische Schwächen oder ‚Fallstricke' gelenkt werden.

Das erste Problem ist die *Gegenseitigkeit der Interaktionen* zwischen Personen und ihrer Umwelt. So werden einerseits Schulen durch ihre Schüler geprägt, andererseits die Schüler aber auch durch ihre Schule. „Dieses Problem der Reziprozität ist nur dann in Modellen lösbar, wenn die Interaktionsmechanismen bekannt und spezifizierbar sind. Dies ist in der Regel nicht der Fall. Gleichwohl macht es zum Beispiel schulpolitisch einen großen Unterschied, ob man beim Nachweis eines korrelativen Zusammenhangs zwischen Verhaltensproblemen und sozialer Zusammensetzung von Schulen von Kompositionseffekten der Schülerschaft ausgeht oder annimmt, man habe es mit einzelnen Risikokandidaten zu tun, die für das Schulklima verantwortlich seien" (a.a.O.). Auch für den hier verwendeten Datensatz muss dieses Reziprozitäts- oder Gegenseitigkeitsproblem weitgehend ungeklärt bleiben, weil die Entscheidung, ob es sich bei einzelnen Variablen um Eingangsvoraussetzungen (bzw. mögliche Kompositionseffekte) oder lediglich um „einzelne Risikokandidaten" handelt, mangels der Kenntnis mehrerer Eingangsvoraussetzungen der Schüler (Vorwissen, Intelligenz oder ähnliche Fähigkeitsmaße) nicht klar zu beantworten ist. Dieser ‚Stolperstein' kann jedoch über eine breite theoretische Fundierung aller Modelle inklusive des

Basismodells wenn auch nicht umgangen, so doch überschritten werden, indem auch die Interpretation der Resultate stets im Bewusstsein der Unbestimmtheit von Eingangsvoraussetzungen oder Individualrisiken der Schüler erfolgt.

Ein zweites, sehr dringliches Problem ist die *Auswahl und Vollständigkeit der Variablen* auf der Individualebene („Endogenitätsproblem", a.a.O., S. 118), die möglicherweise mit Schulabsentismus zusammenhängen: „Im schulischen Bereich beruhen die meisten Fehlspezifikationen von Modellen auf der Nichtberücksichtigung relevanter individueller Merkmale" (a.a.O.). Lässt man auf der Individualebene Prädiktoren außer Acht, die sowohl mit der abhängigen Variablen als auch mit Ausprägungen von Kontextvariablen zusammenhängen, so besteht einerseits die Gefahr einer Überschätzung von Eingangsvoraussetzungen und andererseits von Effekten des schulischen Kontexts. Für den hier verwendeten Datensatz lässt sich dieses Problem am Beispiel des Migrationshintergrunds der Schüler zeigen: Gemäß Dollase, Ridder, Bieler, Köhnemann & Woitowitz (1999) ist von einer Selbstselektion von Zuwanderern in bestimmte Wohnviertel auszugehen, welche sich auch in den Schulen der betreffenden Einzugsgebiete widerspiegelt. Wenn nun pro Schule oder Klasse der Anteil der Schüler mit Migrationshintergrund ermittelt wird (Aggregation), so liegt ein Artefakt vor, dass einerseits auf Individualebene keine Entsprechung hat (ein Schüler hat entweder Migrationshintergrund oder nicht; in jedem Fall hat er keinen *Anteil* mit Migrationshintergrund) und andererseits muss dieses Konstrukt durch weitere, für die abhängige Variable relevante Indikatoren auf Individualebene ergänzt werden. In dieser Arbeit werden für die Individualebene fünf Prädiktoren konstant kontrolliert: der sozio-ökonomische Status, der Migrationshintergrund, die Mathematiknote und Klassenwiederholung als Leistungsindikatoren sowie das Geschlecht[45] (vgl. Kapitel 6.3). Diese Kombination aus Herkunft, Leistung und Geschlecht kann, wie in Kapitel 3 zum Forschungsstand herausgearbeitet, theoretisch und empirisch als ausreichend gesicherte Basis für die kontrastierende Entdeckung umfeldbezogener Effekte gelten; ob sie vollständig ist, muss jedoch offen blei-

---

45 Auch auf Klassenebene werden zwei Variablen konstant kontrolliert, da sie gemäß Baumert et al. (2007) über individuelle Eigenschaften hinaus zu relevanten Eingangsvoraussetzungen gehören: das Alter der Schüler, operationalisiert über die Jahrgangsstufe in der Schule, und das Anforderungsniveau. Da aus Gründen der Multikollinearität (Korrelation unter unabhängigen Variablen) nicht Alter *und* Jahrgangsstufe der Jugendlichen in die Modelle einbezogen werden sollen, wird die Jahrgangsstufe als Altersindikator gewählt. Die Entscheidung, nicht das individuelle Alter, sondern die Zugehörigkeit zu einer Klassenstufe zu verwenden, beruht auf der Zielsetzung dieser Arbeit, *schulische* Faktoren in Zusammenhang mit Absentismus zu fokussieren und damit die Schüler so weit als möglich als Teile eines sozialen Kontexts (Klasse, Schule) zu untersuchen. Mit der Wahl der Klassenstufe wird der Kohortengedanke akzentuiert, dass ein Jugendlicher, ob er nun dem durchschnittlichen Alter seiner Klasse entspricht oder nicht, durch die Zugehörigkeit zu eben dieser Klasse(nstufe) sozialisiert wird.

ben. Aufgrund der vorliegenden Daten sind weitere denkbare Variablen wie etwa Intelligenz zudem nicht operationalisierbar, so dass auch von dieser Seite her die Möglichkeiten der Individualdatenkonstellation begrenzt sind.

Ebenso wenig erwünscht wie das Endogenitätsproblem ist eine *Überkontrolle auf Individualebene*, die entsteht, wenn etwa Leistungen als abhängige Variable untersucht werden, die allgemeinen kognitiven Fähigkeiten (als Voraussetzung für diese Leistungen) allerdings zeitgleich mit dieser abhängigen Variablen erhoben werden („*mediation bias*", a.a.O., S. 119). Weil für Schulabsentismus noch nicht ausreichend geklärt ist, welches die entsprechenden damit verbundenen Faktoren sind, die zu einer Überkontrolle führen würden, muss diese Gefahr zumindest in Betracht gezogen werden. Diesem Problem wird begegnet, indem bei den Resultaten der Analyse nicht von Einflüssen oder Effekten, sondern neutraler von Zusammenhängen ohne Bestimmung ihrer Richtung gesprochen wird.

Darüber hinaus kann es Probleme bei der Datenauswertung geben, wenn relevante *Hintergrundmerkmale unberücksichtigt bleiben*, die jedoch aus theoretischer Sicht inhaltlich stark mit der Kriteriumsvariablen (Schulabsentismus) verknüpft sind. Baumert et al. (2007) nennen als Musterbeispiel für solche Fehlspezifikationen die Nichtberücksichtigung der Schulformzugehörigkeit bei der Untersuchung mehrgliedriger Schulsysteme. In der vorliegenden Untersuchung wird daher neben den genannten individuellen Merkmalen auch das Anforderungsniveau des Schulzweigs, den die Schüler zum Zeitpunkt der Befragung besuchten, kontrolliert.

Eine letzte Schwierigkeit, auf die auch Lüdtke et al. (2006) hinweisen, ist die *Zulässigkeit von Aggregationen*. Wenn die Maße auf individueller Ebene nicht hinreichend reliabel (messgenau) sind, so wird der einzelne Schüler durch den aggregierten Mittelwert auf Klassen- oder Schulebene nicht genau genug repräsentiert. Vor einer Aggregation individuell erhobener Daten wird aufgrund dessen der *Average Deviation Index* (AD) berechnet, der einen von der Anzahl der Items abhängigen Grenzwert nicht unterschreiten darf.[46] Ausgehend von diesen Voraussetzungen werden in jedem der Teilmodelle die genannten Individualmerkmale sowie die Jahrgangsstufe und das Anforderungsniveau kontrolliert, so dass gezogene Schlussfolgerungen möglichst solide abgesichert sind.

Nachdem in den vorangehenden Abschnitten die Stichprobe vorgestellt und die Strategie der Datenanalyse erläutert wurde, ist das sich nun anschließende Kapitel 6 der Beschreibung der Datenbasis gewidmet.

---

46   Aufgrund der Formel von Lüdtke et al. (2006) wird der AD manuell berechnet.

6 Die Datenbasis

Dieses Kapitel beschreibt die Datenbasis, die Erhebung der verwendeten Variablen, die Aufbereitung des Datensatzes sowie das Vorgehen bei der Analyse. Es geht dabei zunächst um die hierarchische Struktur des Datensatzes und das zu Grunde gelegte Arbeitsmodell für die Analysen. Die abhängige Variable (Schulabsentismus) sowie die Erhebung der unabhängigen Variablen auf den drei Ebenen Individuum, Klasse und Schule werden im Anschluss daran beschrieben. Das nächste Teilkapitel erläutert den Umgang mit fehlenden Werten. Danach wird auf die Varianzzerlegung eingegangen, ehe die Strategie für die Datenanalyse vorgestellt wird. Die Spezifizierung der in der Analyse konstruierten Teilmodelle ist Thema des abschließenden Abschnitts.

6.1 Hierarchische Struktur der Datenbasis

Die 3491 verwendeten Schülerdatensätze sind hierarchisch strukturiert: Jeder der Schüler kann exakt einer Klasse, einer Lehrperson sowie einer Schule bzw. einer Schulleitung zugeordnet werden. So wird jedem Schüler auf Klassen- und Schulebene jeweils der Wert zugewiesen, den seine Klassenlehrperson bzw. seine Schulleitung angegeben hat. Wo Daten auf der Individualebene erhoben wurden, aber die geteilte Wahrnehmung innerhalb einer Klasse oder Schule im Vordergrund steht, werden die entsprechenden Variablen auf der jeweiligen Kontextebene aggregiert (also z.B. der Klassendurchschnitt gebildet). Im Hinblick auf das Erkenntnisinteresse, das sich sowohl auf das schulische Makro- als auch auf das individuelle Schülerlevel richtet, wird nur dort aggregiert, wo es inhaltlich notwendig und von der Datenlage her gerechtfertigt ist (Reliabilität, vgl. Kapitel 6.4). So können einerseits die Schlussfolgerungen nicht nur auf Schulebene gezogen und andererseits ökologische Fehlschlüsse vermieden werden (vgl. Snijders & Bosker, 1999, S. 13ff.).

6.2   Das zu Grunde liegende Arbeitsmodell

Der Aufbau der im Fribourger Projekt verwendeten Erhebungsinstrumente orientiert sich an einem von Schulze, Ricking und Wittrock (2000) entwickelten Modell. Dieses Modell veranschaulicht drei in strukturelle Rahmenbedingungen eingebundene Hauptwirkräume in Zusammenhang mit Schulabsentismus (Schule, Familie und Peergroup) sowie einen alternativen, nicht näher bestimmten Wirkraum. Vermutlich (gemäß Schulze, Ricking & Wittrock, 2000) finden sich hier Merkmale der Person der Schüler, welche in Wechselwirkung mit den übrigen Faktoren zu Schulabsentismus führen. Das Modell greift damit beide vorgestellten theoretischen Perspektiven (individuell und institutionell) auf und versucht, diese integrativ auf Schulabsentismus anzuwenden.

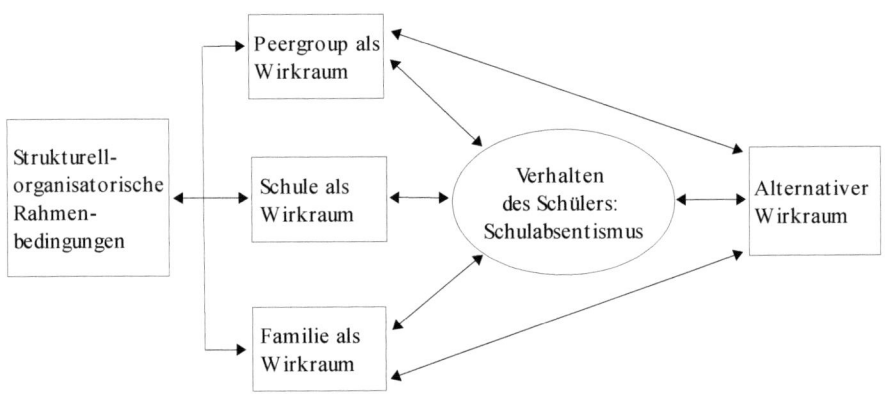

Abbildung 5 Sozialökologischer Kontext von Schulabsentismus
(nach Schulze, Ricking & Wittrock, 2000)

In diesem Buch steht der Wirkraum Schule im Vordergrund, weshalb in den folgenden Teilkapiteln lediglich auf diejenigen Variablen eingegangen wird, die später in der Datenanalyse auch verwendet werden. Die Elemente des Modells (Schule, Familie, Alternativer Wirkraum und Peergroup) werden daher nur fern berücksichtigt, als sie auch in den Analysen erscheinen.

6.3   Die abhängige Variable: gewichtete Häufigkeit von Absenzen

Das Ausmaß von Schulabsentismus im Schweizer Nationalfonds-Projekt wurde anhand eines Häufigkeitsindexes erhoben, der für die Datenanalyse gewichtet wird: Um der notwendigen Differenzierung zwischen gelegentlichem und massivem Schulschwänzen Rechnung zu tragen, werden diejenigen Items, die das Fehlen in Einzelstunden erfragen, nicht gewichtet. Hingegen wurden die nach halben und einzelnen ganzen Tagen fragenden Items mit dem Faktor 2 und die Fragen nach mehreren ganzen Fehltagen mit dem Faktor 3 multipliziert. Schließlich werden die so teilweise gewichteten Items zu einer Skala aufsummiert. Das Frageschema war gemäß unten stehender Tabelle aufgebaut, die Gewichtung war für die Schüler nicht ersichtlich.

Tabelle 3   Abhängige Variable [Wie sieht es bei dir mit dem Schulschwänzen aus? (Schwänzen liegt dann vor, wenn man nicht in die Schule geht, obwohl man eigentlich müsste und nicht krank ist)]

Hast Du in diesem Schuljahr schon...?	Gewichtungs-faktor	Noch nie	Ab und zu	Mehr als 5 Mal
a) ...nur in bestimmten Fächern geschwänzt?	1	0	1	2
b) ...Vor- oder Nachmittage geschwänzt?	2	0	1	2
c) ...einzelne Tage geschwänzt?	2	0	1	2
d) ...mehr als 2 Tage hintereinander geschwänzt?	3	0	1	2
e) ...nur die erste oder letzte Stunde geschwänzt?	1	0	1	2
f) ...eine Prüfung/Probe geschwänzt?	1	0	1	2
g) ...direkt vor oder nach den Ferien geschwänzt?	2	0	1	2

Somit ergibt sich ein theoretischer Range von 0-24 auf der Absentismusskala (M=1.5; SD=3.4; Cronbachs α=.80). Die Variable ‚Häufigkeit der Absenzen' wird als kontinuierliche Variable (also mit Werten von 0-24 und nicht in Kategorien wie z.B. 0-6 Punkte = Kategorie I etc.) verwendet, obwohl das Antwortformat nicht in gleichmäßige Abstände unterteilt ist; durch die Gewichtung des Häufigkeitsindex wird dieser Umstand versucht auszugleichen, ist jedoch sicher nicht ideal. Um die gesamte Varianz der abhängigen Variablen in Betracht ziehen zu können, scheint diese Variante allerdings dennoch ergiebiger als eine kategoriale Verwendung zu sein. Zudem zeigte die Faktorenanalyse (Gruppierung der Items in thematische Gruppen/Dimensionen aufgrund der Schülerantworten) mit den sieben Items, dass diese alle auf einem einzigen Faktor laden und eine Unterteilung in mehrere thematische Dimensionen für eine inhaltliche Differenzierung nicht geeignet ist. Die Konsistenz des Antwortverhaltens wurde neben der Faktorenanalyse anhand eines *split-half*-Reliabilitätstests überprüft (Guttman *split-half*-Koeffizient=.75).

Die Schüler werden für diese Studie hinsichtlich der abhängigen Variablen gemäß arithmetischer Kriterien gedanklich in vier Gruppen unterteilt. So kann bei der Interpretation der Ergebnisse (vor allem der Intercepts) berücksichtigt werden, dass die Gruppe der Schulabsentisten heterogen ist und von daher differenziert betrachtet werden muss. Alle diejenigen, die im zum Zeitpunkt der Befragung laufenden Schuljahr noch nicht geschwänzt hatten, erreichen den Wert 0 auf der Absenzenskala und werden als ‚Nicht-Schwänzer' bezeichnet. Schüler, die maximal einzelne Schulstunden fehlen, nicht jedoch halbe oder ganze Tage, erreichen Werte zwischen 1 und 6 Punkten, wenn sie mehr als fünf Mal in bestimmten Fächern, die erste oder letzte Stunde oder gezielt eine Prüfung geschwänzt hatten. Diese Gruppe wird ‚gelegentliche Schwänzer' genannt. Eine ausgeprägtere Form von Absentismus liegt bei der dritten Gruppe vor, bei der zum Schwänzen einzelner Stunden sporadisch halbe oder ganze Tage hinzukommen und die so einen Wert von 7 bis 18 Punkten erreicht. Innerhalb dieser Gruppe herrscht die größte Heterogenität vor, da in diesem Fall die Zusammensetzung der Punkte rechnerisch auf verschiedene Weise zustande kommen kann: aufgrund mehrerer versäumter Einzelstunden und eines einzigen Halbtages, oder aber auf der Basis vieler gefehlter halber und ganzer Tage, zu denen einzelne Stunden hinzukommen. Diese dritte Subgruppe der Stichprobe wird als ‚schwache Blockschwänzer' bezeichnet. Diejenigen Schüler, welche am häufigsten die Schule schwänzen, erzielen Werte von 19 Punkten und mehr, wobei in diesem Fall im Gegensatz zu den anderen Gruppen auch mindestens ab und zu mehr als zwei Tage hintereinander geschwänzt wurde. Aus diesem Grund wird diese am intensivsten schwänzende Gruppe mit ‚massive Blockschwänzer' tituliert. Daher ergibt sich folgendes Gliederungsschema für die Schülerstichprobe in Bezug auf die Kriteriumsvariable ‚Häufigkeit der Absenzen':

Tabelle 4 Unterteilung der Skala ‚Häufigkeit der Absenzen' (abhängige Variable)

Punktwert auf der Skala ‚Häufigkeit der Absenzen'	Bezeichnung	Anzahl in der Gesamtstichprobe	Anzahl in der Stichprobe der Regelschüler
0	Nicht-Schwänzer	2399	2277
1-6	Gelegentliche Schwänzer	409	397
7-18	Schwache Blockschwänzer	561	548
19-24	Massive Blockschwänzer	156	153
	Total	3525	3375

Missing in der Gesamtstichprobe: 417; Missing in der Stichprobe der Regelschüler: 116; die Skala ist mit den im Text genannten Faktoren gewichtet.

In der gesamten Schülerstichprobe (inkl. Kleinklassen) sind 2399 Nicht-Schwänzer, 409 gelegentliche Schwänzer, 561 schwache und 156 massive Blockschwänzer enthalten (missing: 417). Ähnlich ist das Bild, wenn man nur die Stichprobe der Regelschüler betrachtet: 2277 sind Nicht-Schwänzer, 397 schwänzen gelegentlich, 548 zählen zu den schwachen und weitere 153 zu den massiven Blockschwänzern (missing: 116). Die Verteilung der abhängigen Variablen ist somit in beiden Stichproben stark schief. Da Mehrebenenanalysen eine (zumindest einigermaßen) normalverteilte abhängige Variable erfordern, wurde diese im Programm SPSS 16 vor der Spezifizierung der Modelle logarithmisch transformiert, um die Daten vor der Analyse in MLwiN einer Normalverteilung anzunähern (Backhaus et al., 2006).

6.4 Die unabhängigen Variablen

In diesem Teilkapitel werden die für die Analysen verwendeten unabhängigen Variablen vorgestellt. Sie werden thematisch gruppiert nach individuellen Eingangsvoraussetzungen (Hintergrundmerkmalen) der Schüler und Indikatoren auf Individualebene, Lehrpersonen- und Schulleitungsebene.

6.4.1 Die individuellen Eingangsvoraussetzungen der Schüler

Zur Kontrolle von individuellen Herkunftsmerkmalen und im Sinne der Abgren-
zung von schulischen Kontextfaktoren, die mit Schulabsentismus assoziiert sind,
werden sieben Eingangsvoraussetzungen der Schüler in allen Teilmodellen kontrolliert. Diese Konstellation aus Geschlecht, sozio-ökonomischem Status, Migrationshintergrund, Mathematiknote, Klassenwiederholung, Jahrgangsstufe und
Anforderungsniveau ist folglich als Basismodell in allen später konstruierten
Teilmodellen enthalten. Folgender Auszug aus dem Fragebogen zeigt, wie die
genannten Eingangsvoraussetzungen erhoben wurden:

Tabelle 5   Erhebung der Eingangsvoraussetzungen im Schülerfragebogen

Frage	Item	Antwortmöglichkeiten		
1a	Persönliche Angaben: Geschlecht	☐ männlich	☐ weiblich	
1c	Welche Klasse besuchst du?	☐ 7.	☐ 8.	☐ 9.
1d	Welche Nationalität hast du?			
12b	Hast du schon einmal eine Klasse wiederholt?	☐ nein	☐ ja, einmal	☐ mehr als einmal
13a	Wie sehen deine Noten in diesen Fä-chern aus? Bitte trage die Noten aus dem letzten Zeugnis ein.	Deutsch	Mathematik	
38/39	Welchen Beruf hat dein Vater/ deine Mutter?			

Das Anforderungsniveau, welches ebenfalls als individuelles Eingangsmerkmal
in allen Modellen gesetzt ist, wurde aufgrund des Klassencodes zugewiesen und
nicht abgefragt. Der Beruf der Eltern wurde anhand des ISEI kodiert (*International Socio-Economic Index of Occupational Status;* Ganzeboom, DeGraaf, Treimann & DeLeeuw, 1992; Ganzeboom & Treimann, 1996). Als statuszuweisend
fungierte der jeweils höhere Wert der Eltern (HISEI). So konnte auch die Problematik bedeutend verringert werden, dass Rentner und Arbeitslose in diesem Index keinen Wert erhalten können. Für Schüler, deren Eltern beide entweder in
Pension oder arbeitslos waren (also für beide Elternteile fehlende Werte haben)
oder deren allein erziehender Elternteil in eine dieser Kategorien fiel, wurden die
Werte multipel imputiert (mehrfach geschätzt; vgl. auch Kapitel 6.5 zum Umgang mit fehlenden Werten).

6.4.2 Indikatoren auf der Individualebene (Schülerfragebogen)

In diesem Abschnitt werden Merkmale der Schüler vorgestellt, die im Fragebogen direkt von ihnen erfragt worden sind. Es handelt sich einerseits um strukturelle und andererseits um kulturelle bzw. prozessbezogene Merkmale, die von den Schülern sowohl in Bezug auf ihre Herkunft als auch im Hinblick auf ihre Schule beurteilt wurden.

Bildungsferne. ,Ausgeprägte Bildungsferne' wird über eine Dummy-Variable zur höchsten abgeschlossenen Ausbildung von Mutter und Vater indiziert[47], wie dies auch Baumert et al. (2007) vorschlagen. Kontrastiert wurden hier zwei Extremgruppen in Anlehnung an dieselben (S. 97): der Anteil (pro Klasse) von Eltern mit Hochschulreife bzw. mit Abschluss der obligatorischen Schulzeit (ohne qualifizierten Berufsabschluss) dienen aggregiert auf Klassenebene als Indikator für die familiär bedingten kulturellen Ressourcen der untersuchten Schulen.

Familiensprache. Die Familiensprache der Schüler wurde als Statement formuliert, das die Jugendlichen mit „stimmt" oder „stimmt nicht" beurteilen konnten: „Wir sprechen zu Hause meistens Deutsch." Für die Analyse wurde ein Dummy gebildet, der die Ausprägungen ,Deutsch' und ,andere' umfasst.

Klassengemeinschaft und Klassenrivalität. Die Schüler wurden anhand einer Skala von Eder (LFSK[48], 1998) gefragt, wie sie die Beziehungen innerhalb ihrer Klasse einschätzen. Jeweils drei bzw. vier Items bilden die Subskalen ,Klassengemeinschaft' bzw. ,Klassenrivalität':

Tabelle 6   Klassengemeinschaft

Frage	Items: Schülerfragebogen (Eder, 1998)
2a	Wenn jemand aus meiner Klasse Hilfe braucht, helfen wir einander gerne.
2d	In dieser Klasse gibt es eine gute Klassengemeinschaft.
2i	Ich freue mich, nach dem Wochenende meine Klasse wieder zu sehen.

0=stimmt überhaupt nicht; 1=stimmt eher nicht; 2=stimmt eher; 3=stimmt genau; M=1.9 [Range: 0-3]; SD=.58; Cronbachs α=.61. ICC-Werte[49] für die Verwendung als auf Klassenebene aggregierte Variable: 96% auf Individualebene, 4% auf Klassenlevel und 0% auf Schulebene. AD=.67.

---

47 Genaue Frage im Fragebogen: Welches ist die höchste abgeschlossene Schulbildung von deinem Vater (Stief- oder Pflegevater, Lebenspartner deiner Mutter)? Welches ist die höchste abgeschlossene Schulbildung von deiner Mutter (Stief- oder Pflegemutter, Lebenspartnerin deines Vaters)?
48 Eder, F. (1998). Linzer Fragebogen zum Schul- und Klassenklima für die 8.-13. Klasse (LFSK 8-13). Handanweisung. Göttingen: Hogrefe.
49 Das Ausmaß, in welchem sich Mitglieder einer Schule oder einer Klasse ähnlicher sind als denjenigen anderer Schulen und Klassen, bezeichnet man als Intra-Klassen-Korrelation. Die Stärke dieser Korrelation wird für aggregiert verwendete Skalen mit dem *intraclass correlation coefficient* (ICC) angegeben. In Kapitel 6.6 wird genauer auf diesen Koeffizienten eingegangen.

Tabelle 7   Klassenrivalität

Frage	Items: Schülerfragebogen (Eder, 1998)
2e	Wenn jemand einen Fehler macht oder eine schlechte Leistung erbringt, lachen einige Mitschüler/innen diese Person aus.
2f	Einige Mitschüler/innen versuchen immer wieder, gut dazustehen, indem sie die anderen schlecht machen.
2g	Bei uns in der Klasse arbeiten einzelne eher gegeneinander als miteinander.
2h	Es gibt bei uns häufig Streitereien zwischen den Schüler/innen.

0=stimmt überhaupt nicht; 1=stimmt eher nicht; 2=stimmt eher; 3=stimmt genau; M=1.2 [Range: 0-3]; SD=.69; Cronbachs α=.60. ICC für die Verwendung als auf Klassenebene aggregierte Variable: 89% auf Individualebene, 9% auf Klassen- und 2% auf Schulebene. AD=.77.

Schulklima. Das Schulklima aus der Sicht der Schüler wurde anhand einer Skala von Eder (1998) sowie einem Item von Kittl (2005) wie folgt erfasst:

Tabelle 8   Schulklima im Schülerurteil

Frage	Items: Schülerfragebogen (a, b, d: Eder, 1998; e: Kittl et al., 2005)
15a	Die Stimmung an unserer Schule ist meistens: 0 = gedrückt, lustlos, 1 = ein wenig gedrückt, 2 = ein wenig fröhlich, 3 = heiter, fröhlich
15b	An dieser Schule muss man: 0 = vor vielen Dingen Angst haben, 1 = vor ein paar Dingen Angst haben, 2 = vor wenigen Dingen Angst haben, 3 = vor nichts Angst haben
15d	Das Verhältnis zwischen Schüler/innen und Lehrpersonen ist an dieser Schule: 0 = sehr schlecht, 1 = eher schlecht, 2 = eher gut, 3 = sehr gut
15e	Wie gerne gehst du in die Schule? 0 = sehr ungern, 1 = eher ungern, 2 = eher gern, 3 = sehr gern

M=1.9 (Range: 0-3); SD=.56; Cronbachs α = .61; ICC-Werte für die Verwendung als auf Schulebene aggregierte Variable: 91% auf Individualebene, 6% auf Klassen- und 3% auf Schulebene. AD=.74.

Persönliche Beziehung der Schüler zu ihrer Lehrperson. Zur Erfassung des Schülerurteils über ihr Verhältnis zu den Lehrkräften wurde eine Skala mit fünf Items von Eder (1995) eingesetzt:

Tabelle 9   Persönliche Beziehung der Schüler zu den Lehrkräften

Frage	Items: Schülerfragebogen (Eder, 1995)
9a	Die Noten, die ich bekomme, sind oft ungerecht.
9b	Ich werde mehr geschimpft oder bestraft als andere in der Klasse.
9c	Bei einigen Lehrpersonen bin ich unbeliebt.
9d	Meistens werde ich von den Lehrpersonen fair behandelt.
9e	Manche Lehrpersonen nörgeln immer an mir herum.

0=stimmt überhaupt nicht; 1=stimmt eher nicht; 2=stimmt eher; 3=stimmt genau; M=2.0 (Range: 0-3); SD=.67; Cronbachs α=.80; ICC-Werte für die Verwendung als auf Klassenebene aggregierte Variable: 96% der Varianz liegen auf der Individual- und 4% auf der Klassenebene, auf die Schulebene entfällt kein Varianzanteil. AD=.88.

Negatives Verhalten im Unterricht. Mittels einer Skala von Eder schätzten die Schüler ihr eigenes Verhalten im Unterricht ein. Die Formulierung der Items (außer 14a) zielt auf negative Aspekte wie Stören oder Unaufmerksamkeit während der Schulstunden ab, daher erhält die Skala für die Analyse die Konnotation ‚Negatives Verhalten im Unterricht'. Item 14a ist entsprechend umkodiert worden.

Tabelle 10   Verhalten im Unterricht

Frage	Items: Schülerfragebogen (Eder, 1995)
14a	Ich achte darauf, dass ich alle Sachen dabei habe.
14b	Anstatt aufzupassen, mache heimlich etwas anderes (z.B. lesen, spielen, tagträumen).
14f	Ich ärgere absichtlich die Lehrperson.
14h	Ich mache meine Hausaufgaben nicht.
14i	Ich komme zu spät.

0=stimmt überhaupt nicht; 1=stimmt eher nicht; 2=stimmt eher; 3=stimmt genau; M=0.6 (Range: 0-3); SD=0.5; Cronbachs α=.72.

Körperliche Beschwerden. Zur Erfassung körperlicher Beschwerden der Schüler wurde eine aus fünf Items bestehende Skala zu psychovegetativen und depressiven Symptomen (Eder, 1995) verwendet:

Tabelle 11   Körperliche Beschwerden

Frage	Items: Schülerfragebogen (Eder, 1995)
Wie oft sind bei dir in diesem Schuljahr folgende Beschwerden aufgetreten?	
25a	Kopfschmerzen
25b	Übelkeit, Erbrechen
25c	Schlafstörungen, nächtliches Aufschrecken
25d	Müdigkeit und Abgespanntheit
25e	Konzentrationsschwierigkeiten im Unterricht

0=nie; 1=ab und zu; 2=mehr als fünfmal; M=4.4 (Range: 0-10); SD=2.3; Cronbachs α=.57.

Mobbing und Bullying. Die zur Erhebung von Mobbing und Bullying verwendete Skala ist eine Eigenentwicklung des Projektteams und wurde den Schülern folgendermaßen vorgelegt:

Tabelle 12   Mobbing und Bullying

Frage	Items: Schülerfragebogen (Eigenentwicklung)
Wie oft ist dir in diesem Schuljahr folgendes in der Schule oder auf dem Schulweg passiert? Jemand hat...	
30a	...dich beschimpft.
30b	...dich erpresst.
30c	...dich geschlagen.
30d	...über dich Lügen verbreitet.
30e	...absichtlich Sachen von dir versteckt oder kaputtgemacht.

0=nie; 1=ab und zu; 2=mehr als fünfmal; M=1.6 (Range: 0-10); SD= 1.0; Cronbachs α=.57.

Überfachliches Angebot der Schulen. Diese Skala (Originalbezeichnung: ‚Anregung und Vielfalt neben dem Pflichtunterricht') wurde anhand folgender Items aus dem Linzer Fragebogen zum Schul- und Klassenklima für die 8.-13. Klasse (LFSK) nach Eder (1998) erhoben und durch Beispiele sowie das Item 8d (Eigenkonstruktion) ergänzt:

Tabelle 13   Skala Überfachliches Angebot der Schulen

Frage	Items: Schülerfragebogen (Eder, 1998; Eigenentwicklung)
8a	Künstlerische Aktivitäten, sind an unserer Schule wichtig (z.b. Zeichnen, Fotografieren, Filmen, Theater spielen etc.).
8b	Wir werden ermuntert, uns auch für Dinge neben dem Unterricht zu interessieren.
8c	An unserer Schule gibt es viele Dinge, die man zusätzlich zum Pflichtunterricht machen kann.
8d	Sportliche Aktivitäten sind an unserer Schule wichtig.

0=stimmt überhaupt nicht; 1=stimmt eher nicht; 2=stimmt eher; 3=stimmt genau; M=1.69 (Range: 0-3); SD=.59; Cronbachs α=.61.

Leistungs- und Unterrichtsdruck. Leistungsdruck bedeutet, dass die Schüler das Gefühl haben, viel Aufwand betreiben zu müssen, um gute Noten zu erhalten. Unterrichtsdruck hingegen erfasst die wahrgenommene Stoffmenge und das Tempo, in dem die Lehrperson Inhalte durchnimmt. Diese beiden Dimensionen gehören zur Skala ‚Unterricht', die noch eine dritte Subskala enthält (Vermittlungsqualität). Die Vermittlungsqualität erwies sich in der Pilotstudie des Fribourger Projekts jedoch als nicht reliabel und wird aus der weiteren Analyse ausgeschlossen (Cronbachs α<.50). In der folgenden Tabelle sind die jeweils drei Items umfassenden Subskalen aufgeführt:

Tabelle 14 Leistungs- und Unterrichtsdruck

Frage	Items: Schülerfragebogen (Eder, 1998)
7a	Wenn man bei uns ein paar Tage gefehlt hat, muss man sehr viel nachlernen.
7b	Unsere Klassenlehrperson fährt oft einfach mit dem Stoff weiter[50], obwohl klar ist, dass noch nicht alle mitgekommen sind.
7d	Für eine gute Note muss man an dieser Schule sehr viel leisten.
7e	Unsere Klassenlehrperson nimmt oft soviel Stoff in einer Stunde durch, dass man Schwierigkeiten mit dem Mitkommen hat.
7g	Wenn wir nicht auch am Wochenende lernen, schaffen wir kaum, was von uns verlangt wird.
7h	Wir können Probleme oft gar nicht richtig besprechen, weil noch so viel Stoff durchgenommen werden muss.

0=stimmt überhaupt nicht; 1=stimmt eher nicht; 2=stimmt eher; 3=stimmt genau;
Items 7a, d, g: Leistungsdruck: M=1.8 (Range: 0-3); SD=.59; Cronbachs α=.53.
Items 7b, e, h: Unterrichtsdruck: M=1.2 (Range: 0-3); SD=.70; Cronbachs α=.72.
Ohne die Items der Subskala Vermittlungsqualität, da diese in der Analyse nicht verwendet wird.

Disziplin der Lehrpersonen. Die Erhebung des Schülerurteils über die Disziplin der Lehrpersonen basiert auf einer Skala aus fünf Items von Ditton und Merz (1999), die für den Schülerfragebogen umformuliert wurden. Es handelt sich um einen Häufigkeitsindex, bei dem die Schüler fünf Ereignisse in ihrer Häufigkeit einschätzen sollten:

Tabelle 15 Disziplin der Lehrperson (Schülerurteil)

Frage	Items: Schülerfragebogen (Ditton & Merz, 1999)
	Wie oft kommt es vor, dass...
5a	...die Klassenlehrperson zu spät zum Unterricht kommt?
5b	...die Klassenlehrperson während des Unterrichts weg muss?
5c	...der Unterricht ausfällt?
5d	...ihr schon vor der Pause mit dem Unterricht aufhört?
5e	...es im Unterricht drunter und drüber geht?

0=nie; 1=1-2 Mal pro Schuljahr; 2=1-2 Mal pro Monat; 3=1-2 Mal pro Woche; M=1.3 (Range: 0-3); SD=.6; Cronbachs α=.60. AD=.89.

50 Die Wendung „weiterfahren" ist ein Ausdruck des Schweizerdeutschen und gleichbedeutend mit dem schriftdeutschen „fortfahren" im Sinne von weitermachen, voranschreiten.

Bedeutsamkeit schulischer Inhalte. Die Einschätzung der Schüler bezüglich der Bedeutsamkeit der im Unterricht gelernten Inhalte wurde anhand der Skala B-1 von Eder (1995) erhoben. Diese Skala ist wie folgt formuliert:

Tabelle 16   Skala Bedeutsamkeit schulischer Inhalte

Frage	Items: **Schülerfragebogen** (Eder, 1995)
10a	Viele Dinge lerne ich einfach auswendig, obwohl ich sie nicht verstehe.
10b	Die meisten Dinge im Unterricht sind für mich interessant und nützlich.
10c	Oft kann ich nur schwer unterscheiden, was im Unterricht wichtig und was unwichtig ist.
10d	Mit vielem was ich in der Schule lernen muss, kann ich im praktischen Leben nichts anfangen.
10e	Bei manchen Fächern weiß ich nicht, wofür sie eigentlich gut sind.

0=stimmt überhaupt nicht; 1=stimmt eher nicht; 2=stimmt eher; 3=stimmt eher nicht; M=1.4 (Range: 0-3); SD=.44; Cronbachs α=.67.

Leistungsanforderungen an der Schule. Die subjektive Einschätzung der Schüler bezüglich der Leistungsanforderungen in ihrer Schule wurde über ein Einzelitem in Erfahrung gebracht: „Was ich alles für die Schule machen muss, ist zu viel/gerade richtig/zu wenig" und als kategoriale Variable mit den genannten drei Ausprägungen ins Modell aufgenommen.

Strenge und Kontrolle an der Schule. Die Einschätzung der Schüler bezüglich der Strenge in der Handhabung von Regeln an der Schule bzw. der Kontrolle der Einhaltung dieser Regeln wurde anhand einer fünf Items umfassenden Skala von Ditton und Merz (1999) erfragt:

Tabelle 17 Strenge und Kontrolle an der Schule

Frage	Items: Schülerfragebogen (Ditton & Merz, 1999)
4a	Bei uns an der Schule gibt es klare Regeln, wie wir uns als Schüler/innen zu verhalten haben.
4b	Die Lehrpersonen achten darauf, dass wir die Hausordnung/Schulordnung einhalten.
4c	Wir Schüler/innen werden ständig genau beaufsichtigt.
4d	Unsere Lehrpersonen achten darauf, dass wir uns anständig benehmen.
4e	An unserer Schule kommt es oft vor, dass wir Schüler/innen eine Strafe bekommen.

0=stimmt überhaupt nicht; 1=stimmt eher nicht; 2=stimmt eher; 3=stimmt genau; M=2.3 (Range: 0-3); SD=.47; Cronbachs α=.68. AD=.94.

Allgemeiner Umgangston zwischen Schülerschaft und Lehrpersonen. Die folgenden vier Items von Eder (1998) messen, wie die Schüler die Atmosphäre zwischen Schüler- und Lehrerschaft beurteilen:

Tabelle 18 Allgemeiner Umgangston zwischen Schülern und Lehrpersonen

Frage	Items: Schülerfragebogen (Eder, 1998)
3a	Lehrpersonen und Schüler/innen gehen meistens freundlich miteinander um.
3b	Manchmal machen sich die Lehrpersonen über uns Schüler/innen lustig.
3c	Die meisten Lehrpersonen behandeln alle Schüler/innen gleich.
3d	Die meisten Lehrpersonen nehmen uns Schüler/innen ernst.

0=stimmt überhaupt nicht; 1=stimmt eher nicht; 2=stimmt eher; 3=stimmt genau; M=2.0 (Range: 0-3); SD=.61; Cronbachs α=.69. ICC-Werte für die Verwendung als auf Klassenebene aggregierte Variable: 85% auf Individualebene, 8% auf Klassen- und 7% auf Schulebene. AD=.79.

6.4.3   Indikatoren auf Klassenebene (Lehrpersonenfragebogen)

Reaktion der Lehrpersonen auf fehlende und schwänzende Schüler. Die Lehrpersonen beurteilten folgendes Set von Items nach Kittl et al. (2005), das für die Analyse dichotomisiert (in ja/nein unterteilt statt „stimme voll zu/stimme eher zu" und „stimme eher nicht zu/stimme überhaupt nicht zu") wurde:

Tabelle 19   Reaktion der Lehrperson auf fehlende Schüler

Frage	Items: Lehrpersonenfragebogen (Kittl et al., 2005)
	Wie reagieren sie persönlich, wenn ein Schüler nicht zum Unterricht erscheint, ohne dass sie wissen, weshalb?
5a	Ich warte ab.
5b	Ich nehme bei jedem unentschuldigten Fernbleiben sofort mit den Eltern Kontakt auf und kläre die Situation.
5c	Ich bespreche die Situation mit Kolleginnen und Kollegen.
5d	Ich verlange eine schriftliche Entschuldigung von den Eltern.
5e	Wenn die Schülerin oder der Schüler wieder in die Schule kommt, gehe ich nicht auf die Angelegenheit ein.
5f	Ich kontaktiere die Eltern erst bei wiederholtem unentschuldigtem Fernbleiben einer Schülerin oder eines Schülers.
5g	Ich informiere die Schulleitung.

0=nein; 1=ja.

Um aufgrund dieser Items eine sinnvolle Unterteilung in unterschiedliche Reaktionen der Lehrpersonen auf *fehlende* Schüler vornehmen zu können, werden die Aussagen auf der Basis einer Faktorenanalyse (Cattell-korrigiert für dichotome Items) in drei inhaltliche Kategorien aufgeteilt: ‚passive Reaktion bei fehlenden Schülern' (5a, 5e und 5f), ‚Reaktion der Lehrperson auf der Ebene Eltern' (5b und 5d) sowie ‚Reaktion der Lehrperson auf der Ebene Schule' (5c und 5g). Analog wurde mit der Skala verfahren, mit der die Reaktion der Lehrkräfte auf *schwänzende* Schüler erfasst wurde (Kittl et al., 2005):

Tabelle 20   Reaktion der Lehrperson auf schwänzende Schüler

Frage	Items: Lehrpersonenfragebogen (Kittl et al., 2005)
	Wie reagieren Sie persönlich, wenn Sie den Verdacht oder sogar die Gewissheit haben, dass ein Schüler schwänzt?
6a	Ich gehe verstärkt auf die Schülerin oder den Schüler ein.
6b	Ich schalte den schulpsychologischen Dienst oder die Schulsozialarbeit ein.
6c	Ich warte zuerst mal ab und beobachte die Situation.
6d	Ich verständige die Schulbehörde/Schulpflege/Schulkommission.
6e	Ich bespreche die Situation mit Kolleginnen und Kollegen.
6f	Wenn die Schülerin oder der Schüler wieder in die Schule kommt, gehe ich nicht auf die Angelegenheit ein.
6g	Ich informiere die Schulleitung.

0=nein; 1=ja.

Die Einteilung der Reaktionen erfolgte hier im Gegensatz zur vorangehenden Skala zunächst in vier Kategorien, da hier zusätzlich auch direktes Eingreifen in Bezug auf die *schwänzenden* (und nicht allgemein fehlenden) Schüler zur Auswahl stand. So bilden die Items 6c und 6f die Kategorie ‚passive Reaktion bei schwänzenden Schülern', Item 6a wird mit dem Label ‚Reaktion auf der Ebene Schüler' versehen, 6b und 6d bilden die Kategorie ‚Reaktion der Lehrperson über Delegation' und schließlich die Items 6e und 6g für die vierte Kategorie ‚Reaktion der Lehrperson auf der Ebene Schule'. Für die Datenanalyse in den sechs Teilmodellen musste Item 6a (‚Reaktion auf der Ebene Schüler') unberücksichtigt bleiben, da alle Lehrpersonen dies bejaht hatten und somit keine Streuung in den Daten vorhanden ist.

Kriterien für eine gute Schule. Die Lehrpersonen wurden ebenso wie die Schulleitungen gebeten, verschiedene Kriterien zu bewerten und damit auszudrücken, welche davon für sie eine ‚gute Schule' ausmachen. Die Kriterien sind in die drei Subskalen ‚Leistungsorientierung', ‚soziale Orientierung' und ‚Organisation' unterteilt:

Tabelle 21   Kriterien für eine gute Schule

Frage	Items: Lehrpersonen- und Schulleiterfragebogen (Ditton & Merz, 1999)
Kriterien für eine gute Schule sind...	
19a	...gute Schulleistungen der Schülerinnen und Schüler
19c	...wenig Fehlzeiten der Schülerinnen und Schüler
19g	...anspruchsvoller Unterricht
19b	...gute Kooperation im Kollegium
19d	...gute Beziehungen zwischen Schülerinnen/Schülern und Lehrpersonen
19h	...Wohlfühlen der Schülerinnen und Schüler in der Schule
19j	...gute Beziehungen zwischen Schulleitung und Kollegium
19e	...guter Ruf der Schule
19f	...effizientes Management
19i	...klar geregelte Zuständigkeiten

0=überhaupt nicht wichtig; 1=eher nicht wichtig; 2=eher wichtig; 3=sehr wichtig;
Items a, c, g: Leistungsorientierung: M=2.1 (Range: 1-3); SD=.44; Cronbachs α=.52.
Items b, d, h, j: Soziale Orientierung: M=2.7 (Range: 1-3); SD=.33; Cronbachs α=.66.
Items e, f, i: Organisation: M=2.3 (Range: 1-3); SD=.46; Cronbachs α=.61.

Allgemeiner Umgangston zwischen Schülerschaft und Lehrpersonen. Im Lehrerfragebogen wurde umformuliert die Einschätzung des Umgangstons in der Schule anhand der auch für die Schüler verwendeten Skala von Eder (1998) erhoben. Der Mittelwert liegt mit M=2.6 deutlich höher als derjenige der Schüler auf dieser Skala (SD=.35; Cronbachs α=.58).

Berufliche Eignung, Zufriedenheit und Belastungen der Lehrpersonen. Die wahrgenommene Eignung, Zufriedenheit und Belastung im Beruf wurden über eine Skala von Dann et al. (2005) sowie ein Item von Ditton und Merz (1999) erfasst. Folgende Tabellen zeigen die Erfassung von Eignung, Zufriedenheit und Belastung im Beruf (Tabelle 22) sowie die schülerbezogenen Belastungen (Tabelle 23).

Tabelle 22 Eignung, Zufriedenheit und Belastung im Beruf

Frage	Items: Lehrpersonenfragebogen (a-d, f-k: Dann et al., 2005; e: Ditton & Merz, 1999)
18a	Wenn ich mein Leben neu planen könnte, würde ich wieder den Lehrberuf wählen.
18b	Ich traue mir zu, auch Probleme mit schwierigen Schülern meistern zu können.
18c	Die Anforderungen der Öffentlichkeit an eine Lehrperson sind übermäßig hoch.
18d	Ich bin froh, wenn ich die Schultüre hinter mir zumachen kann.
18e	Ich habe meine Klasse im Griff.
18f	Ich glaube nicht, dass meine berufliche Tätigkeit meine Gesundheit belastet.
18g	Ich fühle mich durch die Belastungen des Lehrberufs nicht überfordert.
18h	Ich glaube, dass meine pädagogischen Fähigkeiten für den Umgang mit schwierigen Schülern ausreichen.
18i	Als Lehrperson hat man auch nicht mehr Ärger und Unannehmlichkeiten als in anderen Berufen.
18j	Meine Arbeit macht mir viel Spaß.
18k	Ich denke, ich bin ganz gut für die Schwierigkeiten meines Berufs gerüstet.
18l	Ich habe das Gefühl, dass ich mit der Belastung des Lehrberufs fertig werde.

0=stimme überhaupt nicht zu; 1=stimme eher nicht zu; 2=stimme eher zu; 3=stimme voll zu;
Items b, e, h, k: Eignung: M=2.3 (Range: 0-3); SD=.43; Cronbachs α=.74.
Items a, d, j: Berufszufriedenheit: M=2.1 (Range: .33-3); SD=.57; Cronbachs α=.65.
Items f, i, l: Belastungen: M=1.0 (Range: 0-3); SD=.58; Cronbachs α=.61.
Items c und g wurden für die Skalenbildung nicht verwendet, vgl. Stamm et al., 2007.

Tabelle 23 Schülerbezogene Belastungen

Frage	Items: Lehrpersonenfragebogen (Ditton & Merz, 1999)
13b	Unterschiedliche Lernfähigkeiten der Schülerinnen und Schüler
13d	Sucht- oder Gewaltphänomene an der Schule
13f	Die Vielfalt persönlicher und sozialer Probleme einzelner Schülerinnen und Schüler
13h	Desinteressiertes oder undiszipliniertes Verhalten der Schülerinnen und Schüler im Unterricht

0=sehr schwach; 1=eher schwach; 2=eher stark; 3=stark; M=1.7 (Range: 0-3); SD=.54; Cronbachs α=.61.

Ordnung und Disziplin als explizites Lernziel. Die Lehrpersonen gaben an, ob sie dem Statement „Ordnung und Disziplin sind für mich ein explizites Lernziel" zustimmen oder nicht. 89% der Lehrpersonen stimmen dem eher nicht oder überhaupt nicht zu, so dass Ordnung und Disziplin nur für 11% ein relevantes Lernziel sind.

Kollegiumsmerkmale. Die Lehrpersonen wurden gebeten, anhand von zwei Subskalen nach Ditton und Merz (1999, ergänzt um ein vom Projektteam entwickeltes Item) das Sozialklima innerhalb ihres Kollegiums zu bewerten.

Tabelle 24   Kollegiumsmerkmale

Frage	Items: **Lehrpersonenfragebogen** (a-d, f-h: Ditton & Merz, 1999; e: Eigenentwicklung)
12a	Im Kollegium herrscht ein gutes soziales Klima.
12b	Bei uns stellen die einzelnen Lehrpersonen ähnliche Anforderungen im Unterricht.
12c	Im Kollegium hilft man sich auch privat, wenn es Schwierigkeiten gibt.
12d	Die fachliche Zusammenarbeit mit Kolleginnen und Kollegen funktioniert gut.
12e	In unserem Kollegium gibt es unterschiedliche Vorstellungen bezüglich Disziplin.
12f	Wenn es Konflikte mit Eltern oder Schülerinnen und Schülern gibt kann man sich auf die Unterstützung der Kolleginnen und Kollegen verlassen.
12g	Die Leistungsanforderungen der Lehrpersonen an die Schülerinnen und Schüler unterscheiden sich stark.
12h	Einige Kolleginnen und Kollegen vermeiden es, sich im Lehrerzimmer aufzuhalten.

1=stimme überhaupt nicht zu; 1=stimme eher nicht zu; 2=stimme eher zu; 3=stimme voll zu;
Items b, d, e, g: Konsensorientierung: M=1.7 (Range: .25-3); SD=.57; Cronbachs α=.74:
Items a, c, f, h: Positives Schulklima: M=2.2 (Range: 0-3); SD:.56; Cronbachs α=.75.

Schulmanagement. Die Lehrpersonen bewerteten anhand einer Skala von Ditton und Merz (1999) die Qualität des Managements an ihrer Schule.

Tabelle 25   Skala Schulmanagement

Frage	Items: Lehrpersonenfragebogen (Ditton & Merz, 1999)
17a	Bei uns wird sehr darauf geachtet, dass die Schülerinnen und Schüler anständig sind.
17b	Bei uns ist klar, wer wofür zuständig ist.
17c	Auf einen geordneten Schul- und Unterrichtsbetrieb wird an unserer Schule viel Wert gelegt.
17d	Man hat an unserer Schule oft das Gefühl, dass sich niemand für etwas verantwortlich fühlt.
17e	An unserer Schule wird sehr darauf geachtet, dass der Unterricht pünktlich beginnt.
17f	Wenn etwas entschieden ist, kann man sicher sein, dass es auch so realisiert wird.
17g	Wir achten sehr darauf, dass das Material bzw. die Ausstattung der Schule von den Schülerinnen und Schülern sorgfältig behandelt wird.
17h	Es sind immer die gleichen Lehrpersonen, die sich für anfallende Aufgaben zur Verfügung stellen, die über den Unterrichtsbetrieb hinausgehen.

0=stimme überhaupt nicht zu; 1=stimme eher nicht zu; 2=stimme eher zu; 3=stimme voll zu; Items b, d, f, h: Zuständigkeiten: M=1.9 (Range: 0-3); SD=.53; Cronbachs α=.68. Items a, c, e, g: Stellenwert von Ordnung und Disziplin: M=2.3 (Range: .25-3); SD=.50; Cronbachs α=.74.

Klassengröße. Die Klassengröße wurde aufgrund der Schülerzahl je Klasse (Angabe durch die Schulsekretariate) festgelegt und nicht im Fragebogen abgefragt.

6.4.4   Indikatoren auf Schulebene (Schulleiterfragebogen)

Da die Anzahl der Schulleiterdatensätze mit N=28 zu gering ist für teststatistische Analysen, werden lediglich deskriptive Kennwerte angegeben. Auf die Berechnung von Cronbachs α wurde aus demselben Grund verzichtet.
Umgang der Schulen mit Absenzen der Schüler. Auf Schulebene geht es im Gegensatz zur Lehrpersonenperspektive nicht um eine persönliche Reaktion auf Absentismus, sondern um die an der Schule vorhandenen strukturellen Voraussetzungen und Handhabungen für den Umgang mit unerlaubten oder ungeklärten Absenzen von Schülern. Anhand von acht Items (Eigenentwicklung des Projektteams) wurde erfragt, wie an der jeweiligen Schule mit Absenzen umgegangen werde:

Tabelle 26 Umgang mit Absenzen an den Schulen

Frage	Items: Schulleiterfragebogen (Eigenentwicklung)
6a	Die Klassenlehrpersonen müssen Fehlstunden der Schülerinnen und Schüler genau dokumentieren (Absenzheft, Klassenbuch etc.).
6b	An unserer Schule liegen Dokumente vor, die das Vorgehen bei einem unentschuldigten Absenzen detailliert regeln.
6c	Die Anzahl entschuldigter und unentschuldigter Absenzen werden im Semesterzeugnis aufgeführt.
6d	An unserer Schule ist genau definiert, welche Personen und Stellen bei Verdacht oder Gewissheit auf Schwänzen eingeschaltet werden müssen.
6e	Es gibt einen klar definierten Maßnahmenkatalog, der bei Zuwiderhandlungen gegen Schulregeln angewendet wird.
6f	Es gibt keine verbindlichen Regeln bezüglich unentschuldigten Absenzen an unserer Schule. Dies liegt in der Kompetenz der Lehrkräfte.
6g	Die Sanktionen für Schülerinnen und Schüler, die schwänzen, sind klar geregelt.
6h	Ich als Schulleiter oder Schulleiterin werde über auffälliges Absenzverhalten einzelner Schülerinnen oder Schüler informiert.

0=nein; 1=ja.

Diese acht Items werden einzeln als Dummies in der Analyse verwendet, da die Skala nominalskaliert ist und die Differenzierung verschiedener Arten des Umgangs mit Absenzen gegenüber einer summativen Behandlung möglicher Reaktionen im Vordergrund steht. Item 6a wurde nicht ins Modell aufgenommen, weil an allen Schulen entsprechende Dokumente vorliegen und daher keine Streuung vorhanden ist. Die Items 6b und 6g wurden aufgrund ihrer Kollinearität mit den Items 6c und 6f nicht berücksichtigt. Schließlich wurden die Schulleiter gefragt, ob es an ihrer Schule Maßnahmen zur Vorbeugung von Absentismus gebe („An dieser Schule betreiben wir aktiv Prävention, um Schulschwänzen zu vermeiden", ja/nein).

Belastung der Schulen durch Vorkommnisse. Die Schulleiter beurteilten, inwiefern ihre Schule durch bestimmte Vorkommnisse belastet sei. Anhand von jeweils vier Antwortkategorien (0=sehr schwach; 1=eher schwach; 2=eher stark; 3=stark) wurden die Aspekte Vandalismus, Gewalt, Schwänzen, rücksichtsloses Verhalten, fehlender Respekt der Schüler gegenüber Erwachsenen und Mobbing eingeschätzt.

Betreuung und Angebote an den Schulen. Im Laufe der Interviews wurden die Schulleiter gebeten, in einer Liste zum pädagogisch-psychologischen Angebot an ihrer Schule anzugeben, ob unter anderem Schulsozialarbeit und schulpsychologischer Dienst intern, extern oder überhaupt nicht zur Verfügung stehen. Anhand dieser Variable werden die Schulen auf der Kontextebene in zwei Kategorien unterteilt (vorhanden/nicht vorhanden). Außerdem wird der Zugang zu weiteren Angeboten anhand einer Gewichtung klassifiziert (intern=2; extern=1; nicht vorhanden=0). Es handelt sich dabei um Wahl- und Freifächer, Mittagstisch, Aufgabenhilfe/Nachhilfe, heilpädagogische Angebote, Begabtenförderung, Logopädie und Anderes. Wie bei der Beschreibung der Schulstichprobe erwähnt, wurden die Schulen gemäß ihrem Angebot in schmal (7-9 Punkte), mittel (10-12 Punkte) und breit (13-15 Punkte) eingeteilt.

Kriterien für eine gute Schule. Analog zu den Lehrpersonen wurden auch die Schulleiter gebeten, verschiedene Kriterien zu bewerten und damit auszudrücken, welche davon für sie eine ‚gute Schule' ausmachen. Mit einem vierstufigen Antwortformat (0=überhaupt nicht wichtig; 1=eher nicht wichtig; 2=eher wichtig; 3=sehr wichtig) bilden jeweils drei Items die drei Subskalen ‚Leistungsorientierung' („Kriterium für eine gute Schule: anspruchsvoller Unterricht"; M=2.4 [Range:1-3]; SD=.51), ‚soziale Orientierung' („Kriterium für eine gute Schule: gute Beziehungen zwischen Schülern und Lehrpersonen"; M=2.7 [Range:1-3]; SD=.32) und ‚Organisation' („Kriterium für eine gute Schule: klar geregelte Zuständigkeiten"; M=2.3 [Range:1-3]; SD=.41).

Ordnung und Disziplin als explizites Lernziel. Wie die Lehrpersonen bewerteten auch die Schulleiter das Statement „Ordnung und Disziplin sind für mich ein explizites Lernziel". Für 96% der Schulleitungen handelt es sich hier *nicht* um ein explizites Lernziel, 4% hingegen schätzen Ordnung und Disziplin als zentral ein.

Größe der Schule. Anhand der von den Sekretariaten angegebenen Schülerzahl an der jeweiligen Oberstufe wurden die Schulhäuser in drei Kategorien unterteilt: bis 100 Schüler (1), 101-200 Schüler (2), und mehr als 200 Schüler (3).

Geographische Lage der Schule. Das die Schulen umgebende geographische Gebiet wurde unterteilt in städtisch (>5000 Einwohner in der Gemeinde), suburban (1001-4999 Einwohner) und ländlich (<1000 Einwohner). Diese Einteilung erfolgt gemäß dem Richtwert des Schweizerischen Bundesamtes für Statistik zur Volkszählung 2000 (BfS, 2003). Darin zählen erst Agglomerationen ab 10000 Einwohnern als ‚städtisch'; laut Jones und Duncan (1998) sollten jedoch die meisten Gruppen der Level-3-Einheiten (hier: Schulen) möglichst nicht weniger als zehn Elemente haben. Aus diesem Grund wird für diese Untersuchung der Grenzwert von 5000 Einwohnern für städtische Schulen festgelegt. Dass wegen dieser Einteilung nur eine Schule als ‚ländlich' gilt, ist gemäß Kelvyn Jones (persönliche Mitteilung, 25. Juli 2008; s.o.) unproblematisch und einer Unterteilung in vier Gruppen vorzuziehen.[51]

Schulmanagement. Die Bewertung des Schulmanagements durch die Schulleiter wurde analog zu den Lehrpersonen durch zwei jeweils vier Items umfassende Subskalen erfragt (Subskala ‚Stellenwert von Ordnung und Disziplin': „Auf einen geordneten Schul- und Unterrichtsbetrieb wird an unserer Schule viel Wert gelegt"; Subskala ‚Zuständigkeiten': „Bei uns ist klar, wer wofür zuständig ist"). Aufgrund der geringen Anzahl an Datensätzen der Schulleiter (N=28) wurde keine Reliabilitätsanalyse[52] durchgeführt, sondern lediglich deskriptive Werte berechnet. Für die Subskala ‚Stellenwert von Ordnung und Disziplin' ergab sich ein Mittelwert von 10.2 (Range: 8-12; SD=1.0), für die ‚Zuständigkeiten' ein Mittelwert von 6.8 (Range: 5-10; SD=1.3).

6.5   Umgang mit fehlenden Werten

Sowohl aus der Nichtteilnahme von Schülern an der Befragung als auch durch Verweigerung von Antworten bzw. Flüchtigkeit beim Ausfüllen der Fragen ergeben sich für die vorliegenden Schülerdatensätze teilweise Datenausfälle. Eine Analyse dieser fehlenden Werte kann anhand der vorhandenen Daten lediglich auf der Basis von Antworten derjenigen Schüler erfolgen, die an der Untersuchung teilgenommen, aber nicht vollständig geantwortet haben. Die Verteilungen der erhobenen Konstrukte können hingegen *nicht* unter Berücksichtigung von Schülern ermittelt werden, die sich nicht an der Befragung beteiligt haben, weil von diesen keinerlei Hintergrundinformationen wie Schulnoten oder familiäres Umfeld vorliegen, die über die Abwesenheit in der betreffenden Unterrichtslektion hinausgehen und mit Schulabsentismus zusammenhängen. Deshalb wurde anhand der vorhandenen Angaben von den beteiligten Schülern eine mehrfache Schätzung (multiple Imputation) zur Ersetzung der fehlenden Werte durchgeführt. Das Verfahren der multiplen Imputation wurde ursprünglich als Strategie zum Umgang mit fehlenden Angaben in Surveys entwickelt (Trautwein et al., 2007). In erster Linie, um zu verhindern, dass die Bearbeitung eines Datensatzes durch verschiedene Personen über einen unterschiedlichen Umgang mit fehlen-

---

51 Dies deshalb, weil im Rahmen von Mehrebenenanalysen die Residuen ‚geschrumpft' werden und so stark unterschiedliche Gruppengrößen ausgeglichen werden (Konzept der *shrunken residuals*, Kelvyn Jones, persönliche Mitteilung, 25. Juli 2008).

52 Unter Reliabilität (Zuverlässigkeit) versteht man, dass die verwendeten Items konstant das gewünschte Konstrukt messen und damit formal genau sind. Zufallsfehler sind bei reliablen Untersuchungen kaum vorhanden, d.h. bei Wiederholung einer Befragung unter gleichen Rahmenbedingungen würde das gleiche Resultat erzielt.

den Werten zu inkongruenten Ergebnissen führt, werden die fehlenden Werte durch m>1 plausible Werte ersetzt. Indem jeder fehlende Wert mehrere mögliche Werte zugewiesen bekommt, wird der Unsicherheit Rechnung getragen, dass die tatsächlichen Ausprägungen der nicht angegebenen Antworten unbekannt sind: "Dabei ist der grundlegende Gedanke dieser multiplen Ersetzung, die mit fehlenden Werten verbundene Unsicherheit in der Bestimmung von Populationsparametern einer Analyse mit Standardverfahren zugänglich zu machen" (a.a.O., S. 38). Statt simulierter Werte wird durch die Zuweisung von mehreren möglichen Ausprägungen eine quasi mehreindeutige Repräsentation der beobachteten Information konstruiert, die den Datensatz vervollständigt bzw. aus einem unvollständigen Datensatz m vollständige Datensätze macht. ,Plausibel' werden Werte dadurch, dass sie einer bedingten Verteilung der fehlenden Werte in Abhängigkeit von den beobachteten Werten folgen. Das Verfahren der multiplen Imputation erfolgt in drei Schritten. Zunächst werden "mehrere plausible Werte für die fehlenden Werte erzeugt, welche die Unsicherheit des Ausfallprozesses berücksichtigen. Jeder Satz von plausiblen Werten dient dazu, die fehlenden Werte zu ersetzen und einen vollständigen Datensatz zu erstellen. Im Anschluss daran wird jeder dieser vollständigen Datensätze mit Standardverfahren (z.B. Varianzanalyse) analysiert. Schließlich werden die Ergebnisse der für jeden Datensatz getrennt durchgeführten Analysen zusammengefasst, und zwar so, dass die Unsicherheit der Imputation berücksichtigt wird" (a.a.O.). Die abhängige Variable ,Häufigkeit von Schulabsentismus' lässt einerseits aufgrund einer nahe liegenden sozialen Unerwünschtheit und andererseits wegen der vermutlich überdurchschnittlich hohen Abwesenheit von Schulschwänzern am Befragungstag annehmen, dass fehlende Werte hier nicht zufällig fehlen (*missing at random,* MAR), sondern entweder systematisch oder flüchtigkeitsbedingt nicht vorhanden sind (MNAR, *missing not at random*). Dieselbe Annahme muss für die unabhängigen Variablen gelten, da die Thematik um unerlaubte Schulversäumnisse potenziell zu angst- oder prestigemotiviertem Antwortverhalten führen kann. Zwar ist die Strategie der multiplen Imputation an die Bedingung MAR gebunden (vgl. Little & Rubin, 2002), laut Schafer und Graham (2002) sind multiple Imputationen jedoch auch bei Abweichungen von MAR so genannten Ad-hoc-Verfahren wie fallweisem Ausschluss vorzuziehen. Aus diesem Grund wird zunächst eine multiple Imputation anhand der dafür vorgesehenen Funktion der Software MLwiN durchgeführt. Diese wird anschließend einer Sensitivitäts-Analyse unterzogen (s. Anhang), um zu überprüfen, wie stark die Imputation der fehlenden Werte die aus dem Datensatz hervorgehenden Zusammenhänge beeinflusst (vgl. Carpenter, Kenward & White, 2007; Lüdtke, 2008). MLwiN verwendet das von Rubin 1987 eingeführte bayesianische MI-Verfahren (**Multiple-Imputation-Verfahren**). Hierzu werden fehlende Werte mit ,extremen' Werten ersetzt und die Variation der sich ergebenden Schlussfolgerungen überprüft. Diese Methode eignet sich sowohl für kategoriale als auch für kontinuierliche Daten. Auf diese Weise wird die Sensitivität der Parameterschätzer in Bezug auf Annahmen zu Eigenschaften der fehlenden Werte verdeutlicht. Unter Einbezug aller Untersuchungsvariablen wurden fünf Imputationen durchgeführt, um ein befriedigendes Abbild der Varianz zu erhalten. Die im Folgenden beschriebenen Resultate aus den Mehrebenenanalysen beruhen auf einer simultanen Berücksichtigung der fünf Schätzungen nach den von Rubin entwickelten Formeln[53] (vgl. Rubin, 1987; Lüdtke et al., 2006). Auf diese Weise erfolgt die Schätzung des Populationsmittelwertes über die Kombination zu einem ‚gemeinsamen' Schätzer und es liegen keine fehlenden Werte mehr vor. Die deskriptiven Ergebnisse und die Resultate der Kontingenztafeln in Kapitel 7 stammen aus Analysen mit dem ursprünglichen, unbereinigten Datensatz; die Mehrebenenanalysen werden dagegen mit den simultan verwendeten, vollständigen Datensätzen durchgeführt.

6.6 Varianzzerlegung im hierarchischen Datensatz

Eine wichtige Grundannahme von Mehrebenenanalysen ist die stärkere Ähnlichkeit von Mitgliedern derselben Gruppe gegenüber Mitgliedern anderer Gruppen. Das Ausmaß, in welchem sich die Mitglieder einer Schule ähnlicher sind als denjenigen anderer Schulen, bezeichnet man als Intra-Klassen-Korrelation. Die Stärke dieser Korrelation wird für aggregierte Daten mit dem so genannten *intraclass correlation coefficient* (ICC; Intra-Klassen-Korrelation) angegeben. Dieser Koeffizient entspricht der Korrelation zweier Werte von zwei zufällig ausgewählten Schülern innerhalb derselben, zufällig ausgewählten Schule (Snijders & Bosker, 1999, S. 16ff.) und wird häufig auch *variance partition coefficient* (VPC) genannt.

---

53 Diese Formeln bestimmen zunächst die Punktschätzung anhand der Mittelwerte aller m imputierten Datensätze. Anschließend werden die Standardfehler berechnet, wobei „zwei Variationsquellen berücksichtigt werden müssen: die Varianz der Daten innerhalb der Datensätze und die Varianz der Parameterschätzer zwischen den imputierten Datensätzen. Bei der Berechnung der Varianz innerhalb der Imputationen wird der Mittelwert über die m quadrierten Standardfehler gebildet" (Lüdtke et al., 2006). Nach der Berechnung der Varianz zwischen den verschiedenen Imputationen lässt sich die Varianz der Parameterschätzung bestimmen.

Der ICC errechnet sich aus dem Quotienten aus der Varianz (Unterschiedlichkeit) zwischen den Gruppen des Makrolevels und der Summe dieser Varianz sowie der Varianz innerhalb der einzelnen Gruppen:

$$r^2/r^2+\sigma^2.$$

Für die in Kapitel 7 dargestellten Teilmodelle wird für jede aggregierte Prädiktorvariable die Varianz mittels des ICC zerlegt, um vorab festzustellen, wie sie sich auf die unterschiedlichen Ebenen verteilt. Die ICC-Werte sind im Teilkapitel zur Datenerhebung jeweils in der Tabellenlegende angegeben. In diesem Buch werden aus Gründen des Umfangs die Varianzkomponentenmodelle nicht abgebildet. Der interessierte Leser sei hierfür an die zu Grunde liegende Dissertation auf dem Server der Universität Freiburg i. Ue. verwiesen.

7 Ergebnisse der Datenauswertung

Kapitel 7 widmet sich den Ergebnissen der Datenanalyse. Zunächst werden deskriptive Eigenschaften (z.B. Mittelwerte) der unabhängigen Variablen und Korrelationen („je...desto...") mit Schulabsentismus präsentiert. Danach wird das so genannte Basismodell beschrieben, das diejenigen Merkmale enthält, die kontrolliert werden müssen, um individuelle Eingangsvoraussetzungen der Schüler von schulischen Kontexteffekten unterscheiden zu können. Im Anschluss werden die sechs Teilmodelle zur genaueren Betrachtung solcher schulspezifischen Effekte dargestellt. Jedes Modell beginnt mit den Eingangsvoraussetzungen und erhält Ebene für Ebene, von den Schülern über die Klasse (Lehrperson) bis zur Schulebene (Schulleitung), zusätzliche Variablen. Anhand der jeweils spezifisch zusammengestellten Variablen soll Schulabsentismus vorhergesagt und erklärt werden. Eingangs wurde argumentiert, dass die *Vorhersage und Erklärung* von Absentismus auf der Basis statistisch signifikanter Zusammenhänge ein wichtiges Element der Forschung ist, denn die *tatsächliche Erhebung* von unerlaubten Absenzen ist problematisch.

Zur Erleichterung des Leseverständnisses wird zu jedem Modell anfangs erläutert, wie es theoriebasiert hergeleitet und konstruiert wird und welche Variablen darin enthalten sind. Zudem wird dargelegt und begründet, wie viele Analyseebenen in den jeweiligen Modellen enthalten sind. Jedem Teilmodell wird eine Hypothese zugeordnet, die auf die Beantwortung der Hauptforschungsfrage abzielt. Im Rahmen der Interpretation der Modelle in Kapitel 8 wird dann sowohl auf diese Hauptfrage eingegangen als auch auf die untergeordneten Teilfragen, welche sich auf die drei Analyseebenen Schule (Schulleitungen), Klasse (Lehrpersonen und Aggregate der Schülerdaten) und Individuum (Schüler) beziehen.

7.1 Zusammenhang der Eingangsvoraussetzungen mit der abhängigen Variablen

In diesem Teilkapitel wird als vorbereitender Analyseschritt für die Mehrebenenmodelle anhand von Chi-Quadrat-Tests aufgezeigt, wie die sieben individuellen Eingangsvoraussetzungen mit der abhängigen Variablen zusammenhängen. Chi-Quadrat-Tests geben an, ob sich verschiedene Gruppen innerhalb der Stichprobe nur zufällig voneinander unterscheiden oder ob sie *signifikant* unterschiedlich häufig die Schule schwänzen. Alle sieben Eingangsvoraussetzungen (Geschlecht, soziale Herkunft, Migrationshintergrund, Note, Klassenwiederholung, Jahrgangsstufe und schulisches Anforderungsniveau) werden auf diese Weise untersucht. Es handelt sich hier um Zusammenhänge, die die *gesamte* Regelschülerstichprobe wiedergeben, ohne eine gezielte Gruppierung in Klassen oder Schulen, wie sie später in den Mehrebenenanalysen stattfindet. Die prozentualen Anteile der Gruppen beziehen sich auf die Gesamtstichprobe ohne fehlende Werte, welche jeweils in der Tabellenlegende angegeben sind.

Eingangsvoraussetzung Geschlecht

Bei der Beschreibung der Stichprobe wurde bereits darauf hingewiesen, dass die Verteilung der Geschlechter in der untersuchten Stichprobe nahezu ausgeglichen ist (50.1% Jungen, 49.9% Mädchen). In der folgenden Kreuztabelle wird für das Geschlecht der Schüler als Individualmerkmal aufgezeigt, wie es mit den vier Kategorien von Absentismus zusammenhängt und ob signifikante Unterschiede zwischen den Gruppen vorliegen (χ^2 [3; N=3501] = 15.52; p<.001; CC=.06).[54]

Tabelle 27   Absenzen in Zusammenhang mit dem Geschlecht[55]

	Nicht-Schwänzer	Gelegentliche Schwänzer	Schwache Blockschwänzer	Massive Blockschwänzer	Total
Männlich	1191 (50.0%)	182 (44.7%)	282 (50.8%)	98 (63.2%)	1753 (50.1%)
	1193.7	*203.8*	*277.9*	*77.6*	
Weiblich	1193 (50.0%)	225 (55.3%)	273 (49.2%)	57 (36.8%)	1748 (49.9%)
	1190.3	*203.2*	*277.1*	*77.4*	
Total	2384 (100.0%)	407 (100.0%)	555 (100.0%)	155 (100.0%)	3501 (100.0%)

Missing: 441; Chi-Quadrat-Test; angegeben sind Spaltenprozente; kursiv sind die erwarteten Werte in den Zellen

---

54 Für die Chi-Quadrat-Tests in diesem Kapitel werden jeweils folgende Kennwerte angegeben: der χ^2-Wert, die Anzahl der verwendeten Datensätze (N; fehlende Werte werden für diese grundlegenden Betrachtungen der Verteilung von Absenzen nicht ersetzt), die Signifikanz sowie der *contingency coefficient* (CC).
55 Kursiv abgebildet sind die *expected counts*. Die Residuen in den Zellen (=Differenz zwischen dem *expected* und dem *observed count*) werden hier aufgrund der redundanten Information nicht mit angegeben.

Demnach verteilen sich Mädchen und Jungen nahezu gleich auf die Gesamtgruppe, die Nicht-Schwänzer und die schwachen Blockschwänzer. Unterschiede zeigen sich bei Betrachtung der gelegentlichen Schwänzer, wobei die Mädchen hier signifikant öfter schwänzen als die Jungen (55.3% gegen 44.7%), und in entgegengesetzter Richtung bei den massiven Blockschwänzern (36.8% Mädchen gegen 63.2% Jungen). Es wird deutlich, dass der Zusammenhang zwischen Geschlecht und Absentismus nicht über die gesamte Stichprobe gleich stark ist; Mädchen schwänzen jedoch insgesamt seltener als Jungen.

Eingangsvoraussetzung sozio-ökonomischer Status (HISEI)

Ebenfalls als Eingangsvoraussetzung wird der sozio-ökonomische Status der Jugendlichen auf seinen Zusammenhang mit der Häufigkeit von Absentismus hin untersucht. Die Familien der Schüler in der Schweizer Stichprobe haben im Durchschnitt einen Wert auf der HISEI-Skala von 46.4 Punkten (Range: 16-90 Punkte; SD=16.2; missing: 502). Die Kreuztabelle zeigt die Stärke des Zusammenhangs zwischen der sozialen Herkunft und den Absenzen über die Gesamtstichprobe (χ^2 [6; N=3440]=15.37; p<.05; CC=.06):

Tabelle 28 Absentismus in Zusammenhang mit dem sozio-ökonomischen Status

	Nicht-Schwänzer	Gelegentliche Schwänzer	Schwache Blockschwänzer	Massive Blockschwänzer	Total
Niedriger HISEI (<30)	509 (21.7%) *503.5*	86 (21.4%) *85.9*	109 (20.1%) *116.1*	33 (22.4%) *31.5*	737 (21.4%)
Mittlerer HISEI (31-60)	1453 (61.8%) *1431.9*	250 (62.3%) *244.3*	306 (56.5%) *330.2*	87 (59.2%) *89.6*	2096 (60.9%)
Hoher HISEI (61-90)	388 (16.5%) *414.7*	65 (16.2%) *70.8*	127 (23.4%) *95.6*	27 (18.4%) *25.9*	607 (17.6%)
Total	2350 (100.0%)	401 (100.0%)	542 (100.0%)	147 (100.0%)	3440 (100.0%)

Missing: 502; Chi-Quadrat-Test; angegeben sind Spaltenprozente; kursiv sind die erwarteten Werte in den Zellen

Diese Tabelle veranschaulicht, dass in allen vier Absentismusgruppen diejenigen Schüler mit einem mittleren HISEI-Wert die stärkste Untergruppe bilden. Es scheint also über die gesamte Stichprobe eine relativ gleichmäßige Verteilung

vorzuherrschen. Bemerkenswert dabei ist, dass sowohl statushohe als auch sta-
tusniedrige Schüler in allen vier Schwänzerkategorien zu finden sind und sich
kein linearer Zusammenhang zwischen sozialer Herkunft und Absentismus ab-
zeichnet. Zudem sind unter den statushohen Jugendlichen bei den Nicht-Schwänzern und den gelegentlichen Schwänzern jeweils deutlich weniger Schüler als erwartet, hingegen bei den häufiger schwänzenden Gruppen mehr als erwartet. Die
Statusgruppen unterscheiden sich statistisch also voneinander in Bezug auf die
Häufigkeit von Absentismus, aber diese Unterschiede folgen keiner „je, desto..."-
Logik. Die Mehrebenenanalysen werden hierzu genaueren Aufschluss geben.

Eingangsvoraussetzung Migrationshintergrund

Eine weitere individuelle Eingangsvoraussetzung ist der Migrationshintergrund
der Schüler. Von den befragten Jugendlichen sind 71.1% Schweizer Staatsbürger,
28.9% haben einen ausländischen Pass (missing: 486). Folgende Kreuztabelle
zeigt den Zusammenhang zwischen dem individuellen Hintergrundmerkmal Migrationshintergrund und der Zugehörigkeit zu einer der vier Absentismuskatego-
rien über die Gesamtstichprobe auf (χ^2 [3; N=3456]=23.52; p<.01; CC=.08):

Tabelle 29   Absentismus in Zusammenhang mit der Nationalität

	Nicht-Schwänzer	Gelegentliche Schwänzer	Schwache Blockschwänzer	Massive Blockschwänzer	Total
Ausländische Nationalität	555 (23.7%) *606.3*	113 (27.9%) *104.8*	168 (30.4%) *142.8*	58 (37.4%) *40.1*	894 (28.9%)
Schweizerische Nationalität	1789 (76.3%) *1737.7*	292 (72.1%) *300.2*	384 (69.6%) *409.2*	97 (62.6%) *114.9*	2562 (71.1%)
Total	2344 (100.0%)	405 (100.0%)	552 (100.0%)	155 (100.0%)	3456 (100.0%)

Missing: 486; Chi-Quadrat-Test; angegeben sind Spaltenprozente; kursiv sind die erwarteten Werte in
den Zellen

Tabelle 29 zeigt, dass die Schweizer Schüler bei den Nicht-Schwänzern stärker
als erwartet vertreten sind und bei den schwänzenden Gruppen schwächer als gemäß ihrem Anteil an der Gesamtstichprobe anzunehmen wäre. Entsprechend sind

die Jugendlichen mit Migrationshintergrund bei den drei schwänzenden Kategorien übervertreten. Hier sieht es also so aus, als ob Nicht-Schweizer Jugendliche häufiger schwänzen als ihre Schweizer Klassenkameraden.

Eingangsvoraussetzung Klassenwiederholung

Beinahe 24% der befragten Schüler haben in ihrer Schullaufbahn bereits einmal eine Klasse wiederholt (missing: 446). Folgende Kontingenztabelle zeigt den Zusammenhang zwischen der Eingangsvoraussetzung Klassenwiederholung und Schulabsentismus in der Gesamtstichprobe auf (χ^2 [3; N=3496]=30.07; p<.01; CC=.09):

Tabelle 30   Absentismus in Zusammenhang mit der Klassenwiederholung

	Nicht-Schwänzer	Gelegentliche Schwänzer	Schwache Blockschwänzer	Massive Blockschwänzer	Total
Klasse wiederholt	518 (21.7%) *572.6*	102 (25.2%) *97.1*	163 (29.4%) *133.4*	57 (37.0%) *37*	840 (24.0%)
Keine Klasse wiederholt	1865 (78.3%) *1810.4*	302 (74.8%) *306.9*	392 (70.6%) *421.6*	97 (63.0%) *117.0*	2656 (76.0%)
Total	2383 (100.0%)	404 (100.0%)	555 (100.0%)	154 (100.0%)	3496 (100.0%)

Missing: 446; Chi-Quadrat-Test; angegeben sind Spaltenprozente; kursiv sind die erwarteten Werte in den Zellen

Tabelle 30 verdeutlicht, dass diejenigen Schüler mit der Erfahrung einer Klassenwiederholung in den drei Kategorien, die schwänzen, konstant stärker vertreten sind als gemäß ihrem Anteil an der Gesamtstichprobe zu erwarten wäre. Das ist ein erster Hinweis auf einen positiven Zusammenhang zwischen der Wiederholung eines Schuljahres und Absentismus, der in den Mehrebenenmodellen genauer beleuchtet werden wird.

Eingangsvoraussetzung Mathematiknote

Das fünfte und letzte Eingangsmerkmal auf Individualebene ist die Mathematiknote[56] der Schüler. Durchschnittlich hatten die Jugendlichen im Zeugnis, das der Befragung im April 2006 vorausging, die Note 4.5 (befriedigend) bekommen (Range: 1.5-6.0; SD=.59; missing 512). Der Zusammenhang zwischen der Mathematiknote und Absentismus in der Gesamtstichprobe (χ^2 [3; N=3496]=30.07; p<.01; CC=.09) ist folgender Kreuztabelle zu entnehmen:

Tabelle 31   Absentismus in Zusammenhang mit der Mathematiknote

	Nicht-Schwänzer	Gelegentliche Schwänzer	Schwache Blockschwänzer	Massive Blockschwänzer	Total
Gut bis sehr gut (5-6)	1693 (72.6%) *1638.5*	273 (69.5%) *276*	359 (65.0%) *387.7*	84 (55.3%) *106.8*	2409 (70.2%)
Befriedigend bis ausreichend (3-4)	637 (27.3%) *688.3*	117 (29.8%) *116.0*	192 (34.7%) *162.9*	66 (43.4%) *44.8*	1012 (29.5%)
Mangelhaft bis ungenügend (1-2)	3 (0.1%) *6.1*	3 (0.7%) *1.0*	1 (0.3%) *1.4*	2 (1.3%) *0.4*	9 (0.3%)
Total	2333 (100.0%)	393 (100.0%)	552 (100.0%)	152 (100.0%)	3430 (100.0%)

Missing: 512; Chi-Quadrat-Test; angegeben sind Spaltenprozente; kursiv sind die erwarteten Werte in den Zellen

Es wird deutlich, dass die Schüler, die im Fach Mathematik gute bis sehr gute Noten erzielen, in der Gruppe der Nicht-Schwänzer stärker vertreten sind als gemäß ihrem Anteil an der Gesamtstichprobe zu erwarten wäre. Hingegen ist diese Leistungsgruppe in denjenigen Kategorien, die die Schule schwänzen, verglichen mit der Gesamtstichprobe untervertreten. Die mittlere Leistungsgruppe ist in den schwänzenden Subkategorien stärker repräsentiert als in der Gesamtstichprobe, während die in Mathematik am schwächsten abschneidenden Jugendlichen in kein konsistentes Bild einzuordnen sind. Allerdings ist ihre Anzahl mit neun Schülern auch sehr klein. Es zeigt sich hier also die Tendenz, dass bessere Noten in Mathematik mit geringeren Absenzenraten einhergehen.

---

56 Das Schweizer Notensystem ist im Vergleich zum deutschen gegenläufig aufgebaut: die Note 6 ist die beste („ausgezeichnet"), die Note 4 ist zum Bestehen eines Faches oder einer Prüfung das geforderte Minimum (ausreichend). Dazwischen bedeuten 5.5 „sehr gut", 5 „gut" und 4.5 „befriedigend".

Eingangsvoraussetzung Jahrgangsstufe

Die erste von zwei Eingangsvoraussetzungen auf *Klassenebene* ist das Alter der Schüler, operationalisiert über deren Jahrgangsstufe. Die Verteilung der Jugendlichen auf die Altersgruppen ist beinahe gleichmäßig (Klasse 7: 33.6%; Klasse 8: 35.6%; Klasse 9: 30.8%). In unten stehender Kreuztabelle wird der Zusammenhang zwischen der Jahrgangsstufe und Absentismus in Form einer Kontingenztabelle dargestellt (χ^2 [3; N=3456]=13.60; p<.01; CC=.19):

Tabelle 32   Absentismus in Zusammenhang mit der Jahrgangsstufe

	Nicht-Schwänzer	Gelegentliche Schwänzer	Schwache Blockschwänzer	Massive Blockschwänzer	Total
7. Klasse	901 (38.3%) *790.1*	103 (25.4%) *136.5*	126 (22.9%) *184.9*	32 (21.3%) *50.4*	1162 (33.6%)
8. Klasse	848 (36.1%) *835.7*	165 (40.6%) *144.4*	172 (31.3%) *195.6*	44 (29.3%) *53.3*	1229 (35.6%)
9. Klasse	601 (25.9%) *724.2*	138 (34.0%) *125.1*	252 (45.8%) *169.5*	74 (46.2%) *46.2*	1065 (30.8%)
Total	2350 (100.0%)	406 (100.0%)	550 (100.0%)	150 (100.0%)	3456 (100.0%)

Missing: 486; Chi-Quadrat-Test; angegeben sind Spaltenprozente; kursiv sind die erwarteten Werte in den Zellen

Die in vielen einschlägigen Studien festgestellte Zunahme von Absentismus mit steigendem Alter der Schüler spiegelt auch diese Kreuztabelle wider. Einzig unter den Nicht-Schwänzern befinden sich weniger Neuntklässler als zu erwarten wäre, bei den schwänzenden Gruppen sind durchweg mehr Jugendliche der ältesten untersuchten Jahrgangsstufe zu finden als gemäß ihrem Anteil an der gesamten Stichprobe vermutet.

Eingangsvoraussetzung Anforderungsniveau

Das letzte zu betrachtende Eingangsmerkmal ist das Anforderungsniveau. In der nachstehenden Kreuztabelle wird der Zusammenhang zwischen dem schulischen Anforderungsniveau und Absentismus anhand eines Chi-Quadrat-Tests überprüft (χ^2 [6; N=3375]=5.67; n.s.; CC=.04). Da die Kleinklassen einen kürzeren Index zur Erfassung der Absenzen haben als die Schüler in den Regelklassen, kann für sie nicht dieselbe Unterteilung in die vier Kategorien von Absentisten vorgenommen werden. Aufgrund des zu kleinen n bei den Kleinklassen für die Durchführung von Mehrebenenanalysen werden sie auch an dieser Stelle nicht mit in den Chi-Quadrat-Test einbezogen. Knapp zwei Drittel der Regelschüler (62.4%) besuchten zum Befragungszeitpunkt eine Klasse des erweiterten Niveaus, ein gutes Drittel (37.6%) eine Klasse des grundlegenden Niveaus (missing: 567).

Tabelle 33 Absentismus in Zusammenhang mit dem schulischen Anforderungsniveau

	Nicht-Schwänzer	Gelegentliche Schwänzer	Schwache Blockschwänzer	Massive Blockschwänzer	Total
Erweitertes Niveau	1396 (61.3%) *1421.5*	256 (64.5%) *247.8*	363 (66.2%) *342.1*	92 (60.1%) *95.5*	2107 (62.4%)
Grundlegendes Niveau	881 (38.7%) *855.5*	141 (35.5%) *149.2*	185 (33.8%) *205.9*	61 (39.9%) *57.5*	1268 (37.6%)
Total	2277 (100.0%)	397 (100.0%)	548 (100.0%)	153 (100.0%)	3375 (100.0%)

Missing: 567; Chi-Quadrat-Test; angegeben sind Spaltenprozente; kursiv sind die erwarteten Werte in den Zellen

Auffallend ist in dieser Kontingenztafel, dass die Schüler des erweiterten Anforderungsniveaus sowohl bei den Nicht-Schwänzern als auch bei den massiven Blockschwänzern einen weniger großen Anteil ausmachen als erwartet. Bei den gelegentlichen und schwachen Blockschwänzern sind sie hingegen im Vergleich zu ihrem Anteil an der gesamten Stichprobe übervertreten. Die Unterschiede sind hier jedoch im Gegensatz zu den vorherigen Chi-Quadrat-Tests zu den Basisvariablen statistisch *nicht* signifikant und daher wahrscheinlich zufällig.

7.2   Deskriptive Analysen der Prädiktorvariablen

In diesem Teilkapitel werden zur Erleichterung der Interpretation der Mehrebenenmodelle die verwendeten Prädiktoren anhand ihrer deskriptiven Merkmale charakterisiert. Zudem wird als Vorbereitung für die Mehrebenenanalysen eine Korrelation zwischen der jeweiligen unabhängigen Variablen und der Häufigkeit von Absentismus berechnet. Die Darstellung erfolgt geordnet nach den drei Analyseebenen, zunächst werden die Variablen auf der Individualebene vorgestellt, dann diejenigen auf Klassenebene und schließlich diejenigen auf Schulebene.

In den Tabellen sind jeweils folgende Werte angegeben: der Mittelwert (M), die Standardabweichung (engl. *standard deviation*, SD[57]), der *Range* (niedrigster bis höchster tatsächlich erzielter Wert in der Stichprobe), der Korrelationskoeffizient (Zusammenhang mit Absentismus) sowie eine eventuelle Aggregation der Daten (z.B. Klassendurchschnitt).

7.2.1 Die Prädiktoren auf Individualebene

Die Verteilungen und deskriptiven Zusammenhänge der Eingangsvoraussetzungen (Basisvariablen) wurden bereits in Kapitel 7.1 ausführlich beschrieben. Die folgenden Abschnitte sind daher den weiteren unabhängigen Variablen auf der Individualebene gewidmet.

Strukturelle Merkmale auf der Individualebene

Bildungsferne. Für die Kontrastierung jeweils zweier Extremgruppen bezüglich der höchsten abgeschlossenen Ausbildung von Vater und Mutter (Universitätsabschluss vs. obligatorische Schulzeit) wurden vier Dummyvariablen gebildet. 9% der Schüler haben einen Vater mit Universitätsabschluss, 16% einen Vater, der die obligatorische Schule als höchsten Schulabschluss aufweist. 5% der Mütter haben einen Universitätsabschluss, 20% maximal die obligatorische Schule abgeschlossen.

Familiensprache. Bezüglich der Familiensprache gaben 75% der Schüler an, zuhause meistens Deutsch zu sprechen; 16% sprechen vorwiegend eine andere Sprache in ihrer Familie (missing: 9%; Korrelation mit Absentismus: Spearman's r=-.03; p<.05).

---

57 Die Standardabweichung gibt an, wie stark die Werte der Stichprobe um den Mittelwert streuen.

Kulturelle Indikatoren auf der Individualebene

In folgender Tabelle sind deskriptive Werte der kontinuierlich skalierten Prädiktoren dargestellt, die anhand des Schülerfragebogens erhoben wurden. Im Hinblick auf die spätere Verwendung in den Teilmodellen wird auch angegeben, ob die jeweiligen Indikatoren auf einer Kontextebene aggregiert werden.

Tabelle 34 Deskriptive Kennwerte und Korrelationen der Prädiktoren auf Individualebene mit Schulabsentismus

Skala	M	SD	Range der erzielten Punkte	Korrelation mit Absentismus	Aggregation
Klassengemeinschaft	1.9	.58	0-3	-.15***	Auf Klassenebene
Klassenrivalität	1.2	.69	0-3	.11***	Auf Klassenebene
Schulklima	1.9	.56	0-3	-.30***	Auf Schulebene
Persönliche Beziehung zu Lehrpersonen	2.0	.67	0-3	-.31***	Auf Klassenebene
Negatives Verhalten im Unterricht	0.6	.50	0-3	.43***	Nein
Körperliche Beschwerden	4.4	2.3	0-10	.23***	Nein
Mobbing und Bullying	1.6	1.0	0-10	.11***	Nein
Überfachliche Vielfalt	1.6	.59	0-3	-.12***	Nein
Leistungsdruck	1.8	.59	0-3	.02	Nein
Unterrichtsdruck	1.2	.70	0-3	.20***	Nein
Disziplin der Lehrperson	1.3	.60	0-3	.03	Auf Klassenebene
Bedeutsamkeit schulischer Inhalte	1.4	.44	0-3	.17***	Nein
Strenge und Kontrolle an der Schule	2.3	.47	0-3	-.12***	Auf Klassenebene
Allgemeiner Umgangston	2.0	.61	0-3	-.27***	Auf Klassenebene

Signifikanzlevel: ***=p<.001; **=p<.01; *=p<.05

Aus der Tabelle geht hervor, dass die Mehrzahl der untersuchten Prädiktoren signifikant mit Absentismus korreliert. Im Rahmen der Mehrebenenmodelle werden diese Zusammenhänge vertiefend überprüft werden. *Leistungsanforderungen in der Schule.* Als kategorialer Prädiktor wurde das Schülerurteil zu den Leistungsanforderungen an der Schule erhoben: 6% der Schüler finden, dass die Anforderungen an ihrer Schule eher zu niedrig sind, 71% sind der Meinung, die Anforderungen seien gerade richtig und 23% fühlen sich überfordert.

7.2.2 Die Prädiktoren auf Klassenebene

Die Prädiktoren, die auf der Klassenebene erhoben wurden, gehen entweder auf den Lehrpersonenfragebogen zurück oder auf die Auskunft der Schulsekretariate (Klassengröße). Um einen ersten Eindruck über deren Zusammenhang mit der abhängigen Variablen zu bekommen, werden in folgender Tabelle die deskriptiven Kennwerte der Skalen auf Klassenebene sowie deren Korrelationen mit der Häufigkeit von Absentismus dargestellt.

Tabelle 35 Deskriptive Kennwerte und Korrelationen der Prädiktoren auf Klassenebene mit Schulabsentismus

Skala	M	SD	Range der erzielten Punkte	Korrelation mit Absentismus
Kriterium für eine gute Schule: Soziale Orientierung	2.7	.33	1-3	-.03
Belastungen im Lehrberuf	1.0	.58	0-3	-.02
Schülerbezogene Belastungen	1.7	.54	0-3	.10***
Kollegiumsmerkmal Konsensorientierung	1.7	.57	.25-3	.00
Kollegiumsmerkmal Positives Schulklima	2.2	.56	0-3	.00
Stellenwert von Ordnung und Disziplin im Schulmanagement	2.3	.50	.25-3	.00
Klassengröße	17.6	4.3	1-28	-.12***

Signifikanzlevel: ***=p<.001; **=p<.01; *=p<.05

Wie der Tabelle zu entnehmen ist, zeigen sich nur bei zwei Variablen auf der Klassenebene signifikante Korrelationen mit der abhängigen Variablen. Auch diese sich hier zeigenden Zusammenhänge bzw. nicht vorliegenden Korrelationen werden in den Mehrebenenmodellen genauer untersucht. Die beiden kategorialen Prädiktoren zur Reaktion der Lehrpersonen auf fehlende bzw. schwänzende Schüler (*stimme zu/stimme nicht zu*) verteilen sich wie folgt:

Reaktion der Lehrpersonen auf fehlende Schüler. 43% der Lehrpersonen geben an, zunächst passiv auf fehlende Schüler zu reagieren, ehe sie etwas unternehmen. Auf der Ebene der Eltern ergreifen 85% der Lehrpersonen die Initiative und 73% geben an, auf der Schulebene auf fehlende Schüler zu reagieren (Mehrfachantworten waren möglich).

Reaktion der Lehrpersonen auf schwänzende Schüler. Auf schwänzende Schüler reagiert (im Gegensatz zu fehlenden) lediglich 1% der Lehrpersonen passiv. 84% der Lehrpersonen delegieren die Fälle schwänzender Schüler an Dienste oder Behörden und 88% reagieren auf der Schulebene auf schwänzende Schüler (Mehrfachantworten waren möglich).

7.2.3 Die Prädiktoren auf Schulebene

Auf der Schulebene wurden einerseits Variablen im Schulleiterfragebogen erfasst, andererseits jedoch auch Klassifikationen aufgrund struktureller Merkmale vorgenommen. Zunächst wird eine Übersicht über die Unterteilung der Schulen gemäß dieser strukturellen Merkmale präsentiert, ehe in einer Tabelle die kontinuierlichen Prädiktoren anhand ihrer deskriptiven Kennwerte und Korrelationen mit der abhängigen Variablen vorgestellt werden.

Unterteilung der Schulen auf der Basis von strukturellen Merkmalen

Schulgröße. Entsprechend der Schülerzahl in der Oberstufe, verteilen sich die Schulen wie folgt:

Tabelle 36 Unterteilung der Schulen nach ihrer Schülerzahl

Kleine Schulen (bis 100 Schüler)	Mittelgroße Schulen (101-200 Schüler)	Große Schulen (Mehr als 200 Schüler)
6	11	11

Geographische Lage der Schule. Unter Betrachtung der geographischen Lage wurden die teilnehmenden Schulhäuser folgendermaßen klassifiziert:

Tabelle 37 Unterteilung der Schulen nach geographischer Lage

Städtische Schulen (>5000 Einwohner)	Suburbane Schulen (1001-4999 Einwohner)	Ländliche Schulen (<1000 Einwohner)
11	16	1

Ordnung und Disziplin als explizites Lernziel. 96% der Schulleitungen sehen in Ordnung und Disziplin kein Lernziel, lediglich 4% stimmen dieser Aussage „eher zu".

Prävention gegen Schulabsentismus. Von den beteiligten Schulhäusern betreiben 69% aktiv Prävention gegen Schulabsentismus, während 31% keine entsprechenden Maßnahmen vorsehen.

Betreuungsangebot an der Schule. 64% der Schulen verfügen über Zugang zu Sozialarbeit (13 Schulen haben sie im Hause, fünf nehmen sie extern in Anspruch), 36% (zehn Schulen) können nicht darauf zurückgreifen. Wahl- und Freifächer, Mittagstisch, Aufgabenhilfe/Nachhilfe, heilpädagogische Angebote, Begabtenförderung, Logopädie und Anderes werden anhand einer Gewichtung klassifiziert (intern=2; extern=1; nicht vorhanden=0). Eingeteilt in ein breites (13-15 Punkte), mittleres (10-12) und schmales (7-9) Segment, haben sieben Schulen ein breites, zehn ein mittleres und elf Schulen ein schmales Angebot.

Umgang mit Absenzen. Folgende Tabelle zeigt, wie sich die Schulleiter bezüglich des Umgangs mit Absenzen an ihrer Schule äußern.

Tabelle 38   Umgang mit Absenzen an den Schulen

Frage	Items: Schulleiterfragebogen (Eigenentwicklung)	Anteil „Ja"-Antworten
6a	Die Klassenlehrpersonen müssen Fehlstunden der Schülerinnen und Schüler genau dokumentieren (Absenzheft, Klassenbuch etc.).	90%
6b	An unserer Schule liegen Dokumente vor, die das Vorgehen bei einem unentschuldigten Absenzen detailliert regeln.	72%
6c	Die Anzahl entschuldigter und unentschuldigter Absenzen werden im Semesterzeugnis aufgeführt.	71%
6d	An unserer Schule ist genau definiert, welche Personen und Stellen bei Verdacht oder Gewissheit auf Schwänzen eingeschaltet werden müssen.	82%
6e	Es gibt einen klar definierten Maßnahmenkatalog, der bei Zuwiderhandlungen gegen Schulregeln angewendet wird.	75%
6f	Es gibt keine verbindlichen Regeln bezüglich unentschuldigten Absenzen an unserer Schule. Dies liegt in der Kompetenz der Lehrkräfte.	32%
6g	Die Sanktionen für Schülerinnen und Schüler, die schwänzen, sind klar geregelt.	60%
6h	Ich als Schulleiter oder Schulleiterin werde über auffälliges Absenzverhalten einzelner Schülerinnen oder Schüler informiert.	81%

0=nein; 1=ja; Mehrfachantworten waren möglich

Kontinuierliche, kulturelle Prädiktoren auf der Schulebene

Folgende Tabelle veranschaulicht für die Schulebene, wie sich die kontinuierlichen, kulturellen Prädiktoren verteilen und zur abhängigen Variablen (Häufigkeit von Absentismus) verhalten.

Tabelle 39 Deskriptive Kennwerte und Korrelationen der Prädiktoren auf Schulebene mit Schulabsentismus

Skala	M	SD	Range der erzielten Punkte	Korrelation mit Absentismus
Kriterium für eine gute Schule: Leistungsorientierung	2.4	.51	1-3	-.07***
Kriterium für eine gute Schule: Soziale Orientierung	2.7	.32	1-3	.04
Kriterium für eine gute Schule: Organisation	2.3	.41	1-3	-.02
Belastung der Schule[58] durch Vandalismus	1.0	.39	0-2	.08***
Belastung der Schule durch Gewalt unter Schülern	1.3	.52	0-2	.00
Belastung der Schule durch Schulschwänzen	0.8	.41	0-1.5	.13***
Belastung der Schule durch rücksichtsloses Verhalten	1.4	.47	1-2	.03
Belastung der Schule durch fehlenden Respekt	1.2	.47	0.5-2	.07***
Belastung der Schule durch Mobbing	1.3	.56	0-2	.01
Schulmanagement: Zuständigkeiten	6.8	1.3	5-10	.00
Schulmanagement: Stellenwert von Ordnung und Disziplin	10.2	1.0	8-12	-.02

Signifikanzlevel: ***=p<.001; **=p<.01; *=p<.05

Nachdem bis hierher vorbereitende bivariate Analysen gezeigt wurden, stehen in den nächsten Teilkapiteln die Mehrebenenanalysen im Mittelpunkt. Ausgehend vom Basismodell, in dem die individuellen Eingangsvoraussetzungen enthalten

---

58 Von diesen durch die Schulleitungen eingeschätzten Belastungen der Schulen werden lediglich die beiden signifikant mit Absentismus korrelierenden Faktoren ‚Vandalismus' und ‚fehlender Respekt' in die Mehrebenenanalysen einbezogen. Um die Modelle so schlank wie möglich zu halten, wird auch auf die Belastung durch Schulschwänzen aus Sicht der Schulleiter verzichtet, auch da es sich um eine Doppelung der Information (in Verbindung mit der abhängigen Variablen) handelt.

sind, werden sechs hierarchisch-lineare Teilmodelle spezifiziert. Die Analysen werden jeweils so vereinfacht, dass keine gezielten statistisch-methodischen Kenntnisse notwendig sind, um dem Arbeitsprozess folgen zu können. Außerdem werden Aspekte des Modelfits, hier ausgedrückt durch die Deviance und die proportionale Fehlerreduktion (R^2; vgl. Snijders & Bosker, 1999), nicht diskutiert. Für die detaillierten Analysen vgl. Ruckdäschel (2009).

7.3   Das Basismodell

Als erstes Mehrebenenmodell wird das Basismodell vorgestellt. Mit diesem Modell beginnen alle weiteren Teilmodelle. Das Basismodell enthält diejenigen Variablen, die zur Identifikation wirklicher *schulbezogener* Zusammenhänge kontrolliert werden müssen, weil sie Merkmale der Schülerzusammensetzung sind und nicht mit schulischen Faktoren vermischt werden dürfen (Baumert et al., 2007). Das Basismodell umfasst also die Merkmale, die in Haupthypothese 1 als *individuelle Eingangsvoraussetzungen* bezeichnet werden („Die Unterschiedlichkeit der Schulen bezüglich der Absenzen ihrer Schüler geht vollständig auf Eingangsvoraussetzungen der Schüler zurück"). Es handelt sich auf der Individualebene um das Geschlecht, den sozio-ökonomischen Status, die Mathematiknote, Klassenwiederholung, Migrationshintergrund sowie auf der Klassenebene die Jahrgangsstufe und das Anforderungsniveau. Die Koeffizienten des Basismodells sind in nachfolgender Tabelle aufgeführt, wobei M1 ausschließlich die Individualvariablen enthält und M2 zusätzlich die Variablen auf der Kontextebene (Klasse). Sowohl Jahrgangsstufe als auch Anforderungsniveau sind im Verhältnis zur jeweils zugewiesenen Referenzkategorie zu lesen: für die Jahrgangsstufe wurde die altersgemäß mittlere untersuchte Stufe (Klasse 8) als Referenz gewählt, für die Schulform das grundlegende Niveau. Das bedeutet: die Zahl in der Zeile „Jahrgangsstufe 9" heißt, dass Neuntklässler einen höheren Wert auf der Absentismusskala erreichen als Achtklässler. Negative Werte bedeuten entsprechen, dass weniger geschwänzt wird (z.B. bei guten Mathematiknoten). Alle nachfolgend dargestellten Tabellen enthalten die unstandardisierten B-Koeffizienten der Mehrebenenanalysen.

Tabelle 40 Unstandardisierte Koeffizienten des Basismodells zur Kontrolle von individuellen
Eingangsvoraussetzungen (Hierarchisch Lineares Modell)

	M1		M2	
	B	S.E.	B	S.E.
Intercept	2.11***	0.28	1.33***	.25
Klassenebene				
Jahrgangsstufe 7			-.12	.18
Jahrgangsstufe 8 (Referenzkategorie)			-	-
Jahrgangsstufe 9			1.14***	.19
Erweitertes Niveau			-.11	.17
Grundlegendes Niveau (Referenz)			-	-
Individualebene				
Geschlecht	-.38**	.11	-.38**	.11
ISEI	.10*	.04	.11*	.04
Migrationshintergrund	-.51***	.14	-.49***	.14
Klassenwiederholung	.77***	.14	.78***	.14
Mathematiknote	-.16***	.04	-.17***	.04
Deviance	16090.55		15446.98	
R^2 Individualebene	.17		.19	
R^2 Klassenebene	-		.29	

N=3491; Signifikanzniveaus: ***=p<.001; **=p<.01;*=p<.05. AV: gewichtete Häufigkeit von Absentismus; Kodierung der kategorialen Variablen: Geschlecht: 0=männlich, 1=weiblich; Migrationshintergrund: 0=ausländische Nationalität, 1=Schweizerische Nationalität; Klassenwiederholung: 0=noch nie eine Klasse wiederholt, 1=mindestens einmal eine Klasse wiederholt.

Aus diesem Basismodell kann abgelesen werden, dass alle fünf Variablen auf der Ebene der Schüler signifikant mit der Häufigkeit der Absenzen verbunden sind. Am stärksten hängt ein- oder mehrmaliges Wiederholen eines Schuljahres mit dem Schulschwänzen zusammen (B=.78; S.E.=14; p<.001); wer mindestens einmal eine Klasse wiederholt hat, schwänzt häufiger als Klassenkameraden, die bisher nie sitzen geblieben waren. Auch der Migrationshintergrund ist stark mit Absentismus verbunden (B=-.49; S.E.=.14; p<.001): Schüler mit ausländischer Nationalität schwänzen signifikant häufiger als Schweizer Schüler. Geschlechterdifferenzen lassen sich in diesem grundlegenden Modell ebenfalls ausmachen; so schwänzen Mädchen signifikant seltener als Jungen (B=-.38; S.E.=.11; p<.01). Eine schlechte Note in Mathematik scheint zudem ein weiterer Faktor zu sein, die Häufigkeit der Absenzen zu erhöhen (B=-.17; S.E.=.04; p<.001). Der sozioökonomische Status schließlich, der sich bei den deskriptiven Analysen als kaum relevant erwiesen hatte, nimmt nun eine weitere bedeutsame Rolle bei der Erklärung von Schulversäumnissen ein (B=.11; S.E.=.04; p<.05), die *positiv* gerichtet ist. Das bedeutet, dass ein höherer Wert auf der ISEI-Skala mit einer leicht höheren Ausprägung auf der Absenzenskala einhergeht. Auf Klassenebene spielt das Anforderungsniveau wider Erwarten (z.b. Weißbrodt, 2007) keine statistisch bedeutende Rolle, die Niveaus unterscheiden sich nicht signifikant voneinander. Bei den Jahrgangsstufen wird deutlich, dass die 7. und 8. Klasse bei den Absenzen nicht voneinander abweichen, jedoch in Klasse 9 deutlich häufiger gefehlt wird (B=1.14; S.E.=.19; p<.001). Demnach konnten in diesem Basismodell sechs relevante Kontrollvariablen identifiziert werden, die mit Absenzen zusammenhängen (*Individualebene*: Geschlecht, ISEI, Migrationshintergrund, Mathematiknote und Klassenwiederholung; *Kontextebene*: Jahrgangsstufe). Das Anforderungsniveau bleibt dennoch für die weiterführenden Analysen im Basismodell enthalten, weil die Schulform nicht weggelassen werden darf, wenn Eingangsvoraussetzungen von Kontexteffekten unterschieden werden sollen (Baumert et al., 2007; Dreeben & Barr, 1988).

Die nun folgenden sechs Teilmodelle verstehen sich als Erweiterungen zum Basismodell. Das Basismodell ist also in jedem der Teilmodelle enthalten und wird durch weitere, dem jeweiligen Modell entsprechende Variablen ergänzt. Das erste Teilmodell enthält ausschließlich *strukturelle* Variablen, während die weiteren fünf Modelle zunehmend auch *kulturelle* Merkmale betrachten. Für jedes Teilmodell wird erläutert, wie es aus der besprochenen Theorie und den bisherigen Forschungsergebnissen abgeleitet wird und wie die jeweils leitende Hypothese zu den einzelnen Modellen lautet. Die Hypothesen sind zu verstehen als ungerichtete, jeweils das Modell als Ganzes betreffende Annahmen über Zusammenhänge zwischen schulischen Merkmalen und Absentismus; sie alle haben die Hauptfragestellung im Blick: Inwiefern hängen Merkmale einer Schule mit der Absenzenhäufigkeit ihrer Schüler zusammen? Dabei liegt der Fokus auf Zusammenhängen, die über die Eingangsvoraussetzungen der Schülerschaft hinaus in den Schulen vermutet werden.

7.4 Teilmodell 1: Größe und geographische Lage der Schule

Das erste Teilmodell behandelt die Größe und geographische Lage der teilnehmenden Schulen sowie das so genannte Einzugsgebiet. Es enthält ausschließlich strukturelle Variablen. Die geographische Lage von Schulen wurde bereits mehrfach im Hinblick auf Absenzen untersucht. So fand etwa Wright (1978) heraus, dass in städtisch gelegenen Schulen häufiger geschwänzt wird als in ländlichen oder suburbanen Schulen. Rothman (2001) konnte für eine australische Schülerpopulation zeigen, dass Armut bzw. die Lage einer Schule in einem Wohngebiet mit sozial schwachen und wenig gebildeten Familien ein Risikofaktor für hohe Absenzenraten ist. Auch Baumert et al. (2007) verweisen darauf, „dass ein hoher Anteil von Schülern aus ausgeprägt bildungsfernen Elternhäusern ein leistungsrelevantes Kompositionsmerkmal über die intellektuelle Zusammensetzung der Schülerschaft und die Schulformzugehörigkeit hinaus darstellt" (S. 110). Mit Dreeben und Barr (1988) werden zusätzlich auch die Familiensprache (Deutsch/andere) und der im Basismodell enthaltene Migrationshintergrund als relevante Merkmale für die Standortbestimmung einer Schule betrachtet. Teilmodell 1 wird auf drei Ebenen modelliert, weil neben den Schüler- und Klassenvariablen des Basismodells auch Angaben auf Schulleitungsebene vorhanden sind, die einen Einbezug der Schulebene erforderlich machen. Neben den bereits im Basismodell enthaltenen Variablen werden in Teilmodell 1 zwei weitere Einflussgrößen berücksichtigt: der jeweilige Bildungsabschluss des Vaters und der Mutter, ausgedrückt als zwei Variablen mit der Universität als höchstem möglichen Abschluss (ja/nein) und der obligatorischen Schulzeit (ja/nein) als niedrigster erfragter Qualifikation. Kontrastiert wurden hier diese beiden Extremgruppen in Anlehnung an Baumert et al. (2007, S. 97): der Anteil von Eltern mit Hochschulreife bzw. mit Abschluss der obligatorischen Schulzeit (ohne qualifizierten Berufsabschluss) dienen als Indikator für die Ressourcen der Bildungsnähe in den untersuchten Schulen. Auf der Kontextebene Schule werden sowohl die Schülerzahl an der jeweiligen Oberstufe berücksichtigt als auch die geographische Lage, unterteilt in *städtische* Gebiete, *suburban* gelegene Schulen und *ländliche* Schulen. Die Variablen, die über das Basismodell hinausgehen, werden dem Modell Ebene für Ebene hinzugefügt. In diesem wie in den übrigen Teilmodellen werden die einzelnen Schritte mit M1 bis M,i' (abhängig von der Zahl der Modellierungsschritte) bezeichnet. Die Hypothese, die aus dieser Modellkonstellation abgeleitet wird, lautet folgendermaßen:

H1: Neben den individuellen Eingangsvoraussetzungen der Schüler hängen auch die Schülerzahl und die geographische Lage einer Schule mit Schulabsentismus zusammen.

In der auf der nächsten Seite abgebildeten Tabelle wird das Modell dargestellt. Die Tabelle ist so zu lesen, dass die Zahlen jeweils angeben, wie stark einzelne Variablen mit Schulabsentismus zusammenhängen. Möchte man etwa wissen, ob Mädchen häufiger schwänzen als Jungen, schaut man in die Zeile ‚Geschlecht'. Der Wert dort zeigt an, um wie viel der Wert für Schulabsentismus steigt, wenn man im Gegensatz zu Jungen die Gruppe der Mädchen betrachtet. Ist der Wert negativ, bedeutet das, dass Mädchen weniger schwänzen als Jungen. Werte, die kein Sternchen haben, sind nicht aussagekräftig, weil Unterschiede hier höchstwahrscheinlich zufällig bestehen und nicht verallgemeinerbar sind. Finden sich jedoch ein bis drei Sternchen bei einem Wert, so sind Unterschiede zwischen Gruppen oder Zusammenhänge zwischen einem Merkmal und Schulabsentismus statistisch signifikant und daher sehr wahrscheinlich nicht zufallsbedingt. Je mehr Sternchen, desto höher die Signifikanz und desto aussagekräftiger der Wert.

Die Tabellen zeigen jeweils von links nach rechts, wie die Modelle Schritt für Schritt aufgebaut werden. Die erste Spalte mit Zahlenwerten ist immer das Basismodell[59]. Dann kommen in der zweiten Spalte die Variablen auf der Schülerebene dazu, in der dritten die Variablen auf Klassen- und in der vierten diejenigen auf der Schulebene. So wird auch ersichtlich, wie sich die jeweiligen Zusammenhänge zwischen Variablen auf den drei Ebenen und Schulabsentismus verändern, wenn man das Bild immer komplexer macht (indem weitere Faktoren berücksichtigt werden). Die letzte Spalte ist demnach das endgültige Modell für den jeweils fokussierten Themenkomplex und zeigt, wie alle vorhandenen Ebenen miteinander zusammenwirken und mit Schulabsentismus verbunden sind.

Teilmodell 1[60] sieht mit allen berücksichtigten Faktoren auf drei Ebenen folgendermaßen aus:

---

59 B steht für den B-Koeffizienten, dies ist der relevante Zusammenhangswert; S.E. Bedeutet Standardfehler und ergibt als Divisor gemeinsam mit dem B-Wert die Signifikanz.
60 Die in allen Tabellen enthaltene Zeile „Zusätzlich geschätzte Parameter" gibt die gegenüber dem Basismodell in den jeweiligen Teilschritten zusätzlich geschätzten Parameter an. Die abhängige Variable ist jeweils die gewichtete Häufigkeit von Absentismus.

Teilmodell 1 Größe und geographische Lage, unstandardisierte Koeffizienten, hierarchisch-lineares Modell

	M1		M2		M3		M4	
	B	SE	B	SE	B	SE	B	SE
Intercept[61]	1.33***	.25	3.65***	1.12	5.20**	2.04	7.18**	2.26
Schulebene								
Bis 100 Schüler							-1.22	.99
101-200 Schüler							.16	.37
Mehr als 200 Schüler (Referenzkategorie)							-	-
Ländlich (<1000, Referenzkategorie)							-	-
Suburban (1001-4999)							-.43	.39
Urban (>5000)							.21	.44
Klassenebene								
Erweitertes Niveau	-.11	.17	-.10	.17	-.08	.18	-.25	.21
Grundlegendes Niveau (Referenzkategorie)	-	-	-	-	-	-	-	-
7. Klasse	-.12	.18	-.18	.19	-.19	.20	-.17	.23
8. Klasse (Referenzkategorie)	-	-	-	-	-	-	-	-
9. Klasse	1.14***	.19	1.13***	.19	1.13***	.19	1.03***	.22
Anteil Vater: Universität					-.26	.22	-.18	.24.
Anteil Vater: obligatorische Schulzeit					.15	.21	.21	.23
Anteil Mutter: Universität					-.32	.26	-.11	.29
Anteil Mutter: obligatorische Schulzeit					.04	.20	.15	.22
Individualebene								
Geschlecht	-.38**	.11	-.39**	.12	-.40**	.12	-.38**	.14
ISEI	.11*	.04	.17***	.04	.18***	.04	.17***	.05
Migrationshintergrund	-.49***	.14	-.47***	.14	-.36	.19	-.36	.20
Mathematiknote	-.17***	.04	-.10***	.01	.01**	.00	.00	.00
Klasse wiederholt	.78***	.14	.65***	.15	.58***	.15	.68***	.17
Sprache zuhause: deutsch			-.16	.20	-.15	.21	-.18	.23
Deviance	15446.98		14221.55		11877.07		8771.32	
R² Individualebene	.02		.02		.02		.28	
R² Klassenebene	.29		.31		.33		.33	
R² Schulebene	-		-		-		.71	
Zusätzlich geschätzte Parameter	-		1		5		9	

---

61 Durchschnittlicher Wert auf der Absentismusskala (0-24).

Teilmodell 1 (‚Größe und geographische Lage der Schule') zeigt, dass keine der *zusätzlich* zum Basismodell eingeführten Variablen eine wirkliche Rolle für das Schulschwänzen spielt (sie sind nicht signifikant). Hypothese 1 muss aus diesem Grund verworfen werden: Weder die Kontrastierung hoher und niedriger Bildungsabschlüsse der Eltern noch die Familiensprache kann eine hohe oder niedrige Absenzenrate vorhersagen; auch die Mathematiknote und der Migrationshintergrund haben in dieser Modellkonstellation keinen Vorhersagewert mehr. Auf Schülerebene wird Absentismus, wie auch im Basismodell, am deutlichsten durch Klassenwiederholung(en) erklärt (B=.68; S.E.=.17; p<.001), aber auch das Geschlecht (B=-.38; S.E.=.14; p<.01) und der sozio-ökonomische Status (B=.17; S.E.=.05; p<.001) sind relevant dafür, dass unterschiedlich viel geschwänzt wird. Weiterhin wichtig ist die Jahrgangsstufe: wie im Basismodell zeigen sich deutliche Unterschiede zwischen Schülern des 7./8. Schuljahres und Neuntklässlern (B=1.03; S.E.=.22; p<.001). Gemessen an den Theorien und früheren Studien erwartungswidrig sind die Befunde zu den Prädiktoren auf Schulebene. Für keine der Variablen Schulgröße und Gemeindegröße konnten Zusammenhänge mit Absentismus gefunden werden, was zunächst erstaunt; hatten doch mehrere Studien bereits solche Zusammenhänge nachgewiesen (Wright, 1978; Reid, 1982; Lee, 1999; Lee & Burkam, 2003).

Auffallend ist zudem, dass das Intercept (durchschnittlicher Wert auf der Absentismusskala) im Vergleich zum Basismodell deutlich höher ist (B=7.18; S.E.= 2.26 im Vergleich zu B=1.33; S.E.=.25). Unterschiede in der Häufigkeit der Absenzen sind in dieser Modellkonstellation also *ausschließlich* auf die Eingangsvoraussetzungen der Schüler auf Individual- und Klassenebene zurückzuführen und *nicht schulbedingt*. Vermutungen über den Zusammenhang von der Schulgröße mit Absentismus müssen mit der Einschränkung der geringen Zahl an Schulen (28) in Frage gestellt werden: sie können hier zwar nicht auf empirischer Basis abgelehnt, aber auch nicht bestätigt werden. Es wurde lediglich kein Zusammenhang gefunden, womit die Frage nach der Rolle der Größe von Schulen und kommunalem Kontext offen bleiben muss. Es kann auf der Basis der Schweizer Daten weder bestätigt noch ausgeschlossen werden, dass die Schul- und Gemeindegröße mit dem Absenzenaufkommen verbunden sind.

Mit Baumert et al. (2007) kann darüber hinaus als Antwort auf die Frage nach dem fehlenden Zusammenhang formuliert werden, dass Kompositionsmerkmale bzw. Eingangsvoraussetzungen einer untersuchten Schülerpopulation gerade in solchen Analysen wie der vorliegenden kontrolliert werden müssen, damit nicht fälschlicherweise Zusammenhänge auf *schulischer* Ebene identifiziert werden, die zu weiten Teilen auf *Herkunftsmerkmale* der Schüler zurückgehen. Dies zumindest scheint hier gelungen zu sein, verdient jedoch in späteren, vertiefenden Studien ein besonders Augenmerk.

7.5 Teilmodell 2: Umgang mit Absenzen

Das zweite Teilmodell nimmt besonders die schulinternen Prozesse bei unerlaubten oder zumindest ungeklärten Absenzen in den Blick. Die Relevanz dieses Aspekts wird in verschiedenen Studien herausgearbeitet: Laut Rademacker (2006) besteht kein Zweifel daran, dass Schulversäumnisse in den einzelnen Schulen zumindest auf Klassenebene zuverlässig registriert werden, allerdings lösen sie „viel zu selten [...] eine pädagogische Reaktion oder eine administrative Intervention aus" (a.a.O., S. 27). Reid (1999) kritisiert aufgrund seiner Studien in Wales, dass sich dort die meisten Schulen derzeit nicht ausreichend darum bemühen, frühzeitig Absentismus zu erkennen und die Gründe dafür im Keim zu ersticken. Bereits Sommer (1985) kann zeigen, dass der Umgang mit Regeln und Regelverstößen an Schulen wichtig ist für die Einstellung der Schüler gegenüber der Verpflichtung, regelmäßig am Unterricht teilzunehmen. Reynolds (1976) hingegen stellt fest, dass übermäßiges Festhalten an Schulordnung und Regeln auch Gegenteiliges bewirken kann, nämlich eine als feindlich erlebte Schule und damit Schulabsentismus als bewusst vermeidende Reaktion auf diese Strenge. Neben den Basisvariablen stehen im zweiten Teilmodell die Reaktionen der Lehrpersonen ebenso wie die formal vorliegenden Eskalationsschritte beim Umgang mit Absenzen im Mittelpunkt. Die Perspektive der Lehrpersonen geht auf zweierlei Weise in das Modell ein: einerseits über ihre Reaktion auf das unentschuldigte *Fehlen* von Schülern, andererseits über ihre Reaktion bei der Vermutung oder der Gewissheit, dass jemand in ihrer Klasse die Schule *schwänzt*. Ergänzt wird das Modell mit den Angaben der Schulleitungen, inwieweit an der Schule Dokumente oder Maßnahmenkataloge vorliegen, die bei Schulabsentismus zum Einsatz kommen. Außerdem findet Berücksichtigung, ob an einer Schule aktiv Prävention gegen Absentismus betrieben wird oder nicht. Die Hypothese, welche Teilmodell 2 zu Grunde liegt, lautet:

H2: Neben den Eingangsvoraussetzungen der Schüler hängt der Umgang mit Absenzen an einer Schule mit der Absenzenhäufigkeit zusammen.

Das zweite Teilmodell sieht folgendermaßen aus:

Teilmodell 2 Umgang mit Absenzen; unstandardisierte Koeffizienten, hierarchisch-lineares Modell

	M1 B	M1 SE	M2 B	M2 SE	M3 B	M3 SE
Schulebene						
Intercept	1.33***	.25	1.13*	.51	2.00**	.91
Schulleiter: Zeugnis					.00	.21
Schulleiter: Eskalationsstufen					.20	.55
Schulleiter: Massnahmenkatalog					-.71	.39
Schulleiter: verbindliche Regeln					.06	.83
Schulleiter: wird informiert					.14	.57
Schulleiter: aktive Prävention					-1.32***	.27
Klassenebene						
Erweitertes Niveau	-.11	.17	-.07	.19	-.07	.20
Grundlegendes Niveau (Referenzkategorie)	-	-	-	-	-	-
7. Klasse	-.12	.18	-.22	.21	-.19	.22
8. Klasse (Referenzkategorie)	-	-	-	-	-	-
9. Klasse	1.14***	.19	1.11***	.21	1.06***	.22
F: Lehrperson: passiv, abwartend			.27	.19	.28	.20
F: Lehrperson: Reaktion Ebene Eltern			-.28	.55	-.55	.65
F: Lehrperson: Reaktion Ebene Schule			-.07	.25	-.05	.26
S: Lehrperson: passiv, abwartend			3.55*	1.7	1.76	1.1
S: Lehrperson: Reaktion durch Delegation			-5.69***	1.4	-3.12*	1.5
S: Lehrperson: Reaktion Ebene Schule			.00	.00	.00	.00
Individualebene						
Geschlecht	-.38***	.11	-.36**	.12	-.33*	.13
ISEI	.11**	.04	.01**	.00	.01**	.00
Migrationshintergrund	-.49***	.14	-.43**	.15	-.39*	.16
Mathematiknote	-.17***	.04	-.20***	.04	-.18***	.05
Klasse wiederholt	.78***	.14	.70***	.15	.69***	.16
Deviance	15446.98		12304.77		10019.83	
R² Individualebene	.02		.21		.28	
R² Klassenebene	.29		.34		.36	
R² Schulebene	-		-		.88	
Zusätzlich geschätzte Parameter	-		6		12	

Im zweiten Teilmodell bleiben alle Basisvariablen bis auf das Anforderungsniveau relevant für Schulabsentismus. Die schrittweise Hinzunahme der Prozess- und Strukturvariablen zum Umgang mit Absenzen zeigt, wie die Reaktionen von Lehrern und Schule insgesamt auf Absenzen zusammenwirken. Die *Delegation von Absentismusfällen* (an pädagogische oder psychologische Dienste) ist sehr stark mit Absentismus verknüpft (B=3.12; S.E.=1.5), während die *Passivität der Lehrperson* keinen wirklichen Unterschied macht für das Schwänzverhalten ihrer Schüler (B=1.76; S.E.=1.1; p>.05).

Neben den signifikant bleibenden Basisvariablen und der Delegation zeichnet sich in Teilmodell 2 ein weiterer Prädiktor ab: die *aktive Prävention* an der Schule (B=-1.32; S.E.=.27; p<.001). Zentral innerhalb des Spektrums beim Umgang mit dem Schulschwänzen scheinen also zwei Punkte zu sein: die Delegation der Reaktion an schulbezogene Dienste (Klassenebene) sowie die aktive Prävention (Schulebene). Hypothese 2 kann somit angenommen werden. Auffallend hierbei ist, dass den Reaktionen der Lehrpersonen in Bezug auf ihre zahlenmäßige Größe eine deutlich stärkere Bedeutung zukommt als der schulspezifischen Prävention. Dies könnte ein Hinweis darauf sein, dass ein Dreh- und Angelpunkt zur Reduktion von Absentismus innerhalb der Schule weniger die allgemeinen, formal und strukturell gestalteten Maßnahmen sind, sondern das aktive Eingreifen der Lehrkräfte. Interessant ist, dass Reaktionen der Lehrpersonen auf Schulebene kaum eine Rolle zu spielen scheinen und der Einfluss des schulspezifischen Umgangs mit Absenzen sich auf die beiden genannten Variablen zu konzentrieren scheint.

7.6   Teilmodell 3: Unterricht

Das dritte Teilmodell basiert auf Konstrukten rund um das Thema Unterrichtsgeschehen. Auf Individualebene fließen hier Skalen ein, die Leistungsdruck und Unterrichtsdruck erfassen. Leistungsdruck bedeutet, dass die Schüler das Gefühl haben, viel Aufwand betreiben zu müssen, um für ihre Leistungen gute Noten zu erhalten. Unterrichtsdruck hingegen erfasst die Stoffmenge und das Tempo, in dem die Lehrperson Inhalte behandelt. Gemäß Rutter et al. (1980) sind die leistungsbezogenen Anforderungen einer Lehrperson an ihre Schüler, unter anderem im Sinne von Leistungs- und Unterrichtsdruck, sehr relevant für die Häufigkeit der Absenzen, ebenso die vorgelebte Disziplin der Lehrperson. Purkey und Smith (1991) konnten belegen, dass das Unterrichtsgeschehen in Zusammenhang mit Leistung als Outcome-Variable der Schuleffektivität ein wesentlicher Faktor für die Bindung eines Schülers an seine Schule ist. Auch Woolston (2008) konnte anhand der NELS-Daten in den USA (National Education Longitudinal Study of

1988)[62] zeigen, dass die Einstellungen einer Lehrperson von Bedeutung sind für die akkurate Einschätzung der Präsenz bzw. Absenzen der Schüler, ebenso wie für deren akademischen Erfolg. Wiederholtes vorzeitiges Beenden von Schulstunden hängt demnach mit der Tendenz zum Absentismus zusammen. In diesem Modell werden das überfachliche (außercurriculare) Angebot als Bereicherung zum regulären Fachunterricht sowie die Klassengröße berücksichtigt, weil beide unmittelbar auf den Unterricht bezogen sind: das Freifachangebot als Erweiterung des Curriculums und interessengeleitete Kooperationsmöglichkeit sowie die Klassengröße als Kontextfaktor für den Unterrichtsalltag. Teilmodell 3 wird auf zwei Ebenen modelliert, was aufgrund der Inhalte des Modells am sinnvollsten erscheint: schulischer Unterricht spielt sich lediglich auf zwei Ebenen ab, der individuellen und der Klassenebene. Leistungsdruck und Unterrichtsdruck wurden sowohl von den Schülern als auch von den Lehrpersonen erfragt, was dieses Modell besonders aufschlussreich zu werden verspricht. Die aus den genannten Konstrukten abgeleitete Hypothese, auf die sich Teilmodell 3 bezieht, lautet:

H3: Neben den Eingangsvoraussetzungen der Schüler hängt auch die Wahrnehmung des Unterrichts mit der Häufigkeit von Schulabsentismus zusammen.

Teilmodell 3 sieht folgendermaßen aus:

---

62 Der Datensatz der National Education Longitudinal Study of 1988 ist unter http://nces.ed.gov/-surveys/NELS88/ verfügbar (28. Oktober 2008), ebenso wie darauf basierende Publikationen. Er wird auf der Website folgendermaßen beschrieben: „A nationally representative sample of eighth-graders were first surveyed in the spring of 1988. A sample of these respondents were then resurveyed through four follow-ups in 1990, 1992, 1994, and 2000. On the questionnaire, students reported on a range of topics including: school, work, and home experiences; educational resources and support; the role in education of their parents and peers; neighborhood characteristics; educational and occupational aspirations; and other student perceptions. Additional topics included self-reports on smoking, alcohol and drug use and extracurricular activities. For the three in-school waves of data collection (when most were eighth-graders, sophomores, or seniors), achievement tests in reading, social studies, mathematics and science were administered in addition to the student questionnaire. To further enrich the data, students' teachers, parents, and school administrators were also surveyed. Coursework and grades from students, high school and postsecondary transcripts are also available in the restricted use dataset - although some composite variables have been made available in the public use file."

Teilmodell 3 Unterricht; unstandardisierte Koeffizienten, hierarchisch-lineares Modell

	M1 B	M1 SE	M2 B	M2 SE	M3 B	M3 SE
Intercept	1.33***	.25	.84***	.24	.68*	.23
Klassenebene						
Erweitertes Niveau	-.11	.17	.14	.18	.17	.20
Grundlegendes Niveau (Referenzkategorie)	-	-	-	-	-	-
7. Klasse	-.12	.18	.00	.19	.14	.20
8. Klasse (Referenzkategorie)	-	-	-	-	-	-
9. Klasse	1.14***	.19	1.05***	.20	.86***	.20
Klassengrösse					-.10**	.03
Lehrperson: Leistungsdruck					.10*	.04
Lehrperson: Unterrichtsdruck					.06	.03
Individualebene						
Geschlecht	-.38**	.11	-.37***	.12	-.40***	.12
ISEI	.11*	.01	.01*	.00	.01*	.00
Migrationshintergrund	-.49***	.14	-.37*	.15	-.34*	.15
Mathematiknote	-.17***	.04	-.19***	.04	-.19***	.04
Klasse wiederholt	.78***	.14	.68***	.15	.66***	.15
Leistungsdruck			.07*	.03	.07*	.03
Unterrichtsdruck			.05	.03	.05	.03
Anforderungen zu hoch			.70**	.25	.73***	.16
Anforderungen gerade richtig (Referenz)			-	-	-	-
Anforderungen zu niedrig			.72***	.15	.65*	.26
Bedeutsamkeit schulischer Inhalte			.01	.02	.01	.02
Disziplin der Lehrpersonen			.00	.03	-.03	.03
Überfachliche Vielfalt			-.07*	.03	-.09**	.03
Deviance	15446.98		12195.09		11714.16	
R² Individualebene	.02		.22		.22	
R² Klassenebene	.29		.23		.89	
Zusätzlich spezifizierte Parameter			7		10	

Teilmodell 3 ‚Unterricht', das Variablen auf Klassen- und Individualebene enthält, zeigt mehrere relevante Größen in Zusammenhang mit Absenzen. Auf der Schülerebene erweisen sich alle fünf Variablen des Basismodells als relevant für Schulabsentismus, wiederum ist die Klassenwiederholung der deutlichste Hinweis auf häufige Absenzen (B=.66; S.E.=.15; p<.001). Auch das Geschlecht (B=-.40; S.E.=.12; p<.001) und die Mathematiknote (B=-.19; S.E.=04; p<.001) behalten ihren Effekt bei. Der sozio-ökonomische Status resultiert zwar im dritten Modell noch als statistisch signifikante Variable, jedoch ist die *Stärke* des Zusammenhangs äußerst gering (B=.01; S.E.=.00; p<.05). Schüler mit Migrationshintergrund schwänzen gegenüber ihren Schweizer Klassenkameraden auch in diesem Modell häufiger, wobei die beiden Gruppen sich weniger deutlich voneinander unterscheiden als in den ersten beiden Modellen (B=.34; S.E.=.15; p< .05). Das bedeutet, dass in Bezug auf die Wahrnehmung der Schüler ihres Unterrichts der Migrationshintergrund zwar noch eine Rolle spielt, aber eine deutlich weniger große als in den ersten Modellen.

Von den neu hinzugefügten Variablen auf Schülerebene stellten sich drei als bedeutsam heraus. Am deutlichsten in Zusammenhang mit Absentismus steht das Empfinden der Schüler, dass die Leistungsanforderungen an ihrer Schule entweder zu hoch oder zu niedrig seien. Gegenüber Klassenkameraden, denen die Ansprüche „gerade richtig" erscheinen, schwänzen sie wesentlich häufiger (Anforderungen zu hoch: B=.73; S.E.=.16; p<.001; Anforderungen zu niedrig: B= .65; S.E.=.26; p<.05); also jeweils ungefähr doppelt so oft. Auffallend hierbei ist, dass *beide* Ausprägungen unangemessener Anforderungen in *positivem* Zusammenhang mit Absentismus stehen, also sowohl Über- als auch Unterforderung das Schulschwänzen zu begünstigen scheinen. Auch der von den Schülern empfundene Leistungsdruck hängt mit vermehrten Absenzen zusammen (B=.07; S.E.=.03; p<.05), während die überfachliche Vielfalt die Häufigkeit der Fehlstunden allem Anschein nach verringern kann (B=-.09; S.E.=.03; p<.01). Für die Disziplin der Lehrpersonen im Schülerurteil konnte kein Zusammenhang gefunden werden.

Auf Klassenebene erwies sich in diesem Modell die Klassengröße als relevant für die Häufigkeit der Fehlstunden (B=-.10; S.E.=.03; p<.001): je größer die Klasse, desto *seltener* wird geschwänzt. Der von den Lehrpersonen berichtete Leistungsdruck in ihrer Klasse steht konsistent zum Leistungsdruckempfinden ihrer Schüler in positivem, möglicherweise verstärkendem Zusammenhang mit den Absenzen (B=.10; S.E.=.04; p<.05). Auf der Basis dieser signifikanten Befunde kann H3 angenommen werden. Der von den Lehrpersonen erfragte Unterrichtsdruck ist ebenfalls wie bei den Schülern nicht bedeutsam für die Häufigkeit des Schwänzens.

Für Teilmodell 3 kann also festgehalten werden, dass unterrichtsrelevante Faktoren zunächst auf der Schülerebene unterschiedlich häufige Absenzen erklären, und zwar einerseits weiterhin durch alle bisher signifikanten Variablen des Basismodells sowie andererseits die *Unangemessenheit von Leistungsanforderungen* und *Leistungsdruck* ebenso wie die *außerunterrichtliche Vielfalt* des Freifachangebots. Auch auf der Klassenebene ist wie im Basismodell die Jahrgangsstufe relevant, dazu kommen die *Klassengröße* sowie der *Leistungsdruck auf Lehrerebene*. Es lassen sich also neben den Individualmerkmalen und Schülerurteilen zu den Leistungsanforderungen, Leistungsdruck und überfachlicher Vielfalt in diesem Modell drei Kontextfaktoren bestimmen, die über die Person der Schüler hinaus dazu beitragen, ob viel oder wenig geschwänzt wird.

7.7 Teilmodell 4: Ordnung und Disziplin

Das vierte Teilmodell basiert größtenteils auf der Studie von Rutter et al. (1980). Sie bestimmen Ordnung und Disziplin als schulische Faktoren, die bezüglich der *Leistungen* von Schülern einen wichtigen Unterschied machen. Darüber hinaus bezieht sich dieses Teilmodell auf Untersuchungen, die Disziplinaspekte im Rahmen der Schuleffektivitätsforschung untersucht haben und dabei speziell deren Rolle für einen gelingenden Unterrichtsbetrieb. Purkey und Smith (1983, in Holtappels, 2003) stellen zwar zunächst fest, dass „nicht Disziplin- und Leistungsanforderungen gute von schlechten Schulen [unterscheiden], sondern der Stil des Umgangs mit Schülern und die Annahme der pädagogischen Herausforderung durch einzelne Schülergruppen" (S. 67). Dennoch verfolgen sie in späteren Studien die Relevanz von Ordnung und Disziplin für ein reibungsloses Unterrichtsgeschehen (Purkey & Smith, 1991) und finden heraus, dass Disziplin im Klassenzimmer nur dann möglich ist und in das Handlungsrepertoire der Schüler integriert wird, wenn auch außerhalb des Unterrichts nachhaltig darauf geachtet wird. Holtappels (2003) bestimmt Ordnung und Disziplin als eine von vier Prozessvariablen, die eine produktive Schulkultur und ein förderliches Schulklima ausmachen. Rumberger (2001) weist darauf hin, dass Disziplinprobleme und Schulabsentismus einerseits häufig zusammen auftreten und andererseits den gängigsten Hinweis für einen späteren unqualifizierten Schulabbruch darstellen. Puhr (2002) schließlich reflektiert, dass die Präsenz in der Schule Teil einer (Selbst-)Disziplinierung der Schüler sei, indem für die Zeit des Unterrichts die Rolle als aufmerksam Lernende eingenommen werde. Absentismus wäre unter diesem Blickwinkel also eine mangelnde Diszipliniertheit der Schüler. Auf der Basis der genannten Befunde verdichtet Teilmodell 4 sowohl Variablen, die mit der Einschätzung von Ordnung und Disziplin im jeweiligen Schulhaus verbunden sind als auch Urteile von Schülern, Lehrpersonen und Schulleitungen zu der Frage, wie wichtig Disziplin für den Schulbetrieb ist. Auf der Individualebene wird das eigene Verhalten in der Schule zu den Basisvariablen hinzugenommen. Als Klassendurchschnittswerte werden die Strenge und Kontrolle an der Schule sowie die Disziplin der Lehrpersonen aus der Sicht der Schüler in das Modell einbezogen. Aus der Perspektive der Lehrpersonen werden folgende disziplinbezogene Variablen analysiert: Disziplinprobleme als Belastungsfaktor („Desinteressiertes oder undiszipliniertes Verhalten der Schüler im Unterricht"), der Stellenwert von Ordnung und Disziplin („Bei uns wird sehr darauf geachtet, dass die Schüler anständig sind") sowie Ordnung und Disziplin als explizites Lernziel. Schließlich gehen aus den Daten der Schulleitungen zwei Konstrukte in das vierte Teilmodell ein: analog zu den Lehrpersonen der Stellenwert von Ordnung und Disziplin für den Schulbetrieb und ebenfalls Ordnung und Disziplin als explizites Lernziel.

Dieses vierte Teilmodell umfasst neben der Individualebene mit der Klassen- und der Schulebene zwei Kontextebenen. Im Sinne der Argumentation von Purkey und Smith (1991) werden alle drei Ebenen berücksichtigt, um Ordnung und Disziplin für den gesamten Schulbetrieb und alle beteiligten Perspektiven zu untersuchen und so auch über das reine Unterrichtsgeschehen hinaus deren Stellenwert im Hinblick auf Absentismus zu beleuchten. Als Hypothese für die in Teilmodell 4 verwendeten Konstrukte wurde folgende Vermutung abgeleitet:

H4: Neben den Eingangsvoraussetzungen der Schülerschaft hängen auch die Einschätzungen zu Ordnung und Disziplin an der Schule durch Schüler, Lehrpersonen und Schulleitungen damit zusammen, wie häufig Schüler schwänzen.

Teilmodell 4 sieht wie folgt aus:

Teilmodell 4 Ordnung und Disziplin, unstandardisierte Koeffizienten, hierarchisch-lineares Modell

	M1 B	M1 SE	M2 B	M2 SE	M3 B	M3 SE	M4 B	M4 SE
Intercept	1.33***	.25	.96***	.22	1.06***	.24	1.06***	.24
Schulebene								
Schulleiter: Disziplin als Lernziel							.33***	.08
Schulleiter: Ordnung und Disziplin							-.09	.11
Klassenebene								
Erweitertes Niveau	-.11	.17	-.11	.16	-.18	.17	-.25	.18
Grundlegendes Niveau (Referenzkategorie)	-	-	-	-	-	-	-	-
7. Klasse	-.12	.18	-.03	.17	-.08	.19	.00	.20
8. Klasse (Referenzkategorie)	-	-	-	-	-	-	-	-
9. Klasse	1.14***	.19	.92***	.17	.90***	.19	.82***	.19
Strenge und Kontrolle					.05	.03	.02	.10
Disziplin der Lehrpersonen					.06**	.02	.26**	.09
Lehrperson: Ordnung und Disziplin					.00	.03	.00	.03
Lehrperson: Disziplin als Lernziel					-.07	.20	-.03	.20
Lehrperson: Belastung undisz. Verhalten					.14*	.06	.21**	.07
Individualebene								
Geschlecht	-.38***	.11	-.15	.11	-.17	.12	-.18	.13
ISEI	.11**	.04	.01*	.00	.01*	.00	.01*	.00
Migrationshintergrund	-.49***	.14	-.54***	.14	-.43**	.15	-.47**	.16
Mathematiknote	-.17***	.04	-.11***	.03	-.10*	.04	-.09*	.04
Klasse wiederholt	.78***	.14	.69***	.14	.70***	.15	.67***	.15
Verhalten im Unterricht			.34***	.02	.34***	.02	.31***	.03
Deviance	15446.98		14086.83		11883.77		10230.48	
R² Individualebene	.02		.27		.29		.24	
R² Klassenebene	.29		.42		.48		.43	
R² Schulebene	-		-		-		.58	
Zusätzlich geschätzte Parameter	-		1		6		8	

Auffällig in Teilmodell 4 ist zunächst die Veränderung der Basisvariablen in den einzelnen Teilschritten. Zentral ist hier, dass das Geschlecht, das in allen bisherigen Modellen wichtig war für die Vorhersage von Schulabsentismus, in diesem Teilmodell keine Bedeutung mehr dafür erlangt.[63] Im vollständigen Teilmodell 4 (M4) spielt über die weiterhin signifikanten Basisvariablen hinaus das *'Negative Verhalten im Unterricht'* eine relevante Rolle für die Erklärung der Häufigkeit von Absentismus (B=.31; SE=.03; p<.001). Auch auf der Klassenebene kommen neben der weiterhin wichtigen Jahrgangsstufe 9 (B=.82; SE=.19; p<.001) zum einen die geteilte Wahrnehmung über die *Disziplin der Lehrpersonen* hinzu (B=.26; SE=.09; p<.01) sowie zum anderen die *Belastung der Lehrpersonen durch undiszipliniertes Verhalten ihrer Schüler* (B=.21; SE=.07; p<.01). Auch anhand der Schulleiterangaben lässt sich ein Hinweis auf mögliche „Einflüsse" für Absenzen erkennen: wenn die Schulleitungen *Ordnung und Disziplin als explizites Lernziel* ansehen, wird eher geschwänzt als wenn dies nicht der Fall ist (B=.33; S.E.=.08; p<.001). Daher kann Hypothese 4 bestätigt gelten, weil neben der Schülerebene auch auf beiden Kontextebenen signifikante Zusammenhänge mit Absentismus bestehen. Außer dem Geschlecht bleiben auch die Basisvariablen signifikant: Eine oder mehrere Klassenwiederholungen sind weiterhin ein starker Hinweis auf Absentismus (B=.67; SE=.15; p<.001) und Schüler mit Migrationshintergrund schwänzen häufiger als ihre Schweizer Klassenkameraden (B=.47; S.E.=.16; p<.01). Auch eine schwache Mathematiknote behält ihren Effekt bei, wenn auch nur noch halb so stark wie im Basismodell (B=-.09; S.E.=.04; p<.05). Der sozio-ökonomische Hintergrund hängt auch in diesem Modell schwach positiv mit Absentismus zusammen (B=.01; SE=.00; p<.05). Da in Teilmodell 4 zwei Variablen aus zwei unterschiedlichen Perspektiven analysiert werden (Stellenwert von Ordnung und Disziplin, Disziplin als explizites Lernziel an der Schule), müssen jeweils auch mögliche *cross-level*-Interaktionen betrachtet werden: möglicherweise hängen die Ebenen nicht jede für sich, sondern nur in Verbindung miteinander mit Absentismus zusammen. Für beide Konstrukte werden zu diesem Zweck Interaktionsterme als Produkt aus der Einschätzung der Lehrpersonen und der Schulleiter gebildet. Keiner der beiden Interaktionsterme erhält jedoch ein signifikantes Regressionsgewicht, so dass für dieses Modell nicht von einer die Analyseebenen überschreitenden Interaktion zwischen der Einschätzung von Ordnung und Disziplin seitens der Lehrkräfte und Schulleitungen auszugehen ist. Insgesamt kann festgehalten werden, dass die Bedeutung von Ordnung und Disziplin deutlicher in direkten Interaktionen unter Schülern oder zwischen Schülern und Lehrpersonen zum Ausdruck kommt als in formalen Einschätzungen wie von Seiten der Schulleitungen.

---

63 Geschlecht in Teilmodell 4 (M4): B=-.18; S.E.=.11 im Vergleich zum Basismodell: B=-.38; S.E.=.11.

7.8 Teilmodell 5: Soziale Beziehungen und Klima

Das fünfte Teilmodell orientiert sich an dem von Rutter et al. (1980) untersuchten Sozialklima in Schulhäusern, das mit den Leistungen und der Anwesenheit der Schüler in Verbindung gebracht wurde. Bereits aus den 1970er-Jahren liegen Studien vor, in denen es vorwiegend um das Wohlbefinden von Schülern in ihrer Schule ging und in denen Schulschwänzen zumindest als eine von mehreren (unabhängige) Variablen mit erhoben wurde (Fend, 1976; Reynolds, 1976). Einhellig lauten hier die Befunde, dass das Wohlbefinden der Jugendlichen zur Identifikation mit ihrer Schule beiträgt und entsprechend präventiv gegen Absentismus wirken muss. Auch in neuerer Zeit konnte dies kontinuierlich bestätigt werden (Caterall, 1998; Lee, 1999; Schreiber-Kittl & Schröpfer, 2002). Lee und Burkam (2003) vertiefen diesen Aspekt und bemerken, dass ein wesentliches Motiv für Schulabsentismus das *Vermeiden unangenehmer Begegnungen* im schulischen Rahmen ist. Da soziale Beziehungen und Schulklima immer wieder als relevante Faktoren für Schulabsentismus herausgearbeitet werden konnten, darf dieses Konstrukt auch in dieser Studie nicht außer Acht gelassen werden. Ein weiterer Punkt, der zur Wahrnehmung des Schulklimas beiträgt, sind die Gemeinschaft innerhalb der Schulklasse bzw. die empfundenen Rivalitäten. Ob das Miteinander in der Zwangslerngemeinschaft Schulklasse eher von Solidarität und Zusammenhalt oder von Konkurrenz geprägt ist, spielt eine zentrale Rolle für das Wohlbefinden der Jugendlichen. Beide Skalen werden als geteilte Wahrnehmungen des schulischen Umfelds auf Klassenebene als Durchschnittswert verwendet (aggregiert). Die Beziehungen zwischen Schülern und Lehrpersonen werden also sowohl aus der Sicht der Jugendlichen als auch der Lehrkräfte erfasst, um beide beteiligten Perspektiven einzubeziehen. Damit nicht nur die einzelnen Effekte, sondern auch mögliche Interaktionen zwischen beiden Beurteilungen erfasst werden, gehen aus beiden Ebenen Skalen (und deren Produkte zwischen den Ebenen) in Teilmodell 5 ein. Die auf den genannten Konstrukten aufgebaute Hypothese zu Teilmodell 5 lautet folgendermaßen:

H5: Neben den individuellen Eingangsvoraussetzungen hängt das Schulklima aus der Perspektive der Schüler mit der Häufigkeit von Absenzen zusammen.

Teilmodell 5 sieht wie folgt aus:

Teilmodell 5 Soziale Beziehungen und Klima; unstandardisierte Koeffizienten; hierarchisch-lineares Modell

	M1 B	M1 SE	M2 B	M2 SE	M3 B	M3 SE	M4 B	M4 SE
Intercept	1.33***	.25	1.45***	.28	3.16***	.86	3.16***	.86
Schulebene								
Schüler (aggregiert): Positives Schulklima							-.11***	.02
Schulleiter: Soziale Orientierung							-.06	.06
Klassenebene								
Erweitertes Niveau	-.11	.17	-.07	.17	-.22*	.11	-.24*	.11
Grundlegendes Niveau (Referenz)	-	-	-	-	-	-	-	-
7. Klasse	-.12	.18	-.09	.19	-.11	.11	-.11	.11
8. Klasse (Referenzkategorie)	-	-	-	-	-	-	-	-
9. Klasse	1.14***	.19	.76***	.18	.76***	.18	.79***	.16
Klassengemeinschaft					-.05	.03	-.17**	.06
Klassenrivalität					.08**	.03	.01	.05
Allg. Umgangston Schüler/Lehrpersonen					-.24***	.04	-.24***	.04
Positive Beziehung zu Lehrpersonen					-.09***	.02	-.10**	.04
Klassengrösse					.03	.03	.03	.03
Lehrperson: Konsenorientierung					-.06**	.02	-.06**	.02
Lehrperson: positives Sozialklima					.05	.04	.06	.04
Lehrperson: Umgang mit Schülern					.01	.02	-.01	.02
Lehrperson: Soziale Orientierung					-.01	.01	-.01	.01
Individualebene								
Geschlecht			-.48***	.12	-.45***	.12	-.44***	.12
ISEI			.01*	.00	.01*	.00	.01*	.00
Migrationshintergrund			-.45***	.13	-.39***	.10	-.40***	.10
Mathematiknote			-.15***	.04	-.12**	.04	-.19***	.04
Klasse wiederholt			.49***	.13	.42**	.14	.42**	.14
Körperliche Beschwerden			.41***	.05	.42***	.05	.41***	.05
Mobbing			.02	.04	.04	.04	.02	.02
Deviance	15446.98		9286.94		7802.33		7801.37	
R² Individualebene	.02		.79		.80		.80	
R² Klassenebene	.29		.82		.82		.82	
R² Schulebene	-		-		-		.88	
Zusätzlich geschätzte Parameter	-		1		10		12	

Dieses fünfte Teilmodell sticht besonders im Hinblick auf das Intercept (also den Durchschnittswert auf der Absentismusskala) hervor: bei durchschnittlichen Werten der enthaltenen Variablen (bzw. ausgehend von den Referenzkategorien bei den kategorialen Variablen) steigt der Wert auf der Absenzenskala auf gut 3 Punkte an. Damit schwänzt ein Schüler, der in diesem Modell überall durchschnittliche Werte hat, gelegentlich. Einzig das erste Teilmodell zur Größe und geographischen Lage der Schule erzielte ein höheres Intercept. Zwar liegt der Wert in diesem Teilmodell wie bei den übrigen Modellen noch immer im Bereich des gelegentlichen Schwänzens, doch findet dieser Anstieg erstmals unter Betrachtung der *Beziehungsvariablen* statt und nicht wie im ersten Teilmodell mit ausschließlich strukturellen Faktoren. Das kann als deutlicher Hinweis darauf gewertet werden, dass die Beurteilung von Beziehungen innerhalb der Schule und Klasse von großer Relevanz für das Absentismusverhalten von Schülern ist. Außerdem fällt ins Auge, dass die bisher relativ stabilen Einflussgrößen an Effektstärke verloren haben: die Wiederholung einer oder mehrerer Schulklassen ist nicht mehr der wichtigste Faktor auf der Schülerebene. Gegenüber den bisherigen Teilmodellen, wo er im Bereich .70 lag, ist die Klassenwiederholung weniger stark an der Erklärung unterschiedlicher Absenzenraten beteiligt (B=.42; S.E.=.14; p<.01) als in den übrigen Modellen. Am bedeutendsten im Bereich der Basisvariablen ist nun das Geschlecht (B=-.44; S.E.=.12; p<.001), was ein Indiz für die Sensibilität der Mädchen für die Beziehungsqualität sein könnte. Auch der Migrationshintergrund der Schüler (B=-.40; S.E.=.16; p<.05) trägt weiterhin zur Erklärung von Absentismus bei. Auf Klassenebene birgt dieses fünfte Teilmodell eine Änderung gegenüber den vorangehenden Modellen: das schulische *Anforderungsniveau* spielt unter Betrachtung der Beziehungsvariablen erstmals eine Rolle für die unterschiedliche Häufigkeit der Absenzen: im erweiterten Niveau wird seltener geschwänzt als in Klassen mit grundlegenden Ansprüchen (B=-.24; S.E.=.11; p<.05). Nach wie vor lässt sich mit zunehmendem Alter auch eine wachsende Tendenz zum Absentismus feststellen (B=.79; S.E.=.16; p<.001). Dass Schüler mit Migrationshintergrund häufiger schwänzen als ihre Schweizer Kameraden, entspricht den vorherigen Modellen. Der Wert hierfür ist jedoch mit B=-.40 gegenüber den in den anderen Modellen erreichten Werten von rund .50 in Teilmodell 5 vergleichsweise gering. Die *Qualität der Beziehungen* scheint also den Faktor Migrationshintergrund in Zusammenhang mit Absenzen abzuschwächen. Die Effektgröße der Note im Fach Mathematik (B=-.19; S.E.=.04; p<.001) bleibt im Bereich des Basismodells und verändert sich durch die Hinzunahme der Beziehungsvariablen kaum. Wie in den übrigen Modellen auch, behält der sozio-ökonomische Status seinen sehr schwachen, aber signifikanten Effekt bei (B=.01; S.E.=.00; p<.05). Auf der Individualebene zeigt sich nur für eine der beiden hinzu genommenen Variablen ein Zusammenhang mit Absentismus:

die hoch signifikante Korrelation von *körperlichen Beschwerden* mit Absentismus (B=.41; SE=.05; p<.001) legt die Vermutung nahe, dass es sich um psychosomatische Erkrankungen (oder aber um Simulationen) handeln könnte. Auf der Klassenebene aggregiert und in der Effektstärke deutlich geringer, doch von signifikanter Bedeutung für unterschiedlich häufige Absenzen sind der *allgemeine Umgangston zwischen Schülerschaft und Lehrpersonen* (Schülerurteil; B= -.24; S.E.=.04; p<.001) und die Klassengemeinschaft (B=-.17; S.E.=.06; p<.01). Die dem Gewicht nach schwächsten signifikanten Prädiktoren sind die aggregierten Schülerurteile über eine *positive Beziehung zu ihrer Lehrperson* (B=-.10; S.E.=.04; p<.001; Klassenebene) sowie über das *Schulklima* (B=-.11; S.E.=.02; p<.001; Schulebene). Mit Bezug auf fünf erklärungsstarke Variablen, die über die Eingangsvoraussetzungen hinausgehen, kann die Annahme von H5 als solide begründet gelten. Keine Relevanz für die Unterschiedlichkeit der Absenzen hat das Schülerurteil über Mobbing. Auf den Kontextebenen wird neben Durchschnittswerten einzig ein Lehrpersonenurteil signifikant: Ist die Klassenlehrperson gemäß eigenen Angaben *konsensorientiert*, so geben die Schüler dieser Klasse seltener Absenzen an als bei weniger konsensorientierten Lehrpersonen (B= -.06; S.E.=.02; p<.01). Dieser Effekt ist jedoch minimal. Der sozialen Orientierung der Schulleitung kommt im Beziehungsnetzwerk keine bedeutende Rolle in Bezug auf Absentismus zu.

7.9   Teilmodell 6: Belastungen und Ressourcen der Schule

Das sechste Teilmodell (,Belastungen und Ressourcen der Schule') betrachtet Faktoren, die aus den drei Perspektiven der Schüler, Lehrpersonen und Schulleitungen den schulischen Alltag erschweren, aber auch erleichtern können. Das Modell wägt belastende gegen schützende Faktoren (Ressourcen) von Schulen ab und versucht auf diese Weise zu bestimmen, *welche* dieser Merkmale mit Absentismus assoziiert sind. Durch die Balance dieser beiden Perspektiven soll verhindert werden, dass aufgrund einer einseitigen Schwerpunktsetzung Effekte über- oder unterschätzt werden, weil der Kontext zu wenig beachtet wird. Reids (1999) *institutionelle Absentisten* entsprechen am ehesten einem Typus, der auf Belastungen bzw. fehlende Ressourcen seiner Schule durch demonstratives Auflehnen und schwieriges Verhalten reagiert. Teilweise ist sicherlich nicht auszuschließen, dass gerade diese Motivation für Absentismus auch selbst erzeugt ist, wenn man von einer Verbindung zwischen abweichendem Verhalten und Absentismus ausgeht (Holtappels, 1985; 2003). Dennoch muss auch in Betracht gezogen werden, dass in generell belasteten Schulen (etwa durch Vorkommnisse wie Vandalismus o.ä.) die Schüler sich dafür entscheiden, diesen als unangenehm empfundenen Ort zu meiden und dem Unterricht fernzubleiben, auch oder besonders *wenn* sie selbst zu keinem dieser Belastungsfaktoren beitragen. Tillmann (1999) und Holtappels (2003) konnten in ihren Untersuchungen zur Wirkung von Lernkulturen zeigen, dass eine angenehme, anregungsreiche Lernkultur zu einem Abbau von physischen und psychischen Aggressionen und auch von Schulabsentismus führen können. Parsons et al. (1960) stellen fest, dass für die Kooperation zwischen Schülerschaft und Schule ein genügend attraktives Angebot seitens der Schule notwendig sei. Weißbrodt (2007) schließt daraus, „dass nicht schulischer Zwang, sondern ein Angebot der Schule, das die Schüler zur Mitarbeit hinreichend motiviert, eine Abwendung der Jugendlichen von der Schule verhindern könnte." Das Betreuungsangebot und die Präsenz von pädagogisch-psychologischem Personal, das die Jugendlichen zur Teilnahme am schulischen Alltag motiviert, scheint eine Schlüsselrolle für die Anziehungskraft zu spielen, die eine Schule auf ihre Schüler ausüben kann. Angebote, die die Attraktivität des schulischen Lebens zum Teil ausmachen, beziehen sich auf Lerninhalte, aber auch auf Gelegenheiten zu sozialen Interaktionen und Austausch, denen wiederholt eine enorme Bedeutung in Verbindung mit dem Schulschwänzen nachgewiesen wurde (Corville-Smith et al., 1998; Tillmann, 1999; Schwind, 2004). Bestätigt wurde der Zusammenhang von schulischen Belastungsfaktoren und Absentismus auch im Schweizer Forschungsprojekt: acht von den 14 interviewten Schulschwänzern berichteten darüber, dass belastende Situationen und Verhältnisse in der Schule für sie eine Schlüsselkategorie ihres Absentismus waren (Stamm et al., 2007). Dieser Befund soll anhand von Teilmodell 6 überprüft werden. Die leitende Hypothese hierzu ist wie folgt formuliert:

H6: Neben den Eingangsvoraussetzungen der Schüler hängen die Belastungen und Ressourcen einer Schule aus der Sicht von Jugendlichen, Lehrpersonen und Schulleitungen mit der dortigen Absenzenhäufigkeit zusammen.

Konstruiert wird das Modell ausgehend vom Basismodell auf drei Ebenen. Folgende Belastungsfaktoren sind im Modell enthalten: Auf der Schülerebene werden die Skalen ‚Negatives Verhalten im Unterricht' (vgl. Teilmodell 4; Eder, 1995) sowie Mobbing (Eigenentwicklung) hinzugefügt. Aus der Perspektive der Lehrkräfte fließen verschiedene mögliche Belastungsfaktoren ein: die eigene berufliche Belastung sowie konkret schülerbezogene Belastungen (Ditton & Merz, 1999; Dann et al., 2005). Die Schulleitungen als Repräsentanten der Schulebene sind durch zwei Variablen im Modell vertreten: die Einschätzung der Belastung ihrer Schule durch Vandalismus sowie durch fehlenden Respekt der Schüler. Als protektive, ressourcenorientierte Merkmale werden diese Indikatoren in das Modell eingebracht: Auf der Individualebene wurde hierzu wie in Teilmodell 3 das überfachliche Angebot einbezogen. Auf der Klassenebene wird jedem Schüler die Klassengröße als Wert zugewiesen. Auf der Schulebene gehen zwei Variablen in das Teilmodell zur Betreuung ein: Während der Interviews wurden die Schulleiter gebeten, in einer Liste zum pädagogisch-psychologischen Angebot an ihrer Schule anzugeben, ob unter anderem Schulsozialarbeit und schulpsychologischer Dienst intern, extern oder überhaupt nicht zur Verfügung stehen. Außerdem wird das Vorhandensein weiterer Angebote anhand einer Gewichtung klassifiziert (intern=2; extern=1; nicht vorhanden=0). Es handelt sich dabei um Wahl- und Freifächer, Mittagstisch, Aufgabenhilfe/Nachhilfe, heilpädagogische Angebote, Begabtenförderung, Logopädie und Anderes. Unterteilt werden die Schulen ferner nach der Breite ihres Angebots (z.B. Aufgabenhilfe, Mittagstisch etc.) sowie nach vorhandener Schulsozialarbeit. Ein schmales Angebot entspricht dabei 7-9 Punkten, ein mittleres Angebot 10-12 und ein breites Angebot 13-15 Punkten. Das Modell sieht unter Einbezug aller Variablen wie folgt aus:

Teilmodell 6 Belastungen und Ressourcen an der Schule: unstandardisierte Koeffizienten; hierarchisch-lineares Modell

	M1 B	M1 SE	M2 B	M2 SE	M3 B	M3 SE	M4 B	M4 SE
Intercept	1.33***	.25	1.79***	.29	1.82***	.34	2.00***	.30
Schulebene								
Schulsozialarbeit vorhanden (intern)							-.51***	.14
Schulsozialarbeit vorhanden (extern)							-.32	.22
Schulsozialarb. nicht vorhanden (Referenz)							–	
Schulangebot schmal (Referenz)							–	
Schulangebot mittel							-.17**	.07
Schulangebot breit							-.76*	.33
Schulleiter: Belastung durch Vandalismus							.44*	.19
Schulleiter: Belastung durch fehlenden Respekt							.09	.05
Klassenebene								
Erweitertes Niveau	-.11	.17	-.09	.15	.16	.09	.13	.09
Grundlegendes Niveau (Referenzkategorie)	–		–		–		–	
7. Klasse	-.12	.18	-.35*	.17	-.39*	.17	-.38*	.17
8. Klasse (Referenzkategorie)	–		–		–		–	
9. Klasse	1.14***	.19	.74***	.17	.72***	.17	.76***	.16
Klassengrösse					.02*	.01	.01	.01
Berufliche Belastung der Lehrpersonen					.03	.04	.03	.04
Schülerbezogene Belastung der Lehrpersonen					.08*	.03	.08*	.03
Individualebene								
Geschlecht	-.38***	.11	-.37**	.14	-.32**	.13	-.25*	.12
ISEI	.11**	.04	.01*	.00	.00	.00	.00	.00
Migrationshintergrund	-.49***	.14	-.61***	.17	-.63***	.16	-.72***	.16
Mathematiknote	-.17***	.04	-.15**	.05	-.15***	.05	-.15***	.04
Klasse wiederholt	.78***	.14	.52**	.16	.49**	.16	.46**	.15
Mobbing			.18***	.04	.18***	.04	.20***	.04
Negatives Verhalten im Unterricht			.30***	.02	.29***	.02	.29***	.02
Überfachliche Vielfalt			-.01	.02	-.05	.03	-.06*	.03
Deviance	15446.98		9578.32		8576.46		7017.54	
R²Individualebene	.02		.24		.79		.81	
R²Klassenebene	.29		.45		.84		.88	
R²Schulebene	–		–		–		.97	
Zusätzlich geschätzte Parameter	–		3		6		12	

An Teilmodell 6 kann am deutlichsten gezeigt werden, dass die Schule über die Herkunftsmerkmale der Schüler hinaus relevante Bedingungsfaktoren liefert, die mit Schulabsentismus zusammenhängen. Im Vergleich zu den bisherigen Teilmodellen verändern sich die Basisvariablen hier am stärksten: Besonders auffallend bei diesem sechsten Teilmodell ist der markante Anstieg des Koeffizienten für den Migrationshintergrund gegenüber dem Basismodell (von B=.49; S.E.=.14; p<.001 auf B=.72; S.E.=.16; p<.001) und im Gegenzug der relative Bedeutungsverlust der Klassenwiederholung: diese war bisher konstant der stärkste Faktor unter den Eingangsvoraussetzungen. Eine Klassenwiederholung ist auch hier signifikant, tritt nun jedoch bezüglich ihres Regressionsgewichts deutlich zurück (von B=.78; S.E.=.14; p<.001 im Basismodell auf B=.46; S.E.=.15; p<.01). Auch das Geschlecht verliert gegenüber dem Basismodell merklich an Gewicht (von B=-.38; S.E.=.11; p<.001 auf B=.25; S.E.=.12; p<.05). Auf der Klassenebene bleibt der Eindruck der meisten bisherigen Modelle erhalten: das Anforderungsniveau zeigt keinen signifikanten Effekt für die unterschiedliche Häufigkeit von Absenzen, hingegen bleibt die Jahrgangsstufe ein wichtiger Erklärungsfaktor für Schulschwänzen. In diesem Modell unterscheidet sich neben den Neuntklässlern erstmals auch die Jahrgangsstufe 7 signifikant von der achten Klasse (Klasse 9: B=.76; S.E.=.16; p<.001; Klasse 7: B=.38; S.E.=.17; p<.05). Dennoch hat sich die Effektstärke der Jahrgangsstufe 9 deutlich reduziert gegenüber dem Basismodell (B=1.14; S.E.=.19; p<.001).

Das sechste Teilmodell, in dem es um die Balance zwischen den Schulalltag erschwerenden und erleichternden Vorkommnissen und Erfahrungen geht, beleuchtet Schulabsentismus aus einer belastungs- und ressourcenorientierten Perspektive. Dies ist gerade deswegen von großer Bedeutung, weil sich im Rahmen des Fribourger Forschungsprojektes gezeigt hat, dass Schulschwänzen gegenüber anderen Belastungen an den Schulen nur eine geringe Rolle spielt (Stamm et al., 2007) und daher von den Schulleitungen als marginales Problem eingestuft wird. Dieses Netz aus bedrückenden und motivierenden Umständen genauer unter die Lupe zu nehmen, ist Aufgabe von Teilmodell 6. Von den Indikatoren, die als Ressourcen im Modell betrachtet werden, hängen auf Schulebene das *Vorhandensein von Schulsozialarbeit* und die *Breite des Förderangebots* signifikant mit Schulabsentismus zusammen: an Schulen, die über eine interne Schulsozialarbeit verfügen, wird signifikant weniger geschwänzt als an Schulen, die dieses Angebot nicht oder lediglich extern haben (B=-.51; S.E.=.14; p<.001); dieser Befund darf jedoch nicht vorschnell verallgemeinert werden (vgl. Kapitel 8 zur Diskussion). Ein Resultat, das viele frühere Studien bestätigt (Schwind, 2004; Stamm, 2006), ist die Rolle des *Förderangebotes* an den Schulen. Im Vergleich zu einem relativ schmalen Angebot wird an Schulen mit einem mittleren oder breiten außercurricularen Programm wesentlich weniger geschwänzt (mittleres Angebot: B=-.17;

S.E.=.07; p<.01; breites Angebot: B=-.76; S.E.=.33; p<.05). Auch ein Teil der Belastungsfaktoren der Schule steht in signifikantem Zusammenhang mit Absentismus: Auf der Individualebene fällt besonders auf, dass die Schülerangaben zu *Mobbing* im Gegensatz zu Teilmodell 5 ('Soziale Beziehungen und Klima') unter Betrachtung von Belastungen und Ressourcen eine signifikante Rolle für die Erklärung von Schulabsentismus spielen (B=.20; S.E.=.04; p<.001). Aus der Perspektive der Lehrpersonen zeigt sich, dass deren Urteil über *schülerbezogene Belastungen* positiv mit Absentismus korreliert (B=.08; S.E.=.03; p<.05). Das bedeutet, dass je mehr schülerbezogene Belastungen eine Lehrperson berichtet, desto häufiger geben auch ihre Schüler an, zu schwänzen. Die Angabe der Schulleitungspersonen, ihre Schule sei durch *Vandalismus* belastet, hängt ebenfalls mit der Häufigkeit von Absenzen zusammen (B=.44; S.E.=.19; p<.05). Dass trotz der weiterhin großen Bedeutung der Eingangsvoraussetzungen sowohl auf Klassen- als auch auf Schulebene noch mehr Faktoren statistisch signifikant werden, ist ein klarer Hinweis darauf, dass Merkmale des schulischen Umfelds relevant für die Entstehung von Schulabsentismus sind. Damit kann H6 klar angenommen werden. Insgesamt zeigt dieses sechste Teilmodell, dass hinsichtlich der Belastungs- und Ressourcendichte einer Schule die Kombination aus den drei Betrachtungsebenen sehr ergiebig ist, wobei die Individual- und Schulebene hier am deutlichsten ins Gewicht fallen. Die proportionale Fehlerreduktion in Teilmodell 6 ist auffallend hoch und hängt sehr wahrscheinlich damit zusammen, dass bei einem relativ kleinen Datensatz (28 Schulen) mit 24 Kovariaten vergleichsweise viele Variablen in diesem Modell enthalten sind. Dieses Problem ist aus dem Bereich der OLS-Regressionen bekannt und wird dort meist mit adjustierten Koeffizienten gelöst, was hier jedoch nicht der Fall ist.

7.10 Veränderung der Basisvariablen in den Teilmodellen

In diesem Kapitel werden die Variablen des Basismodells genauer betrachtet. Insbesondere ihre Veränderung in den sechs Teilmodellen ist nun von Interesse. Zunächst werden die Variablen auf der Individualebene abgehandelt (Geschlecht, sozio-ökonomischer Status, Migrationshintergrund, Mathematiknote und Klassenwiederholung) und anschließend die beiden Prädiktoren auf der Klassenebene (Jahrgangsstufe und schulisches Anforderungsniveau).

Geschlecht

Als erstes wird das Geschlecht als individuelle Eingangsvoraussetzung in den Blick genommen. Folgende Tabelle zeigt die jeweiligen B-Koeffizienten in den Teilmodellen und im Basismodell.

Tabelle 41   Eingangsvoraussetzung Geschlecht: Veränderung des B-Koeffizienten in den Teilmodellen

Teilmodell	Basis	1	2	3	4	5	6
Geschlecht	-.38***	-.38**	-.33*	-.40***	-.18	-.44***	.25*

***: p<.001; **: p<.01; *: p<.05.

Aus dieser vergleichenden Tabelle geht hervor, dass das Geschlecht in allen Modellen bis auf Teilmodell 4 (‚Ordnung und Disziplin') einen wichtigen Beitrag zur Erklärung und Vorhersage von Schulabsentismus liefert. Die Stärke des Zusammenhangs variiert zwischen B=-.25 in Teilmodell 6 (‚Belastungen und Ressourcen der Schule') und B=-.44 in Teilmodell 5 (‚Soziale Beziehungen und Klima'). Im Vergleich zum Basismodell findet sich in zwei Konstellationen ein stärkerer Effekt des Geschlechts: in den Teilmodellen 3 und 5 gewinnt das Geschlecht an Gewicht, während es in den Modellen 2, 4 und 6 im Vergleich zur Basiskonstellation verliert. Für das Geschlecht als Herkunftsmerkmal der Schüler zeigt sich also, dass es konstant relevant ist für die Erklärung, warum an unterschiedlichen Schulen unterschiedlich häufig geschwänzt wird.

Sozio-ökonomischer Status der Schüler

Als weitere Eingangsvoraussetzung wird der sozio-ökonomische Status der Schüler bzw. seine Veränderung in den verschiedenen Modellkonstellationen untersucht. Folgende Tabelle zeigt die jeweiligen B-Koeffizienten in den Teilmodellen und im Basismodell.

Tabelle 42 Eingangsvoraussetzung sozio-ökonomischer Status: Veränderung des B-Koeffizienten in den Teilmodellen

Teilmodell	Basis	1	2	3	4	5	6
HISEI	.11**	.17***	.01**	.01*	.01*	.01*	.01**

***: p<.001; **: p<.01; *: p<.05.

Der sozio-ökonomische Hintergrund (HISEI) der Schüler spielt lediglich im Basismodell und im ersten Teilmodell, das das so genannte Einzugsgebiet einer Schule bezüglich ihrer Größe und geographischen Lage betrachtet, eine zentrale Rolle. Zwar erscheint der Zusammenhang mit Absentismus für den HISEI-Wert in beinahe allen übrigen Modellen ebenfalls als signifikantes Resultat, allerdings ist der entsprechende Zahlenwert jeweils denkbar gering. Im Vergleich zum Basismodell hat einzig Teilmodell 1 einen höheren Koeffizienten, alle übrigen Modelle weisen jeweils den Wert B=.01 auf.

Migrationshintergrund

Der Migrationshintergrund rückt als möglicher Faktor für eine Bildungsbenachteiligung zunehmend in den Fokus von Bildungspolitik und -forschung (Rothman, 2001; Baumert et al., 2007). Der Wert für den Migrationshintergrund in den unterschiedlichen Modellen zeigt, unter welchen Umständen der Migrationshintergrund mehr oder weniger relevant für das Schwänzverhalten Jugendlicher ist. Die nächste Tabelle bündelt die entsprechenden B-Koeffizienten im Basismodell sowie in den sechs Teilmodellen.

Tabelle 43 Eingangsvoraussetzung Migrationshintergrund: Veränderung des B-Koeffizienten in den Teilmodellen

Teilmodell	Basis	1	2	3	4	5	6
Migrationshintergrund	-.51***	-.36	-.39*	-.34*	-.47**	-.40**	-.72***

***: p<.001; **: p<.01; *: p<.05.

Der Migrationshintergrund der Schüler erweist sich in allen Teilmodellen als relevant, außer in demjenigen, welches mit der Größe und der geographischen Lage dem so genannten Einzugsgebiet gewidmet ist (Teilmodell 1). Baumert et al.

(2007) sowie Dollase et al. (1999) weisen darauf hin, dass eine Selbstselektion von Zuwanderern in bestimmte Wohnviertel anzunehmen sei, die sich auch in den Schulen der betreffenden Einzugsgebiete widerspiegelt. Dies spräche für den im betreffenden Teilmodell nicht vorhandenen Effekt, wo der Migrationshintergrund ausschließlich mit weiteren (möglicherweise der Selbstselektion unterliegenden Faktoren) gemeinsam betrachtet wird (Schulgröße, geographische Situation, Bildungsferne). In Teilmodell 4 (,Ordnung und Disziplin') behält der Migrationshintergrund seine Effektstärke weitgehend bei. Im sechsten Teilmodell (,Belastungen und Ressourcen der Schule') wird das Regressionsgewicht noch deutlich stärker (B=.72; p<.001). In den übrigen Modellen bleibt der Koeffizient zwar weiterhin signifikant mit der Unterschiedlichkeit der Absenzen verbunden, verliert jedoch dem Betrag nach merklich an Gewicht.

Mathematiknote

Die Mathematiknote erfüllt in dieser Studie die Rolle des Leistungsindikators. Da die Deutschnote von verschwindend geringem Erklärungswert ist und keine weiteren kognitiven Fähigkeitsmaße vorliegen, ist die Mathematiknote als einziges Leistungsmerkmal besonders wichtig als möglicher Hinweis für Absentismus.

Tabelle 44 Eingangsvoraussetzung Mathematiknote: Veränderung des B-Koeffizienten in den Teilmodellen

Teilmodell	Basis	1	2	3	4	5	6
Note in Mathematik	-.17***	.00	-.18***	-.19***	-.09*	-.19***	-.15***

***: p<.001; **: p<.01; *: p<.05.

Die Effektstärke der Mathematiknote variiert zwischen B=.00 (Teilmodell 1 ,Größe und geographische Lage') und B=-.19 (Teilmodelle 3 ,Unterricht' und 5 ,Soziale Beziehungen und Klima'). Bis auf Teilmodell 1 (,Größe und geographische Lage') sind alle Werte für den Zusammenhang zwischen der Mathematiknote und der Häufigkeit von Absenzen signifikant. Gegenüber dem Basismodell (B=-.17) erreicht die Mathematiknote in drei der sechs Teilmodelle eine leicht höhere Effektstärke mit B= -.18 bis -.19. Lediglich in Teilmodell 4 (,Ordnung und Disziplin') nimmt das Gewicht deutlich ab (B=-.09), bleibt jedoch signifikant. Damit stellt sich auch die Mathematiknote als relativ konstanter Hinweis für die unterschiedliche Absenzenhäufigkeit an den untersuchten Schulen heraus.

Klassenwiederholung

Eine Klassenwiederholung als Teil der individuellen Schulbiographie spielt laut Baumert et al. (2007) eine bedeutende Rolle für die Einstellung Jugendlicher zu ihrer eigenen Schule, aber auch hinsichtlich der Schule als gesellschaftlich institutionalisierter Bildungseinrichtung. Daher überrascht es nicht, dass bereits im Basismodell der entsprechende Wert gegenüber den weiteren betrachteten Eingangsvoraussetzungen auf Individualebene den höchsten Wert annimmt (B=.78).

Tabelle 45 Eingangsvoraussetzung Klassenwiederholung: Veränderung des B-Koeffizienten in den Teilmodellen

Teilmodell	Basis	1	2	3	4	5	6
Klassenwiederholung	.78***	.68***	.69***	.66***	.67***	.42**	.46**

***: p<.001; **: p<.01; *: p<.05.

Die im Vergleich zu den übrigen Basisvariablen große Spannweite der verschiedenen Werte, die die Klassenwiederholung in den sechs Teilmodellen einnimmt, beträgt .36 Punkte (zwischen B=.42 in Teilmodell 5 und B=.78 im Basismodell). Der Koeffizient für die Klassenwiederholung nimmt also in allen Teilmodellen gegenüber dem Basismodell ab. In den Teilmodellen 1 bis 4 nimmt der Prädiktor Klassenwiederholung eine Größe zwischen B=.66 und B=.69 an. Deutlich geringer ist der Effekt der Klassenwiederholung für die Erklärung der unterschiedlichen Absenzenhäufigkeiten ausschließlich in den beiden Teilmodellen 5 ('Soziale Beziehungen und Klima'; B=.42) und 6 ('Belastungen und Ressourcen der Schule'; B=.46). Demnach spielt die Klassenwiederholung im Zusammenhang von Beziehungsvariablen und belastenden Faktoren zwar noch immer eine hochsignifikante Rolle, deren Effektstärke jedoch wesentlich niedriger ist als in den übrigen betrachteten Zusammenstellungen.

Jahrgangsstufe

Die Jahrgangsstufe ist eine von zwei Eingangsvoraussetzungen auf Klassenebe-ne. Sie repräsentiert einerseits das unterschiedliche Alter der befragten Schüler und andererseits die Klasse als Referenzgruppe.

Tabelle 46 Eingangsvoraussetzung Jahrgangsstufe: Veränderung des B-Koeffizienten (Klasse 9) in den Teilmodellen

Teilmodell	Basis	1	2	3	4	5	6
Jahrgangsstufe	1.14***	1.03***	1.06***	.86***	.82***	.79***	.76***

***: p<.001; **: p<.01; *: p<.05.

Im Vergleich mit den meisten Variablen auf der Schülerebene unterscheiden sich bei der Jahrgangsstufe die jeweiligen Effektstärken in den Teilmodellen wesent-lich stärker voneinander: in den Teilmodellen 5 (,Soziale Beziehungen und Kli-ma') und 6 (,Belastungen und Ressourcen der Schule') bleibt das Gewicht zwar weiterhin hoch signifikant, nimmt aber mit B=.76 bzw. .79 einen um .38 bzw. .44 Punkte geringeren Wert als im Basismodell an, wo die Jahrgangsstufe mit B= 1.14 die höchste Ausprägung zeigt. Es lassen sich grob zwei ,Gruppen' unter den Modellen erkennen, von denen die eine bei der Jahrgangsstufe Werte um 1 er-reicht (Teilmodelle 1 und 2) und die andere Werte um .80 (Teilmodelle 3, 4, 5 und 6). Der Wert für die Jahrgangsstufe 7 wurde lediglich im letzten Teilmodell zu Belastungen und Ressourcen signifikant (B=-.38; p<.05) und wird daher nicht weiter diskutiert.

Schulisches Anforderungsniveau

Als zweite Eingangsvoraussetzung auf der Klassenebene wird das schulische An-forderungsniveau betrachtet. Unterschieden werden das so genannte grundlegen-de Niveau und das erweiterte Niveau. Die Kleinklassen, welche an der Untersu-chung teilgenommen haben, sind hier nicht berücksichtigt.

Tabelle 47 Eingangsvoraussetzung Schulniveau: Veränderung des B-Koeffizienten in den Teilmodellen

Teilmodell	Basis	1	2	3	4	5	6
Schulniveau	-.11	-.25	-.07	.17	-.25	-.24*	.13

***: p<.001; **: p<.01; *: p<.05.

Der Prädiktor ‚schulisches Anforderungsniveau' ist gemessen an allen übrigen Basisvariablen ein Sonderfall, da er nur in einem einzigen Teilmodell einen signifikanten Wert annimmt. Lediglich in Teilmodell 5, in welchem es um Beziehungen und Klima innerhalb der Schule geht, spielt das Niveau eine Rolle (B=-.24) und deutet darauf hin, dass in Schulen mit erweiterten Ansprüchen dann weniger geschwänzt wird, wenn auf den übrigen Variablen dieses Modells durchschnittliche Werte erzielt werden bzw. die Referenzkategorie vorliegt.

8 Interpretation der Befunde

Dieses Kapitel nimmt Bezug auf die zuvor dargestellten sechs Teilmodelle. Hier wird anhand der anfangs beschriebenen Theorien herausgearbeitet, welche Rolle schulische Faktoren für die Entstehung und Häufigkeit von Schulabsentismus spielen. Dem besseren Verständnis halber wird jedes Teilmodell nochmals kurz charakterisiert, ehe die Interpretation folgt. Bezüglich jedem der sechs Modelle wird in Kapitel 8.1 festgestellt, inwieweit es Aussagen über die Rolle der Schule für die Erklärung von Schulabsentismus zulässt. Kapitel 8.2 diskutiert dann für jedes Teilmodell, wie es die Forschungsfragen beantworten kann, insbesondere unter Berücksichtigung der Teilfragestellungen auf den drei Analyseebenen.

8.1 Besprechung der Teilmodelle

Teilmodell 1: Herkunftsmerkmale als guter Hinweis auf möglichen Absentismus

Teilmodell 1 unterscheidet sich von den übrigen Modellen in zweierlei Hinsicht: es betrachtet ausschließlich *strukturelle* Variablen und ist damit ein merkmalsorientiertes und kein interaktions- oder beziehungsorientiertes Modell. Außerdem stellt sich keine der hinzugefügten Variablen als wichtiger Hinweis für Schulabsentismus heraus, sondern das Basismodell wird reduziert auf vier Variablen: das Geschlecht, den sozio-ökonomischen Hintergrund, Klassenwiederholung und die Klassenstufe. Das bedeutet, wenn man diese vier Merkmale von Schülern kennt, lassen sich bereits erste Hinweise auf Schulabsentismus ausmachen: ein männlicher Neuntklässler, der aus einer Familie mit einem überdurchschnittlichen sozio-ökonomischen Status kommt und mindestens einmal eine Klasse wiederholt hat, schwänzt häufiger als beispielsweise ein Mädchen mit denselben Merkmalen oder jüngere Schüler mit ansonsten denselben Merkmalen. Nicht mehr relevant sind bei Betrachtung der strukturellen Variablen zu Einzugsgebiet und Größe der Schule der Migrationshintergrund der Schüler sowie ihre Mathematiknote. Teilmodell 1 ist gut an den Datensatz angepasst und hat daher bereits einen hohen Erklärungswert für die Entstehung von Absentismus. Dennoch zeigt dieses Modell auch, dass die ausschließliche Betrachtung von Eingangsvoraussetzungen zu einer Fehleinschätzung des Bedingungsgefüges um Schulabsentismus führen würde: Teilmodell 1 alleine erweckt den Eindruck, dass

Absentismus bereits durch die Kenntnis der Herkunft der Schüler so gut vorhergesagt und erklärt werden kann, dass schulische Merkmale gar nicht mehr berücksichtigt werden müssen. Umso wichtiger ist die Einordnung von Teilmodell
1 in das Gesamtbild der sechs Teilmodelle. Obwohl die Studie von Wright (1978)
zeigen konnte, dass an städtischen Schulen häufiger geschwänzt wird als an
ländlichen oder suburbanen Schulen und laut Rothman (2001) die Armut bzw.
die Lage einer Schule in einem Wohngebiet mit sozial schwachen und wenig gebildeten Familien einen Risikofaktor für hohe Absenzenraten darstellt, konnte
das für die Schweizer Stichprobe so nicht gezeigt werden. Auch die von Baumert
et al. (2007) bzw. Dreeben und Barr (1988) genannten Merkmale der Bildungsferne (Migrationshintergrund und Familiensprache) erweisen sich als nicht relevant für die Entstehungsmuster von Schulabsentismus in der Schweizer Stichprobe. Dieser Gegensatz bei den Resultaten verschiedener Studien wirft zunächst
mehr Fragen auf, als er beantwortet. Eine Betrachtung rein struktureller Merkmale, wie dies im ersten Teilmodell geschieht, führt zu einer Reduzierung der danach noch relevanten Faktoren. Dass dies in den übrigen Modellen nicht der Fall
ist, sondern jeweils mehrere signifikante Prädiktoren zu den Basisvariablen hinzukommen, spricht für die Notwendigkeit, verschiedene Schwerpunkte in den
Modellen zu setzen, um Veränderungen der Zusammenhänge in den Basisvariablen, aber auch in den mehrfach vorkommenden Variablen zu erkennen. Teilmodell 1 an sich sagt also noch nicht besonders viel darüber aus, *welche* struktur-
len Faktoren mit Schulabsentismus zusammenhängen, sondern zweierlei: erstens,
dass die Zahl der rein strukturellen Merkmale, die im vorliegenden Datensatz
von Bedeutung für die Erklärung von Absentismus sind, erstaunlich gering ist;
zweitens zeigt Teilmodell 1, dass die Eingangsvoraussetzungen der Schüler bereits gute Hinweise geben, um Schulabsentismus zuverlässig erklären und vorhersagen zu können. Damit stellt sich die Frage, ob die Schule darüber hinaus
dazu beiträgt, wie häufig geschwänzt wird, umso mehr.

Teilmodell 2: Es kommt darauf an, wie die Schulen mit Absenzen umgehen

Das zweite Teilmodell nimmt eine sowohl formal- als auch interaktionsorientier-
te Perspektive ein, die den Umgang mit Absenzen in den teilnehmenden Schulen
auf persönlicher (Individual- und Klassenlevel) und auf schulischer Ebene untersucht. Eine Besonderheit dieses Modells ist, dass auf der Schülerebene außer den
Basisvariablen keine weiteren Variablen eingeführt wurden, sondern der Fokus
auf die *Prozesse in Schule und Klassenzimmer* gelegt wurde, die auf Absenzen
der Schüler folgen. Dabei repräsentiert die Schulebene eher die formalen Aspekte, während die Angaben auf Klassenebene (durch die Lehrpersonen) deutlicher

die *unmittelbare Reaktion* auf fehlende bzw. schwänzende Schüler umschreibt. Teilmodell 2 ist ebenfalls gut an den Datensatz angepasst, so dass die beiden hervorstechenden Variablen (Reaktion der Lehrperson auf schwänzende Schüler in Form von Delegation zu pädagogischen oder psychologischen Dienststellen und aktive Prävention auf Schulebene) ein deutlicher Hinweis darauf sind, wie wichtig die Rolle dieser übergreifenden, über die persönliche Ebene der Interaktion zwischen Lehrpersonen und Schülern hinausgehenden Konsequenzen ist. Der Betrag dieser Koeffizienten ist gemessen an den übrigen im Modell enthaltenen Variablen deutlich höher und daher ein wichtiges Element für die Erklärung schulspezifischer Absenzenraten. Offenbar scheint das aktive Eingreifen und der Einbezug pädagogischen oder psychologischen Personals ein großes Potenzial für die Reduktion von Absentismus zu haben. Rademackers (2006) Forderung nach einer „pädagogischen Reaktion oder einer administrativen Intervention" (S. 27) in Folge unerlaubter Absenzen kann mit Bezug auf Teilmodell 2 also bekräftigt werden. Aktiv zu werden und auf die (unerlaubten) Absenzen zu reagieren scheint demnach eine Schlüsselrolle beim Schulschwänzen zu spielen, etwa auch wenn die Schüler sehen, wie bei schwänzenden Klassenkameraden verfahren wird. Reids (1999) Kritik aufgrund seiner Studien in Wales, dass sich dort die meisten Schulen derzeit nicht ausreichend darum bemühen, frühzeitig Absentismus zu erkennen und damit möglichen Gründen für dessen Entstehung zuvor zu kommen, kann durch das zweite Teilmodell unterstützt werden. Da Aspekte der Prävention und Intervention nicht Teil dieser Studie sind, kann diesbezüglich keine Aussage gemacht werden, auch weil die Querschnittsdaten hierzu keine Schlüsse zulassen würden. Doch mit Bezug auf Sommer (1985) kann bestätigt werden, dass der Umgang mit Regeln und v.a. Regelverstößen an Schulen von Bedeutung ist für die Einstellung der Schüler gegenüber der Verpflichtung, regelmäßig am Unterricht teilzunehmen. Allerdings stellte Reynolds (1976) fest, dass übermäßiges Festhalten an Schulordnung und Regeln auch Gegenteiliges bewirken kann, nämlich eine als feindlich erlebte Schule und damit Schulabsentismus als bewusst vermeidende Reaktion auf diese Strenge entsteht. So bleibt bezüglich Teilmodell 2 festzuhalten, dass sich aus mehreren Maßnahmen auf der Lehrpersonen- und der Schulleiterebene zwei herauskristallisiert haben, von denen die Delegation durch die Lehrperson den stärksten Effekt im Modell hat (B=-3.12; p<.05), gefolgt von der schulweiten aktiven Prävention aus der Sicht der Schulleitungen (B=-1.32; p<.001). Das Fazit hier ist also, dass die gezielte Betrachtung der Schulpolicy in Bezug auf Absenzen in der Hauptsache zwei Faktoren zu Tage fördert, die wirksam sind gegen Absentismus, anstatt unerlaubtes Fehlen zu unterstützen. Bemerkenswert ist weiterhin, dass alle Basisvariablen in

Teilmodell 2 ihre Erklärungskraft beibehalten und zusätzlich zu den schulischen Merkmalen der Delegation und Prävention berücksichtigt werden müssen, um die Entstehung von Schulabsentismus nachzuvollziehen.

Teilmodell 3: Leistungsanforderungen und Unterrichtsprozesse

Teilmodell 3, das sich mit Variablen zum Thema Unterricht befasst, zieht ausschließlich die beiden für das Unterrichtsgeschehen relevanten Ebenen (Schüler und Klasse) in Betracht. Der durchschnittliche Absentismuswert dieses Modells ist mit B=.68 (p<.01) von allen Teilmodellen am niedrigsten und liegt zwischen den Gruppen der „Nicht-Schwänzer" und der „Gelegentlichen Schwänzer". Es hat also den Anschein, dass Merkmale des Unterrichts eine generell reduzierende Wirkung auf Absentismus entfalten und die Ausprägung einzelner Faktoren dann einen umso stärkeren Effekt auf die Entscheidung zu schwänzen auslöst (die Richtung des Zusammenhangs kann jedoch genauso gut andersherum sein). Dies kann besonders deutlich an der Variable der Leistungsanforderungen abgelesen werden: verglichen mit Schülern, die die Leistungsanforderungen gerade richtig finden, schwänzen sowohl Schüler, die die Anforderungen zu hoch finden (B= .73; p<.001) als auch diejenigen, die sie zu niedrig finden (B=.65; p<.05), häufiger. Beide Ausprägungen sind, gemessen an den übrigen Variablen im Modell, vergleichsweise hoch und verdoppeln für die betreffenden Schüler ungefähr den Wert auf der Absentismusskala. Dass sowohl Über- als auch Unterforderung in der Schule eine möglicherweise auslösende (zumindest jedoch eine korrelierende) Rolle für die Entscheidung spielen, ob ein Schüler schwänzt oder nicht, ist ein brisanter Befund, der an die Studien von Stamm (2005a; 2005b) anknüpft und Ausgangspunkt für weitere Untersuchungen sein kann. Dieses dritte Teilmodell zeigt also auf, dass eine bestimmte Konstellation von Variablen den durchschnittlichen Wert von Absentismus derart reduzieren kann, dass die signifikanten unabhängigen Variablen einen relativ gesehen großen Effekt haben und damit zusätzlich zu den Eingangsvoraussetzungen einen schulgebundenen Beitrag für die Aufklärung unterschiedlicher Absenzenraten liefern. Obwohl im dritten Teilmodell die Basisvariablen kaum an Gewicht einbüßen, so zeigt sich doch, dass das Geschehen im Unterricht sowohl aus Schüler- als auch aus Lehrpersonensicht einen Unterschied macht bezüglich der Häufigkeit, mit der geschwänzt wird: beide Perspektiven ergeben, dass die Einschätzung von Leistungsdruck positiv mit Absentismus zusammenhängt. Je stärker also Leistungsdruck wahrgenommen wird, desto häufiger wird in den betreffenden Klassen auch geschwänzt. Damit liegt zumindest zwischen der Lehrpersonenwahrnehmung und Absentismus ein so genannter Interaktionseffekt über zwei Ebenen (Lehrpersonen=Klassenebene; Absentismus=Schülerebene) vor, der die Bedeutung des schulischen Kontexts für Absentismus unterstreicht.

Teilmodell 4: Keine Geschlechterdifferenzen bei Ordnung und Disziplin

Das vierte Teilmodell wurde auf allen drei Analyseebenen spezifiziert. Im letzten Modellschritt bleiben auf allen drei Analyseebenen Variablen übrig, die Schulabsentismus erklären und vorhersagen können. Die Relevanz der von Holtappels (2003) identifizierten Prozessvariablen, welche eine produktive Schulkultur und ein förderliches Schulklima konstituieren (u.a. Ordnung und Disziplin), ist somit in Teilmodell 4 wiederzufinden. Zudem deuten die Koeffizienten darauf hin, dass die Betrachtung von Ordnung und Disziplin in Zusammenhang mit Schulabsentismus tendenziell die destruktiven Faktoren herausschält, die ein geordnetes und diszipliniertes Schulgeschehen verhindern und damit Absentismus eher fördern; umso mehr, weil eine Einschätzung der Schulleitungen von Ordnung und Disziplin als explizitem Lernziel positiv mit Absentismus korreliert. Je wichtiger es den Schulleitungen also ist, dass ihre Schüler explizit Ordnung und Disziplin in der Schule vermittelt bekommen, desto häufiger berichten die jeweiligen Schüler von Absentismus. Der Stellenwert von Ordnung und Disziplin sagt allerdings noch nichts darüber aus, wie es mit diszipliniertem Verhalten an der Schule tatsächlich aussieht. Dies entspricht auch den Befunden von Rumberger (2001), der darauf hinweist, dass Disziplinprobleme und Schulabsentismus einerseits gehäuft zusammen auftreten und andererseits den gängigsten Indikator für einen späteren unqualifizierten Schulabbruch darstellen. So ist das von den Schülern angegebene negative Verhalten während des Unterrichts ebenso signifikant wie die von den Lehrpersonen berichteten Belastungen durch undisziplinierte Schüler. Faktoren, die für Ordnung und Disziplin in der Schule sprechen würden, wie etwa die Strenge und Kontrolle bei der Einhaltung von Regeln oder die Beurteilung der Disziplin der Lehrpersonen treten nicht als bedeutsam hervor. Zudem verliert das Geschlecht als Basisvariable in dieser Konstellation an Gewicht und ist nicht mehr signifikant; Mädchen und Jungen unterscheiden sich demnach *nicht*, wenn man den Zusammenhang zwischen den kontrollierten Variablen und der Häufigkeit von Absenzen betrachtet. Zusammenfassend kann für Teilmodell 4 festgehalten werden, dass Merkmale einer Schule, die mit dem Stellenwert von Ordnung und Disziplin assoziiert sind, eher eine abstoßende Rolle einnehmen als dass ihre positive Ausprägung die Schüler in der Schule zu halten scheint. In englischsprachigen Publikationen wird in diesem Kontext oft von ‚push out'-Effekten gesprochen (z.B. Hallam & Roaf, 1995; Lewis, 1995). Allerdings muss die Kausalität oder Richtung dieser Zusammenhänge auch hier offen bleiben, weil keine Längsschnittdaten vorliegen und damit kein zeitlicher Verlauf der Absenzenhäufigkeit nachvollzogen werden kann.

Teilmodell 5: Qualität der Beziehungen in der Schule spielt eine Schlüsselrolle

Teilmodell 5 hat von allen Modellen die zweitbeste Übereinstimmung mit den Daten. Auch hier wurden Variablen auf allen drei Ebenen einbezogen. Am Ende bleiben eine Lehrpersonenangabe und vier Schülerurteile im Modell relevant. Die schulische Ebene scheint hier also weniger bedeutsam zu sein als Vorgänge und Wahrnehmungen im Klassenzimmer selbst; am wichtigsten für die Erklärung von Schulabsentismus sind jedoch klar die Schülerurteile über die Qualität der Beziehungen. Das Intercept, also der durchschnittlich erreichte Wert auf der Absenzenskala, ist hier mit B=3.16 (p<.001) am zweithöchsten im Vergleich mit den übrigen Modellen, so dass dem Beziehungsnetz innerhalb der Schule ein großes Gewicht für die Erklärung von Absentismus zuzukommen scheint: wenn alle betrachteten Variablen bei einem Schüler durchschnittlich ausgeprägt sind, dann erreicht er 3.16 Punkte auf der Absenzenskala. Gegenüber dem Basismodell verlieren alle Eingangsvoraussetzungen außer dem Geschlecht an Gewicht, so dass in diesem Modell das Geschlecht am deutlichsten von allen Eingangsvoraussetzungen mit Absentismus zusammenhängt. Von den neu hinzugekommenen Prädiktoren besitzen körperliche Symptome den höchsten Erklärungswert für das Schulschwänzen, gefolgt von der Einschätzung des allgemeinen Umgangstones zwischen Schülerschaft und Lehrpersonen. Mit hinein in dieses Zusammenhangsgefüge um Schulabsentismus spielen Klassenrivalität, ein positives Schulklima sowie die persönliche Beziehung zur Lehrperson ebenso wie die selbst beurteilte Konsensorientierung der Lehrperson. In den oben dargestellten Studien zum Wohlbefinden in der Schule, in denen auch Absentismus thematisiert wurde, lauten die Befunde einhellig, dass das Wohlbefinden der Jugendlichen zur Identifikation mit ihrer Schule beiträgt (Caterall, 1998; Lee, 1999; Schreiber-Kittl & Schröpfer, 2002). Lee und Burkam (2003) vertiefen diesen Aspekt und bemerken, dass ein wesentliches Motiv für Schulabsentismus das Vermeiden unangenehmer Begegnungen im schulischen Rahmen ist. Diese Vermutung kann anhand von Teilmodell 5 bestätigt werden: besonders die Beurteilung der Schüler hinsichtlich der Beziehungsqualität im Schulhaus hängt eng damit zusammen, wie häufig geschwänzt wird. Dabei scheint die geteilte Wahrnehmung der Schüler von deutlich größerer Bedeutung zu sein als die schulweite Einschätzung durch die Schulleitungen. Teilmodell 5 ist das einzige Modell, in dem das schulische Anforderungsniveau relevant für die Erklärung von Absentismus ist. Zudem ist der Zusammenhang des Geschlechts mit Absentismus höher als im Basismodell, während der sozio-ökonomische Status, Migrationshintergrund, Klassenwiederholung und die Jahrgangsstufe im Vergleich zur Basiskonstellation weniger bedeutsam sind. Das heißt, dass auch diese Konstellation dafür spricht, dass die Schule eine wichtige Bedeutung für die Erklärung von Absentismus hat. Über die Beziehungsstrukturen, die hauptsächlich auf Klassenebene entscheidend sind, steht auch die Schule in Form der geteilten Wahrnehmung des Schulklimas in Zusammenhang mit dem Absentismusverhalten ihrer Schüler.

Teilmodell 6: Belastungen und Ressourcen einer Schule

Als das am besten an die Daten angepasste Modell kristallisierte sich Teilmodell 6 zu den Belastungen und Ressourcen der Schule heraus. Aus allen drei verfügbaren Perspektiven (Schüler, Lehrpersonen und Schulleitungen) wurden in diesem Modell mögliche Belastungsfaktoren und Ressourcen in Betracht gezogen, die sich auf den schulischen Alltag und die persönliche Bindung der Schüler an ihre Schule auswirken können. Im Modell sind denn auch Variablen aller drei Ebenen enthalten. Besonders auffallend bei diesem sechsten Teilmodell ist in Teilschritt M4 der markante Anstieg des Koeffizienten für den Migrationshintergrund gegenüber dem Basismodell und im Gegenzug der relative Bedeutungsverlust der Klassenwiederholung, des Geschlechts und des sozio-ökonomischen Status, während die Mathematiknote sich kaum verändert. Auch auf den Kontextebenen sticht Teilmodell 6 gegenüber den übrigen Modellen hervor: die Jahrgangsstufen unterscheiden sich hier deutlicher als in den anderen Konstellationen. Sowohl die Klassen 7 als auch die Klassen 9 heben sich signifikant von den achten Klassen ab und markieren einen Anstieg von Absentismus mit zunehmendem Alter. In keinem anderen Teilmodell werden Basisvariablen so deutlich ‚ausgeschaltet' bzw. verstärkt und nirgends sind die Kontextebenen Klasse und Schule so relevant wie hier. Es wird deutlich, dass die Schüler- und Schulperspektive bei der Beurteilung der Belastung einer Schule und den Absenzen zusammenspielen und die Sicht der Schulleitungen mit dem selbst berichteten Absentismus der Schüler verbunden ist. Klassifiziert nach der Breite des Förderangebotes und nach dem Vorhandensein von Schulsozialarbeit zeigt sich, dass eine reichhaltige Betreuung der Schüler eine differenzierende Ressource ist, wenn es um die Entscheidung für oder gegen Schulschwänzen geht. Dieser Befund ist einerseits eine Bestätigung früherer Studien, die eine präventive Wirkung von Betreuung und Aufmerksamkeit an der Schule konstatiert haben (z.B. Weißbrodt, 2007). Andererseits spricht er auch für eine Erkenntnis, die sich im

Rahmen des Fribourger Forschungsprojektes bei den Interviews mit den Schulleitern ergeben hat: Schulabsentismus ist ein Problem unter mehreren, denen sich die Schulen täglich stellen müssen (Stamm et al., 2007). Damit wird Absentismus also nicht zu einem Mosaikstein im Gesamtbild einer schulischen Problemlage degradiert, sondern stellt sich aufgrund der hier durchgeführten Analysen als mögliches Bindeglied von Belastungs- und Schutzfaktoren heraus. Dies entspricht auch den Resultaten von Reid (1999), dessen institutionelle Absentisten auf Belastungen ihrer Schule durch demonstratives Auflehnen und schwieriges Verhalten reagieren und Weißbrodts These, dass ein attraktives Angebot die Bindung der Jugendlichen an ihre Schule kräftigt. Wenn man mit Holtappels (1985; 2003) von einer Korrelation zwischen Devianz und Absentismus ausgeht, so ist diese Situation teilweise sicherlich von den Schülern mit zu verantworten. Dennoch ist auch in Erwägung zu ziehen, dass Jugendliche sich in generell durch Vorkommnisse wie Vandalismus o.ä. belasteten Schulen dafür entscheiden, diesen als unangenehm empfundenen Ort zu meiden und dem Unterricht fernzubleiben, auch wenn sie selbst zu keinem dieser Belastungsfaktoren beitragen. Tillmann et al. (1999) und Holtappels (2003) argumentieren in ihren Studien zur Wirkung von Lernkulturen, dass eine positive Lernkultur Aggressionen und auch Schulabsentismus reduzieren könne.

Aus Teilmodell 6 kann damit der Schluss gezogen werden, dass in Schulen, die aus der Sicht der Schulleitung mit Belastungsfaktoren wie Vandalismus oder fehlendem Respekt konfrontiert sind, Absentismus ein verbreitetes Verhalten der Schülerschaft ist. Wo jedoch ein reichhaltiges Förder- und Betreuungsangebot vorhanden ist, wird entsprechend seltener geschwänzt. Als Teil eines komplexen Gefüges aus Belastungen hängt Schulschwänzen vermutlich mit diesen weiteren Belastungsfaktoren zusammen und kommt zumindest teilweise als Reaktion darauf zustande; entsprechend korreliert Absentismus negativ mit der Zuwendung seitens der Schule, die sich in protektiven Faktoren wie dem Betreuungsangebot äußert. Teilmodell 6 zeigt am deutlichsten von allen, dass die Schule eine wichtige Rolle für die Erklärung der Entstehung von Schulabsentismus spielt. Über die Effekte der Schülerzusammensetzung hinaus liegen institutionelle Bedingungen auf Klassen- und Schulebene in Form von Belastungen und Ressourcen vor, die die Schüler in ihrer Entscheidung, zu schwänzen oder nicht, begleiten.

Fazit

Als Fazit der sechs Teilmodelle ist festzuhalten, dass die *Konstellation* der untersuchten schulischen Merkmale von großer Bedeutung für Schulabsentismus ist. Dies leitet sich daraus ab, dass manche Variablen in mehreren Modellen berücksichtigt werden, jedoch nicht überall gleichermaßen stark mit Schulabsentismus zusammenhängen. Besonders wichtig ist hier auch die Erkenntnis, dass die Basisvariablen und damit die Eingangsvoraussetzungen auf die unterschiedlichen Konstellationen von Prädiktoren verschieden ‚reagieren': teilweise behalten sie ihren Zusammenhang mit Absentismus bei, teilweise verlieren oder gewinnen sie merklich an Zusammenhang. So etwa sind Migrationshintergrund und Mathematiknote im zweiten Teilmodell nur noch von geringer Bedeutung, wenn gezielt strukturelle Merkmale einer Schule und ihres Einzugsgebietes betrachtet werden. Außerdem verliert das sonst konstant erklärungsstarke Geschlecht der Schüler an Bedeutung, wenn Faktoren von Ordnung und Disziplin kontrolliert werden (Teilmodell 4); hingegen ist es die einzige Basisvariable, die im fünften Teilmodell zu den Beziehungsvariablen weiterhin signifikant für die Erklärung von Schulabsentismus ist. Und in Teilmodell 6 schließlich verändert sich das Zusammenspiel der Basisvariablen, wie dies in keinem anderen Modell der Fall ist. Das überraschendste und daher interessanteste Ergebnis ist, dass sowohl Über- als auch Unterforderung bei den Schülern mit mehr Absenzen verknüpft ist als angemessene Leistungsanforderungen (s. Teilmodell 3). Auf der Basis dieser Variabilität der Merkmale wird im nächsten Teilkapitel die Forschungsfrage beantwortet.

8.2 Beantwortung der Forschungsfrage

Dieses Teilkapitel ist der Beantwortung der Hauptfragestellung dieses Buches gewidmet. Zunächst wird nochmals das Schema der Fragestellungen und Teilfragestellungen abgebildet (vgl. Kapitel 4):

Hauptfragestellung

Inwiefern hängen Merkmale einer Schule mit der Absenzenhäufigkeit ihrer Schüler zusammen?

Teilfragestellungen auf drei Ebenen

Ebene 1	Individualebene/ Schüler	a. Welche *Eingangsvoraussetzungen* der Schüler sind relevant für ihr Absentismusverhalten?
Ebene 2	Klassenebene/ Lehrpersonen	b. Welche *geteilten Wahrnehmungen* des Kontexts Schule durch die Schüler hängen darüber hinaus mit Absentismus zusammen?
Ebene 3	Schulebene/ Schulleitungen	c. Welche *strukturellen* Merkmale einer Schule hängen mit der Häufigkeit von unerlaubten Absenzen zusammen?
		d. Welche *kulturellen* Merkmale einer Schule hängen mit der Häufigkeit von unerlaubten Absenzen zusammen?

Abbildung 6 Schematik der forschungsleitenden Fragestellungen

Jedes der sechs Teilmodelle enthält strukturelle Variablen und alle außer dem ersten Teilmodell zusätzlich auch kulturelle Variablen. Um die forschungsleitende Frage und die vier Unterfragestellungen zu beantworten, werden im Folgenden die Teilmodelle diskutiert. Die jeweils zugehörigen Hypothesen werden der Vollständigkeit halber nochmals aufgeführt.

Das Basismodell: Relevante Eingangsvoraussetzungen

Das Basismodell repräsentiert die individuellen Eingangsvoraussetzungen der Schüler, die in allen sechs Teilmodellen kontrolliert werden. Mit der Kontrolle dieser Eingangsmerkmale ist es möglich, die Rolle des schulischen Umfelds herauszufiltern, weil damit die Gefahr einer Vermischung von Herkunft und Schule gering gehalten wird. Von den sieben enthaltenen Merkmalen hängen sechs signifikant mit Schulabsentismus zusammen: auf der Individualebene sind dies das Geschlecht (*Mädchen schwänzen signifikant seltener als Jungen*), der sozio-ökonomische Status (*je höher, desto häufiger wird der Unterricht geschwänzt*), Migrationshintergrund (*Schüler mit einem ausländischen Pass schwänzen häufiger als Schweizer Klassenkameraden*) und Klassenwiederholung (*wer mindestens eine Klasse wiederholt hat, schwänzt häufiger als Klassenkameraden*). Auf der Klassenebene zeigt sich, dass in der Klassenstufe 9 signifikant häufiger geschwänzt wird als in den beiden jüngeren Klassenstufen. Die einzige Variable, die sich in dieser Konstellation als nicht relevant für Absentismus erweist, ist das schulische Anforderungsniveau.

Teilmodell 1: Eingangsvoraussetzungen ohne Kontexteffekte

Das erste Teilmodell enthält im Gegensatz zu allen übrigen Modellen keine *kulturellen* Merkmale von Schulen, sondern nur *strukturelle* Aspekte. Würde man ausschließlich dieses Modell betrachten, so müsste man die Fragestellung, ob die Schule eine Rolle spielt für die Häufigkeit von Absenzen, verneinen. Hypothese 1, dass die Schülerzahl und geographische Lage einer Schule über die Eingangsvoraussetzungen hinaus mit ihrer Absenzenhäufigkeit in Zusammenhang stehen, wurde dementsprechend verworfen. Da dieses Teilmodell von vornherein lediglich strukturelle Merkmale enthält, sind auch nur in diesem Bereich Aussagen möglich; damit wäre Teilmodell 1 selbst nicht in der Lage, die Forschungsfrage zu beantworten, weil hier keine Kontrastierung von Eingangsvoraussetzungen und Kontexteffekten stattfindet. Da Teilmodell 1 jedoch nur eines von sechs Modellen ist, dient es der Vertiefung des Befunds, dass eine alleinige Betrachtung struktureller Variablen der Eingangsvoraussetzungen nicht ausreichend ist, um das Bedingungsgefüge um Schulabsentismus differenziert zu beleuchten. Zudem reduziert diese Beschränkung auf rein strukturelle Variablen die relevanten Faktoren auf das Geschlecht, den sozio-ökonomischen Status, die Klassenwiederholung sowie die Jahrgangsstufe. Das bedeutet, dass die Kenntnis der Eingangsvoraussetzungen einerseits bereits gute Hinweise dafür liefert, wie häufig geschwänzt wird; andererseits bringt die zusätzliche Betrachtung rein struktureller Schulaspekte keinen zusätzlichen Gewinn.

Teilmodell 2: Der Umgang einer Schule mit Absenzen

Das zweite Teilmodell belegt, dass zusätzlich zu den Herkunftsmerkmalen der Schüler Eigenschaften ihrer Schule für die Entstehung und Erklärung von Absentismus eine Rolle spielen. Sechs der sieben *strukturellen* Variablen des Basismodells tragen in dieser Konstellation als individuelle Eingangsvoraussetzungen zur Erklärung von Absenzen bei: das Geschlecht, der sozio-ökonomische Status, der Migrationshintergrund, eine oder mehrere Klassenwiederholungen sowie die Mathematiknote auf der Individualebene und auf der Klassenebene die Jahrgangsstufe. Als wichtige *kulturelle* Variablen resultieren aus Lehrpersonensicht deren Reaktion auf schwänzende Schüler durch Delegation sowie aus der Perspektive der Schulleitungen das Betreiben aktiver Prävention gegen Schulabsentismus. Die zugehörige Hypothese, dass der Umgang mit Absenzen an einer Schule über die Hintergrundmerkmale der Schüler hinaus mit deren Absenzenhäufigkeit in Zusammenhang steht, kann also bestätigt werden. Die Konstellation in Teilmodell 2 hebt die Wirkung der Herkunftsmerkmale nicht auf, sondern ergänzt diese. Es kommt also durchaus auf den Umgang einer Schule mit Absentismus an, wie häufig ihre Schüler tatsächlich schwänzen. Dabei zeigt sich, dass die unmittelbare Reaktion der Lehrperson entscheidender ist als schulweite Prävention. Wo Schulsozialarbeit oder schulpsychologische Dienste zur Verfügung stehen, können solche Ressourcen effektiv dazu verwendet werden, den Schauplatz des Umgangs mit Schulschwänzern aus dem Klassenzimmer hinaus zu verlagern und damit den Teufelskreis der Aufmerksamkeitsverlagerung auf den Schulschwänzer, wenn er denn einmal da ist, zu durchbrechen. Auch Schüler, die selbst nicht schwänzen, aber es vielleicht einmal ausprobieren würden, sehen dabei die Konsequenzen und nehmen möglicherweise Abstand von ihrem Vorhaben. Aber auch ohne zusätzliches pädagogisches oder psychologisches Personal hat die Reaktion der Lehrperson auf schwänzende Schüler eine Schlüsselfunktion für den Umgang mit Absentismus.

Teilmodell 3: Unterrichtsgeschehen und Leistungsanforderungen

Teilmodell 3 bestätigt, dass Institutionseffekte sowohl auf der Individual- als auch auf der Klassenebene vorliegen. Die dazugehörige Hypothese, dass die subjektive Wahrnehmung des Unterrichts durch Lehrpersonen und Schüler über die Eingangsvoraussetzungen hinaus mit ihrer Absenzenhäufigkeit in Zusammenhang steht, kann also angenommen werden. Neben den *strukturellen* Variablen des Basismodells sind zwei weitere Strukturelemente (und institutionelle Effekte) der Schulen von Bedeutung für die Erklärung von Schulabsentismus: auf der

Individualebene das überfachliche Angebot und auf der Klassenebene die Klassengröße. Als *kulturelle* Variablen (und ebenfalls institutionelle Effekte) bzw. geteilte Wahrnehmungen spielen der Leistungsdruck aus der Sicht der Lehrenden und der Schüler eine Rolle, ebenso wie die Einschätzung der Jugendlichen bezüglich schulischer Leistungsanforderungen: sowohl Über- als auch Unterforderung korrelieren positiv mit Absentismus. Auch Teilmodell 3 zeigt demnach auf, wie zusätzlich zur Relevanz der Basisvariablen auch institutionelle Faktoren zur Unterschiedlichkeit des Auftretens von Schulabsentismus beitragen. Die Schule spielt hier ganz konkret eine Rolle für die Entscheidung ihrer Schüler, ob sie schwänzen oder nicht: die Attraktivität des Unterrichtsangebots wird als lohnenswert oder nicht lohnenswert beurteilt und dementsprechend ziehen es Schüler manchmal vor, ihre Zeit mit anderen Dingen zu verbringen als schulischem Unterricht. Didaktische Strategien wie individualisierter Unterricht oder niveaubasierte Kursangebote können hier dafür sorgen, dass Schüler besser ihren Kompetenzen entsprechend gefordert werden.

Teilmodell 4: Effekte des schulischen Umfelds auf beiden Kontextebenen

Anhand des vierten Teilmodells kann die forschungsleitende Frage bzw. die zugehörige Hypothese bejaht werden, dass die Einschätzungen zu Ordnung und Disziplin an der Schule sowohl der Schüler als auch der Lehrpersonen und Schulleitungen über die Hintergrundmerkmale der Schülerschaft hinaus mit der Häufigkeit der Absenzen in Zusammenhang stehen. Dies, weil die Einschätzung von Ordnung und Disziplin auf allen drei Untersuchungsebenen signifikant wird und damit deutlich mit Absentismus zusammenhängt. Zu den sechs *strukturellen* Variablen bzw. Eingangsmerkmalen des Basismodells (Geschlecht, sozio-ökonomischer Status, Migrationshintergrund, Klassenwiederholung, Mathematiknote und Jahrgangsstufe) kommen erklärend auch drei *kulturelle* Merkmale dazu, jeweils eines davon auf den drei Analyseebenen: das negativ auffallende Verhalten der Schüler im Unterricht, die Belastung der Lehrpersonen durch undiszipliniertes Verhalten sowie die Einstufung von Ordnung und Disziplin als explizitem Lernziel durch die Schulleitungen. So gesehen macht die Schule also über die Eingangsvoraussetzungen hinaus einen Unterschied für die Häufigkeit von Absenzen und die auf alle drei Ebenen bezogene Hypothese kann damit klar angenommen werden. Einerseits kommt Schulschwänzen häufig mit anderen Disziplinproblemen vor, andererseits kann eine zu starke Betonung von Ordnung und Disziplin dazu führen, dass die Schule als zu streng und Lehrpersonen als feindlich eingestellt erlebt werden.

Teilmodell 5: Betrachtung der Beziehungsstrukturen

Für Teilmodell 5 kann die forschungsleitende Frage klar bejaht werden: über die Basisvariablen hinaus ergeben sich mehrere schulbezogene Institutionseffekte, die mit der Erklärung von schulabsentem Verhalten zusammenhängen. Die entsprechende Hypothese, dass das Schulklima aus der Perspektive der Schüler über die Eingangsvoraussetzungen hinaus mit der Häufigkeit von Absenzen in Zusammenhang steht, kann bestätigt werden. Teilmodell 5 ist das einzige der Modelle, in dem alle sieben Hintergrundmerkmale (durchweg *strukturelle* Variablen) des Basismodells signifikant sind; darüber hinaus wurden als Institutionsmerkmale ausschließlich *kulturelle* Variablen und geteilte Wahrnehmungen der Schüler hinzugefügt, von denen sechs als signifikant im Endmodell hervorgingen: die von den Schülern berichtete Gemeinschaft in ihrer Klasse, der Umgang mit den Lehrpersonen sowie die Qualität der Beziehung zu ihnen sind ebenso von Bedeutung wie ein positives Schulklima, das Auftreten körperlicher Beschwerden und die von den Lehrpersonen berichtete Konsensorientierung im Schulhaus. Die Konstellation der Variablen in Teilmodell 5 führt also nicht zu einer Neutralisierung der Basisvariablen, vielmehr bleiben diese relevant und werden ergänzt durch signifikante, darüber hinaus wichtige Institutionsmerkmale. Beziehungsarbeit in der Schule kommt ohne zusätzliche finanzielle oder personelle Ressourcen aus und ist vielleicht der naheliegendste Ansatzpunkt, um Schulschwänzen zu reduzieren.

Teilmodell 6: Effekte kultureller Merkmale im schulischen Kontext

Teilmodell 6 liefert von allen Modellen die stärkste Grundlage für eine Bejahung der Forschungsfrage. Das erste Argument hierfür ist die ausgeprägte Veränderung der Basisvariablen in Verbindung mit der Betrachtung von Belastungen und Ressourcen der Schulen. Nach wie vor sind die sechs Eingangsvoraussetzungen, die auch im Basismodell relevant waren, erklärungsstark für Schulabsentismus. Weitere Argumente liefern die hinzugefügten Variablen: als *strukturelle* Merkmale stützen die Einteilung der Schulen nach der Breite ihres Förderangebots sowie der Zugang zu Schulsozialarbeit die Bedeutung des schulischen Kontexts für Absentismus ab. Darüber hinaus enthält das sechste Teilmodell eine Reihe *kultureller* Merkmale, von denen sich sowohl auf Individual- als auch auf Klassen- und Schulebene mehrere als Hinweis auf Absentismus erweisen. Schülerurteile über ihr eigenes (negatives) Verhalten sowie Mobbing, aber auch über ihre Sicht zum überfachlichen Angebot eignen sich für die Vorhersage von Absentismus, was durch die Perspektive der Lehrpersonen ergänzt wird. Einzig geteilte

Wahrnehmungen der Schüler sind in diesem Teilmodell nicht enthalten, so dass hierzu diesbezüglich keine Aussage gemacht werden kann. Doch mit Bezug auf die übrigen Elemente der Teilfragestellungen kristallisiert sich Teilmodell 6 als solide Grundlage für die Beantwortung der Forschungsfrage heraus.

Zusammenfassung: Beantwortung der Forschungsfrage

Abschließend lässt sich sagen, dass die meisten der Teilmodelle dafür sprechen, dass es nicht nur die Eingangsvoraussetzungen der Schülerschaft sind, die bedeutsam mit der Entstehung von Schulabsentismus zusammenhängen, sondern darüber hinaus auch Faktoren des schulischen Kontextes ihren Anteil daran haben. Die Schule, die die Jugendlichen besuchen, spielt also durchaus eine Rolle dafür, ob sie auch regelmäßig am Unterricht teilnehmen oder nicht. Die Unterschiedlichkeit der Modelle zeigt, wie wichtig die Wahl der Perspektive, der Analyseebenen und des Schwerpunktes für die gründliche Durchdringung des Phänomens Schulschwänzen sind. Die Konstellation der untersuchten Variablen ist essentiell für das Auffinden von Hinweisen auf Schulabsentismus. Diese Studie eignet sich nicht dazu, in deterministischer Weise Aussagen darüber zu machen, wie Schulabsentismus letztlich zu Stande kommt; vielmehr können die Teilmodelle aufzeigen, dass die Entscheidung eines Schülers, dem Unterricht fernzubleiben, auf einem vielfältigen Bedingungsgefüge beruht und die Vorhersagbarkeit dieses Verhaltens je nach vorliegender Information sehr unterschiedlich gut ist. Man muss sehr viel über eine Schule und ihre Eigenschaften wissen, um zuverlässig abschätzen zu können, wie hoch der Anteil der Schüler ist, die schwänzen. Dennoch konnte herausgearbeitet werden, dass der Blick auf die Belastungsfaktoren und Ressourcen einer Schule (Teilmodell 6) bereits eine hilfreiche Vorstellung darüber gibt, wie wahrscheinlich dort Schulabsentismus Teil der Problemstruktur ist. Auch Kenntnisse der Beziehungsqualität (Teilmodell 5) und der Wahrnehmung des Unterrichtsgeschehens (Teilmodell 3) innerhalb der Schule erwiesen sich in der vorliegenden Untersuchung als valable Indikatoren für Schulabsentismus. Die Konzentration auf den Umgang einer Schule mit Absenzen erfordert bereits eine relativ genaue Kenntnis der Strukturen, um plausible Rückschlüsse auf das Schulschwänzverhalten der Schülerschaft zu erlauben (Teilmodell 2), ebenso das rein strukturelle Modell zur Größe und geographischen Lage (Teilmodell 1), das alleine kaum Schlussfolgerungen auf schulischer Ebene zulässt. Weniger gut als Vorhersagemodell eignet sich die Wahrnehmung von Ordnung und Disziplin (Teilmodell 4).

Für die Beantwortung der Forschungsfragen sind alle vier Elemente der Teilfragestellungen relevant: sowohl die individuellen Eingangsvoraussetzungen als
auch geteilte Wahrnehmungen der Schüler sind hierfür ebenso wichtig wie strukturelle und kulturelle Indikatoren. Das nun folgende abschließende Kapitel diskutiert den Stellenwert der vorliegenden Studie und formuliert einen Ausblick
auf künftige Forschungsvorhaben. Indem Stärken und Grenzen dieser Untersuchung aufgezeigt werden, wird sie in den Kontext der aktuellen Schulabsentismusforschung eingebettet.

9   Diskussion und Ausblick

In diesem Buch wurden zunächst theoretische Fundamente für die Beschreibung und Erklärung von Schulabsentismus gelegt; einem Verhalten, das nahezu die Hälfte der befragten Schweizer Schüler bereits in ihrer Schullaufbahn gezeigt hat. Bislang einzigartig ist die für die Schweiz repräsentative Erhebung selbst berichteter, unerlaubter Absenzen und die vertiefende Analyse, welche Rolle die Schule für dieses jugendtypische Verhalten spielt. Die Reichweite dieser Studie soll nun abschließend in Form einer methodenkritischen Reflexion diskutiert werden, ebenso wie die Positionierung der Analysen in der Forschungslandschaft. Dazu gehören vornehmlich Erkenntnisse zu den Grenzen dieser Studie, die im Rahmen dieser Arbeit nicht angegangen werden konnten, die jedoch für zukünftige Untersuchungen wünschenswert und ergiebig wären.

9.1   Gewinne und Grenzen dieser Studie

Dass für die hier vorgestellte Untersuchung auf einen bereits bestehenden, in der Deutschschweizer Bildungslandschaft einzigartig reichhaltigen, repräsentativen Datensatz zurück gegriffen werden konnte, ist ein großer Gewinn für die Qualität der Befunde. Die hierarchische Struktur der Datenbasis sowie die Kombination der Perspektiven der Schüler, der Lehrpersonen und der Schulleitungen waren ideal für die Vertiefung durch Mehrebenenanalysen geeignet. Aggregationen (z.B. Klassendurchschnitt) wurden überall dort vorgenommen, wo eine Verzerrung unwahrscheinlich war und die geteilte Wahrnehmung einer sozialen Wirklichkeit relevanter schien als individuelle Urteile der Schüler (Lüdtke, Robitzsch, Trautwein & Kunter, 2007). Der Ansatz der Studie ermöglicht keine Stellungnahme dazu, was gegen Schulabsentismus unternommen werden kann oder wer die Verantwortung dafür letztlich trägt. Das Ziel war stattdessen, herauszufinden, ob die Schule mit ihren je spezifischen Merkmalen unter Kontrolle von Eingangsvoraussetzungen der Schülerschaft relevant dazu beiträgt, dass in unterschiedlichen Häusern unterschiedlich oft geschwänzt wird. Diese Frage konnte unter Bezug auf die sechs Teilmodelle und die vier Elemente der Hauptfragestellung (Eingangsvoraussetzungen, geteilte Wahrnehmungen der Schülerschaft sowie strukturelle und kulturelle Indikatoren) insgesamt klar bejaht werden: Es kommt durchaus darauf an, auf welche Schule ein Jugendlicher geht, wie häufig er dem Unterricht fernbleibt.

Die Reichweite dieser Untersuchung wird jedoch durch einige methodische Einschränkungen begrenzt. So lässt das querschnittliche Design des Fribourger Forschungsprojekts keine Aussagen über kausale Zusammenhänge bzw. Wirkrichtungen von Variablen zu. Die Formulierung von Zusammenhängen musste daher stets neutral bzw. ungerichtet bleiben und konnte bestenfalls durch eine starke theoretische Untermauerung gefestigt werden. Betreffend dieser Studie kam erschwerend hinzu, dass der Datensatz und damit das Material, das zur Beantwortung der zu Beginn noch zu bestimmenden Forschungsfrage herangezogen werden konnte, bereits vorhanden waren, als der Schwerpunkt für diese Untersuchung gewählt wurde. Damit konnte zwar einerseits die Forschungsfrage gezielt auf die Daten bezogen und entsprechend eingegrenzt werden, doch war andererseits die Operationalisierung auf diejenigen Variablen beschränkt, die im Rahmen der Befragung 2006 erhoben worden waren. Konstrukte, die aufgrund von Theorien oder früheren Forschungen für die Frage nach der Rolle schulischer Faktoren bei Schulabsentismus relevant gewesen wären, aber nicht erfasst sind, konnten im Nachhinein nicht ergänzt werden. Mit Bezug auf Baumert et al. (2007) oder Dreeben und Barr (1988) wäre zudem wünschenswert, dass die sozialen Hintergrundmerkmale der Schüler vollständiger erhoben werden, um allfällige institutionelle Effekte noch zielsicherer davon abgrenzen zu können. Von den fünf Bereichen, die von Baumert et al. (2007) als notwendig beschrieben werden, konnten vier anhand des vorhandenen Datensatzes abgedeckt werden. Die sozio-kulturelle Zusammensetzung der Schülerschaft konnte auf der Basis des ISEI-Index im Basismodell (und der Bildungsabschlüsse der Eltern in Teilmodell 1) kontrolliert werden, die ethnisch-kulturelle Zusammensetzung anhand der Angaben zum Migrationshintergrund der Familie bzw. in Teilmodell 1 der Familiensprache. Allerdings ist bei der Konstruktion des ISEI-Indexes problematisch, dass dieser die sozio-ökonomische Zusammensetzung allein auf der Basis der gegenwärtigen Beschäftigung der Eltern bestimmt und ausschließlich auf Selbstberichten der Schüler fußt. Die aufgrund der Daten tatsächlich vorhandene Information zum sozio-ökonomischen Hintergrund der Schüler ist also vergleichsweise gering, zumal bei den Angaben zum Vater 330 Fälle fehlen (9.3% missing; Frage nicht beantwortet, nicht klassifizierbar wegen Arbeitslosigkeit bzw. Pension oder Antworten der Art „Ich weiß nicht, was mein Vater schafft") und bei den Angaben zur Mutter 221 (6.2% missing). Die Vermutung, dass Effekte des sozio-ökonomischen Hintergrunds deshalb unterschätzt werden, liegt daher nahe. Auch lernbiographische Belastungsfaktoren konnten berücksichtigt werden: die Wiederholung einer Klasse dient hier als Indikator. Problematischer waren die Leistungs- und Fähigkeitsmaße der Jugendlichen: da lediglich die Noten in Mathematik und Deutsch vorlagen und von diesen nur die Mathematiknote ausreichend Erklärungswert besitzt, begrenzt sich die Kontrolle der Leistungsmaße auf diesen einen Indikator. Wünschenswert wäre für zukünftige Untersuchungen ein breiteres Spektrum an Leistungsmaßen sowie nach Möglichkeit auch ein Maß für die Fähigkeiten der Schüler, das etwa über einen kurzen Test wie den kognitiven Fähigkeitstest KFT (Heller & Perleth, 2000) oder das Leistungs-Prüfsystem LPS (Horn, 1983) erhoben werden könnte. Dies hätte in dieser Studie allerdings auf Kosten anderer Skalen gehen müssen, da die Schüler bereits ca. eine Stunde für das Ausfüllen der Fragebögen benötigten und die zu erwartende Aufmerksamkeitsspanne damit ausgereizt war.

Ebenfalls schwierig und in dieser Studie nicht gemessen sind soziale Risikofaktoren wie etwa instabile Familienstrukturen oder eine unsichere Erwerbslage. Zwar liegen Angaben zu den Personen im Haushalt der befragten Schüler vor, doch kann allein auf dieser Basis nicht beurteilt werden, wie es um die *Stabilität* der Familienstruktur bestellt ist. Aus diesem Grund blieb dieser Faktor hier unberücksichtigt, jedoch wäre für künftige Datenerhebungen zu erwägen, ob die familiäre Situation nicht beispielsweise über relationale Daten bezüglich der Stabilität erfasst werden könnte. So könnte man die Beziehung zu einzelnen im Haushalt lebenden Familienmitgliedern und eventuell bereits ausgezogenen Geschwistern oder Elternteilen erfragen, um Rückschlüsse auf die Robustheit des familiären Beziehungsnetzes ziehen zu können. Ebenfalls schwierig zu integrieren ist die unsichere Erwerbslage. Zwar hatte ein Teil der Schüler auf die Frage nach der aktuellen beruflichen Beschäftigung der Eltern „arbeitslos" angegeben, doch schien die Bestimmung einer ‚unsicheren Erwerbslage' auf dieser Basis nicht gerechtfertigt. Ohne die Kenntnis der eigentlich ausgeübten beruflichen Tätigkeit und der Dauer der Erwerbslosigkeit wurde von einer Klassifikation bezüglich der Sicherheit der Erwerbslage abgesehen; für anschließende Studien jedoch sollte bedacht werden, ob eine gezieltere Erhebung der Einkommens- und Erwerbssituation der Familien ergiebig zu werden verspricht.

Ein weiteres Problem der Operationalisierung bzw. der Datenerhebung ist die Erwartungshaltung der Lehrpersonen. Die dieser Untersuchung in weiten Teilen zu Grunde gelegte Studie von Rutter et al. (1980) hätte ein eigenes Teilmodell zum Thema *Lehrererwartungen* eigentlich vorgesehen; Effekte der Lehrererwartungen können jedoch nur dann präzise nachgewiesen werden, wenn sie für die *einzelnen* Schüler vorliegen und nicht in Form von auf die ganze Klasse bezogenen Angaben. Im Fribourger Datensatz lagen allerdings nur auf die gesamte Klasse bezogene Erwartungshaltungen der Lehrpersonen vor. Die Einschätzung individueller Anforderungen an die Schüler wäre für die Lehrpersonen mit einem nicht zu unterschätzenden Aufwand verbunden und daher bleibt fraglich, ob eine solche Differenzierung in der Realität möglich ist. Immerhin konnten für den Datensatz des Fribourger Forschungsprojekts Lehrpersonenangaben gewonnen werden, die ihre Perspektive auf Schulabsentismus repräsentieren. Erwartungen an einzelne Schüler waren nicht Gegenstand des Forschungsprojekts; da sie für die Beurteilung der Rolle schulischer Faktoren bei Schulabsentismus aber von Interesse wären, sollte in späteren Studien erwogen werden, zu Gunsten solcher Erwartungshaltungen auf andere Skalen zu verzichten, die dann nicht im Fokus der Untersuchung stehen.

Darüber hinaus weist die untersuchte Stichprobe eine Besonderheit auf, die bei der Planung weiterführender Studien nicht unberücksichtigt bleiben sollte: in den teilnehmenden Schulhäusern befinden sich teilweise mehrere schulische Anforderungsniveaus und eine unterschiedliche Anzahl von Jahrgangsstufen. Es ist daher nicht auszuschließen, dass diese beiden Merkmale der Schüler miteinander vermischt sind. Die durchgängig hohen Regressionsgewichte der neunten Jahrgangsstufe sprechen hierfür. Dass einschlägige Studien auf einen Zusammenhang von Alter und Absentismus (Reid, 1999) sowie von Schulniveau und Absentismus (Weißbrodt, 2007) hinweisen und in der vorliegenden Studie nur ersterer konsistent gezeigt werden konnte, erhärtet diesen Verdacht. Für zukünftige Untersuchungen in einem ähnlichen Kontext wäre also zu überlegen, ob gezielt Anforderungsniveaus und Jahrgangsstufen *geschichtet* in die Stichprobenziehung eingehen können und so eine Vermischung dieser beiden Merkmale vermieden werden kann.

Ein wichtiger Diskussionspunkt für die Einordnung dieser Studie ist zudem die abhängige Variable zur Häufigkeit von Absenzen. Es wurde in dieser Arbeit bereits verschiedentlich darauf hingewiesen, dass die Verwendung des gewichteten Häufigkeitsindex als kontinuierliche Variable nicht unproblematisch ist. Zum einen ist die Unterteilung der Antwortkategorien in „nie", „ab und zu" und „mehr als fünfmal" nicht intervallskaliert und es muss den Schülern wohlwollend unterstellt werden, dass sie sich in die drei Kategorien so einordnen, wie es ihrem Schwänzverhalten am ehesten entspricht. Allerdings ist dies ein generelles Problem quantitativer Datenerhebungen und nicht spezifisch problematisch für diese Studie. Hinzu kommt außerdem, dass von den 3491 untersuchten Schülern der Regelklassen 2277 zu den Nicht-Schwänzern zählen (66.7%), 397 sind gelegentliche Schwänzer (11.6%), 548 sind schwache Blockschwänzer (16.0%) und 153 (4.4%) sind massive Blockschwänzer (missing: 116). Diese stark schiefe Verteilung geht vermutlich mindestens teilweise auf das (suboptimale) dreistufige Antwortformat zurück und spricht prinzipiell stark für eine kategoriale Verwendung dieser Variablen; um die Heterogenität der Absenzenhäufigkeit und deren Varianz explizit zu modellieren, wurde über die Gewichtung des Häufigkeitsindex eine Verwendbarkeit der abhängigen Variablen als kontinuierlich erzwungen. Der

Schiefe der Verteilung musste mit einer logarithmischen Transformation begegnet werden, um sie gemäß der Anwendungsvoraussetzung für Mehrebenenanalysen einer Normalverteilung anzunähern. In Bezug auf die abhängige Variable ist
darüber hinaus ein bedenkenswerter Aspekt, dass hier ausschließlich auf die
selbst berichteten Absenzen zurückgegriffen wird. Dies kann sowohl ein Vorteil
als auch ein Nachteil sein: ähnlich wie in der Kriminalitäts- und Devianzfor-
schung (Baier et al., 2006; Holtappels, Heitmeyer, Melzer & Tillmann, 1999)
liegt bei einem Phänomen wie Schulabsentismus eine Dunkelzifferproblematik
vor, die einerseits auf die soziale Unerwünschtheit und andererseits jedoch auch
auf die Prestigeträchtigkeit des Schulschwänzens zurückgeht. Insofern ist dem
Fribourger Datensatz einerseits zu Gute zu halten, dass er im Gegensatz zu zahlreichen anderen Studien Auskünfte der Schüler selbst enthält und damit das Problem möglicherweise lückenhafter Dokumentation von Schulabsentismus durch
die Schule (Akten, Klassenbücher) oder auch eine aus Datenschutzgründen nicht
mögliche Einsicht in Präsenzstatistiken umgeht (Rademacker, 2006). Durch das
Ausfüllen von Fragebögen durch die Jugendlichen sind trotz der Anonymisie-
rung auch die übrigen untersuchten Variablen eindeutig einem Schüler zuzuord-
nen, was bei der exklusiven Verwendung von Statistiken bereits aufwändiger wäre und womöglich mit Datenschutzrichtlinien in Konflikt käme. Andererseits
wäre ein Abgleich der Schülerangaben mit den Absenzenstatistiken ein probates
Mittel, um die Adäquatheit der selbst berichteten Häufigkeiten von Absenzen ab-
zustützen und zu überprüfen; das Problem der sozialen (Un-)Erwünschtheit und
ein dementsprechend ausgerichtetes Antwortverhalten kann nämlich bei einem
Thema wie Schulabsentismus nicht ausgeschlossen werden. Ideal wäre es daher
sicher, beides zu haben: Selbstberichte und Statistiken, um die Datenbasis möglichst breit zu halten. Da Selbstberichte jedoch vergleichsweise aufwändig in der
Erhebung sind und Statistiken oft nicht zu Forschungszwecken zugänglich gemacht werden dürfen, scheint der Weg über die direkte Schülerbefragung der
lohnenswertere und gangbarere zu sein.

Dass in einer geographisch gesehen kleinen Forschungslandschaft wie der
deutschsprachigen Schweiz ein Datensatz mit 28 Schulen zusammengestellt werden konnte, ist bemerkenswert und einträglich. Dennoch schränkt diese Anzahl
der Level-3-Einheiten die Aussagekraft der Befunde bzw. die Power der Analysen insofern ein, dass keine *random coefficients*-Modelle geschätzt werden
können. Das heißt, nur die Intercepts können im Rahmen der Analysen variabel
gehalten werden, während die Slopes fixiert werden müssen. Da 28 Schulen zu
wenig sind für komplexere Modelle und die Informationen nicht für die Schätzung der Varianz der Slopes ausreichen würde, kann mit dieser Arbeit nicht die
Frage beantwortet werden, ob die Schule einen Unterschied macht für die Zusammenhänge zwischen einzelnen Merkmalen und Absenzen, sondern die Be-

funde müssen dahingehend formuliert werden, dass sich a) schulübergreifende Muster der Erklärung von Absentismus abzeichnen und b) die schulbezogenen Merkmale über die Eingangsvoraussetzungen hinaus relevant sind (einen Unterschied machen) für die Entstehung von Schulabsentismus. In diesem Zusammenhang interessant ist die Feststellung, dass in den unterschiedlichen Modellen die einzelnen Variablen sehr unterschiedlich stark an Absentismus gebunden sind.

Bezüglich der Reichweite dieser Studie stellt sich schließlich die Frage nach der Vollständigkeit und Abdeckung des Phänomens Schulabsentismus durch die sechs Teilmodelle. Weil die Zusammenstellung der Modelle auf frühere Studien und auf die Datenbasis des Fribourger Forschungsprojekts zurückging, darf die Breite der Analyse als akzeptabel gelten. Dennoch sollten die vorangehend genannten Kritikpunkte zur Operationalisierung und Datenerhebung als mögliche Anreicherung späterer Studien berücksichtigt werden. Eine weitere Möglichkeit, die Aussagen der stärksten und am besten an die Daten angepassten Modelle (Teilmodelle 3, 5 und 6) zu nutzen und weiter zu verfolgen, wäre die Erhebung relationaler Daten aus der Sicht von Schülern, Lehrpersonen und Schulleitungen. Die Analyse sozialer Netzwerke scheint für eine vertiefende Einsicht in beziehungsrelevante Prozesse und Interaktionen in Schulen und Klassenzimmern sehr aussichtsreich zu sein, da die drei besten Teilmodelle sich auf belastende und protektive Faktoren, Beziehungen und Interaktionen zwischen Akteuren im schulischen Alltag beziehen.

9.2   Implikationen dieser Studie und Ausblick

Im Zentrum der vorliegenden Studie stand die Frage nach der Rolle schulischer Faktoren für die Erklärung von Schulabsentismus. Die Untersuchung bewegte sich auf einem Terrain, das der Entdeckung von Mustern der Bedingungsfaktoren von Schulabsentismus diente. Eine darüber hinausgehende Übersetzung in präventive, protektive oder interventive Schritte war nicht Gegenstand dieser Arbeit und kann auch an dieser Stelle nicht konstruiert werden. Demnach müssen die Implikationen der Studie auf der Ebene der ‚Mustersuche' verbleiben. Auch ist eine Verallgemeinerbarkeit über den Bereich der deutschsprachigen Schweiz hinaus auf Grund der Datenlage nicht gegeben.

Eine zentrale Stärke dieser Untersuchung war der Einbezug von drei Perspektiven auf Schulabsentismus. Deshalb wird die nun folgende abschließende Betrachtung möglicher Implikationen in drei Schritten aufgebaut: von der Perspektive der Schüler als Hauptakteure über den Blickwinkel der Lehrpersonen als unmittelbar Beteiligte oder Betroffene bis hin zu den Schulleitungen als Manager und Entwicklungshelfer ihrer Schulen beim Umgang mit Schulabsentismus.

9.2.1 Die Perspektive der Schüler

Die Aktualität des Themas Schulabsentismus lässt sich an der Vielzahl gezielter Maßnahmen jüngeren Datums ablesen, die unentschuldigtes Fernbleiben vom Unterricht von vornherein verhindern oder durch Sanktionen bestrafen wollen. So hat etwa das Bündnis für Erziehung der Stadt Stuttgart im Schuljahr 2008/ 2009 mit einem engmaschigen Monitoringsystem begonnen, das bereits beim ersten unentschuldigten Fehlen ein Bündel an Maßnahmen nach sich zieht (Heffner, 2008). Eskalationsstufen, die bei der Initiative durch die Klassenlehrperson beginnen und bis zu Jugendamt, Polizei und Bußgeldstelle reichen, sollen „den Kindern und Jugendlichen klarmachen, dass [man] sich für sie und ihre Probleme mit der Schule [interessiert]" (a.a.O.). Auch die deutschlandweiten Streiks von Schülern und Studenten am 12. November 2008 bzw. in der Woche vom 15. bis 19. Juni 2009, die unter dem Motto „Schwänzen für eine bessere Bildung"[64] gegen die zunehmend verbreitete Verkürzung der Gymnasialzeit auf acht statt neun Schuljahre, zu große Schulklassen und ‚überforderte Lehrer' stand, ist ein Hinweis auf die Aktualität von Schulabsentismus: die Instrumentalisierung dieses Verhaltens und die Demonstration einer kritischen Haltung gegenüber der Schule als Institution zeigt, dass Schulschwänzen mehr ist als Gleichgültigkeit oder Anstrengungsvermeidung von ‚Risikokandidaten'. Es konnte in dieser Studie nachgewiesen werden, dass Schulschwänzen das Ergebnis eines komplexen Bedingungsgefüges ist und dass die Vorhersagbarkeit dieses Verhaltens mit der Wahl der Variablen variiert. Wie regelmäßig und wie gezielt dem Unterricht unerlaubt ferngeblieben wird, ist sicherlich ein Indikator für die jeweiligen Beweggründe und Motive der Jugendlichen; so breit das Spektrum der Intensität von Schulabsentismus ist, so weit gestreut sind auch die Bedingungsfaktoren. Da das Schülerurteil in dieser Arbeit im Vordergrund stand, konnten Zusammenhänge um das Verhalten des Schulschwänzens identifiziert und die Sichtweise der Jugendlichen beleuchtet werden. Indikatoren des Sich-unwohl-Fühlens in der Schule scheinen ein starker Beweggrund für Absentismus zu sein, wie Teilmodelle 5 und 6 zeigen konnten. Es wird kaum möglich sein, im schulischen Alltag ein Umfeld zu schaffen, das von allen Schülern gleichermaßen als angenehm und attraktiv empfunden wird; Parsons' (1960) Prinzip der Kooperation kann jedoch den Aspekt von Schulen als differenziellen Entwicklungsmilieus in eine konstruktive Richtung ziehen und ein Selbstverständnis von Schulen als Dienstleistern fördern, was möglicherweise deren Attraktivität und Haltekraft stärkt. Schulen sind darüber hinaus ein gegenüber der Herkunftsfamilie komplementäres Sozialisationsumfeld, unabhängig davon, ob die jeweils vermittelten Normen

---

64 Titel des entsprechenden Artikels, nachzulesen unter www.spiegel.de/politik/deutschland/-0,1518,590095,00.html; Download am 13.11.2008.

und Werte miteinander vereinbar sind oder nicht. Was Coleman (1988) als soziales Kapital bezeichnet, wird sowohl seitens der Familie über Einstellungen, Mo-
tivationen und Haltungen vermittelt, als auch seitens der Schule über Normen,
Werte und Rituale auf der Makroebene und über Peer- und Lehrerbeziehungen
auf der Mikroebene (Stamm, 2006). Der Übergang der Jugendlichen von der
Herkunftsfamilie ins Klassenzimmer konfrontiert sie mit einem weiteren Setting
neben ihrem Zuhause, in welchem unter Umständen ganz andere Regeln und Ri-
ten gelten, als sie es gewohnt sind. Wie sich dieses soziale Kapital auf den Alltag
im Klassenzimmer auswirkt, fassen McFarland & Thomas (2006) unter Bezug
auf Bourdieu (1983) zusammen: „Bourdieu contends that class reproduction ari-
ses from actors entering various fields of activity (like schools and learning) with
different reserves of experiences (habitus) and resources (capital)" (S. 402, Hervorh. i. Orig.). „The alignment of experiences and resources with certain fields
of activity creates a career structure where participants sense a degree of match/
mismatch or inclusion/exclusion, and membership distinctions take on symbolic
significance as gate-keeping devices" (a.a.O., S. 403). Die Bewältigung dieses
Übergangs (Passung) ist mit Sicherheit ein zentraler Faktor für die Entscheidung
zu schwänzen oder regelmäßig den Unterricht zu besuchen. Die Normen, die in
einer Institution (wie einer Schule) festgesetzt werden, und die Ressourcen eines
Jugendlichen sind erst dann von Bedeutung, wenn beide aktiviert und damit genutzt werden (a.a.O.). Die Jugendlichen als entscheidende und handelnde Individuen befinden sich in ihrer Schule also in einem Setting, das Teil ihres Kontextes
ist und spezifische Erwartungen an sie stellt. Die thematisch unterschiedlichen
Teilmodelle dieser Arbeit zeigen auf, dass die Kriterien, welche die Schüler in ihr
Schulbesuchsverhalten einbeziehen, sehr unterschiedlich sind und eine Vorhersage von Schulabsentismus verschieden gut gelingen kann. Dies widerspiegelt
aus Sicht der Jugendlichen die Komplexität und zumeist auch Spontaneität des
Phänomens Schulabsentismus, zumindest wenn es um gelegentliches Fernbleiben vom Unterricht geht. Schulabsentismus kann vieles sein: Ausdruck einer
grundsätzlichen Haltung zu Schule und Gesellschaft, das gelegentliche Schaffen
eines Freiraumes, Vermeidung unangenehmer Begegnungen oder spontanes Au-
tonomiebestreben. Dass das sechste Teilmodell zu den Belastungsfaktoren und
Ressourcen einer Schule die größte Erklärungskraft für Schulabsentismus hat,
spricht für die große Bedeutung schulischer Belastungsfaktoren für die Jugendlichen, da der Zusammenhang zwischen diesen und Absentismus stärker als in den
anderen Modellen gegeben ist. Aus der Perspektive der Schüler scheint daher die
wichtigste Implikation dieser Studie zu sein, dass die gefühlte Intaktheit des
schulischen Umfeldes der zentrale Indikator für das Aufkommen bzw. Vermeiden
von Schulabsentismus ist.

9.2.2 Die Perspektive der Lehrpersonen

Im Gegensatz zu den Schülern, die in Bezug auf Schulabsentismus die Hauptakteure sind, kommt ihren Lehrpersonen zwar ebenfalls eine Rolle als unmittelbar
Beteiligte zu, jedoch haben sie keine Entscheidungsgewalt über das Verhalten
ihrer Schüler. Wie sich gezeigt hat, ergibt ein gezielter Fokus auf die Lehrpersonen in den Teilmodellen nur selten einen relevanten Erkenntnisgewinn für die
Entstehung von Absentismus. Dies bedeutet allerdings nicht, dass die Lehrpersonen keinen Anteil an der Entscheidung ihrer Schüler haben, ob sie dem Unterricht fernbleiben oder nicht; vielmehr zeigten die Analysen, dass es wesentlich
stärker auf die Wahrnehmung der Lehrpersonen und Interaktionen durch die Jugendlichen ankommt als auf die Einschätzung der schulischen Situation durch
die Lehrkräfte. Wie Rutter et al. (1980) nachweisen konnten, spielen mehrere
den Lehrpersonen zuzuordnende Variablen[65] eine Rolle für das Zustandekommen
von Schulabsentismus. Bei genauerem Hinsehen zeigt sich aber, dass alle diese
Variablen letztlich über die Wahrnehmung der Schüler mit Absentismus verbunden sind und nicht direkt Absenzen verursachen. Dieser Umstand wurde in
die Modellierung der Teilmodelle einbezogen, indem die Zusammenhänge zwischen den Lehrpersonendaten (Klassenebene) und der abhängigen Variablen (Individualebene) als ebenenübergreifende (,cross level') Interaktionen integriert
wurden. Dass dieser Zusammenhang indirekt ist, bedeutet andererseits nicht,
dass die Perspektive der Lehrpersonen ohne Wert für die Untersuchung von
Schulabsentismus ist. Dass die Interaktionen und die Atmosphäre zwischen Lehrenden und Schülerschaft den schulischen Alltag mehr prägen als andere
Aspekte, liegt auf der Hand: die meiste Zeit des Schultages verbringen die Schüler mit einer oder mehreren Lehrpersonen im Klassenzimmer mit Unterricht.
Teilmodell 3, das sich mit Unterricht befasst, ist neben dem beziehungsorien-
tierten Teilmodell 5 sehr gut für die Erklärung von Schulabsentismus geeignet
und zeigt die Relevanz des Einbezugs einer Lehrpersonenperspektive deutlich.
Auch die Erkenntnis, dass die Schule über die Eingangsvoraussetzungen hinaus
relevant ist bezüglich der Häufigkeit unerlaubter Absenzen, ist ein Indiz für die
Bedeutung der Lehrpersonenperspektive.

---

65 Diese Variablen sind: eine koordinierte Curriculumplanung sowie die von den Lehrpersonen erwarteten Leistungen der Schüler (Rutter et al., 1980). Im Gegenzug dazu wirkte sich eine häufig vor-
zeitige Beendigung von Schulstunden ebenso wie Verwarnungen durch den Schulleiter nach Rutter et
al. negativ auf die Anwesenheit der Schüler aus. Reynolds (1976) fand heraus, dass ein allzu strenges
Bedachtsein auf die Einhaltung der Schulordnung sowie ein ausgeprägtes Konkurrenzdenken der
Lehrpersonen ebenfalls positiv mit Absentismus korrelieren. Sommer (1985) zeigte, dass der
Umgang mit Regeln, die Lehrpläne sowie die Einstellung und das Verhalten von Lehrern stark mit
Absentismus in Zusammenhang stehen.

Ob Lehrpersonen ‚etwas tun können', um Schulabsentismus zu verhindern und zu mindern, vermag dieses Buch nicht zu sagen. Dass die forschungsleitende Frage, ob die Schule einen Anteil an der Erklärung von Schulabsentismus hat, klar bejaht werden konnte, kann jedoch als valabler Hinweis dafür gelten, dass die Lehrpersonen in der Auseinandersetzung mit ihren Schülern durchaus eine bedeutende Rolle spielen. Teilmodell 2 zeigt dies eindrücklich, indem die direkte Reaktion der Lehrkräfte auf schwänzende Schüler durch Delegation an pädagogische oder psychologische Fachstellen Absentismus deutlicher mindert als eine schulweite Prävention. Insofern ist die Berücksichtigung von Absentismus als Merkmal pädagogischer Wirksamkeit von Schulen durchaus relevant: die Unterscheidung von unmittelbaren Interaktionen zwischen Schülern und Lehrpersonen und übergreifenden, indirekten Interaktionen zwischen Schülern und Schule zeigt, dass die Anwesenheit der Jugendlichen und damit die Voraussetzung für gelingenden Unterricht durch das schulische Umfeld auf verschiedenen Ebenen gefördert, aber auch behindert werden kann.

9.2.3 Die Perspektive der Schulleiter

Die Position der Schulleiter erwies sich in den meisten Teilmodellen als kaum relevant für die Erklärung von Schulabsentismus. Da die Schulleitungen in der Regel weniger direkt mit den Schülern interagieren als die Lehrpersonen, ist das nicht verwunderlich. Reynolds et al. (1976) brachten die Variabilität der Anwesenheitsraten an verschiedenen Schulen unter anderem mit der Schulleitung in Verbindung. Absentismus war in seiner Studie dann besonders häufig, wenn das Schulklima von den Schülern als unangenehm empfunden wurde; dies war dann der Fall, wenn die Schulleitung streng, unfreundlich und überaus bedacht auf die Einhaltung der Schulordnung war. In der Folge wurde sie von den Schülern als autoritär und feindlich eingestellt erlebt.

Reid (1999) weist auf einen anderen Aspekt von Absentismus hin, der mit der Schulleitung zusammenhängt: die zuverlässige Registrierung von Absenzen und, da dies allein Schulschwänzen nicht verhindert, darüber hinaus konsequente Sanktionen gegenüber diesem unerwünschten Verhalten. Abgesehen von den (relativ wenigen) Unterrichtslektionen stehen die Schulleitungen Absentismus weniger durch *direkte* Interaktion gegenüber als durch die Gestaltung struktureller und formaler Prozesse, die die Registrierung und Verfolgung unerlaubter Absenzen betreffen. Insofern ist ihre Perspektive eine, die als *Management oder Entwicklungshilfe* der Schule bezeichnet werden kann und die mit Schulabsentismus als eine potenzielle Belastung unter weiteren, möglicherweise schwierigen Alltagserfahrungen umgehen muss. Da diejenige Schule in der Stichprobe, die als einzige mit einem Belohnungssystem gegen Absentismus vorgeht, unter denen mit den niedrigsten Absenzenraten ist, könnte aus der Sicht der Schulleiter dieser positiv verstärkende Ansatz gegenüber dem bestrafenden effektiver sein, um Absentismus möglichst gering zu halten.

9.2.4 Synthese: Schulabsentismus und Schuleffektivität

Die drei in den vorangehenden Abschnitten diskutierten Perspektiven der Hauptakteure dieser Untersuchung machen deutlich, dass Schulabsentismus eine wichtige Grundannahme der Schuleffektivitätsforschung in Frage stellt: die unbedingte und vollständige Anwesenheit der Schüler im Unterricht. Das Stuttgarter Beispiel des gezielten Eingreifens und Aktivierens vorab definierter Eskalationsstufen als Reaktion auf Absentismus tritt dem gezielt entgegen und wird nach erfolgter Evaluation des Programms sicherlich dazu beitragen, dass im Bereich der Schuleffektivitätsforschung und Schulentwicklung der Aspekt der *Anwesenheit im Unterricht* als Kriterium dafür eingesetzt wird, den Qualitäts- und Effektivitätsbegriff von Schulen zu differenzieren. Ferner ist zu erwarten, dass die etwa von Staroba (1989) postulierte Haltekraft von Schulen sich in Zukunft auch daran messen lassen muss, inwieweit Schüler ihrer lückenlosen Anwesenheitspflicht nachkommen und damit Schulen als von der Gesellschaft beauftragte Institutionen der Bildung in die Pflicht genommen werden, diese Haltekraft im Rahmen der jeweiligen Möglichkeiten zu optimieren. Dies kann etwa durch das Aufgreifen der in diesem Buch festgestellten Zusammenhänge schulischer Merkmale mit Absentismus angegangen werden: hat eine Schule beispielsweise Zugang zu pädagogisch-psychologischen Diensten, so kann der gefundene negative Zusammenhang von Schulabsentismus und Delegation der entsprechenden Fälle durch die Lehrperson als Hinweis und Anregung verstanden werden, künftig schwänzende Schüler an ebendiese Dienste zu verweisen und damit den Schauplatz des Umgangs mit Absenzen aus dem Klassenzimmer hinaus zu verlagern. Damit wird das Problem verringert, dass Schulabsentisten häufig auch dann zu einem die Klasse betreffenden Problem werden, wenn sie anwesend sind und einen Großteil der Aufmerksamkeit für sich beanspruchen. Insofern ist die Relevanz der Berücksichtigung von Absentismus als Merkmal der Schuleffektivität und auch als Teil der Schulentwicklung evident: die Unterscheidung von unmittelbaren Interaktionen zwischen Schülern und Lehrpersonen und übergreifenden, indirekten Interaktionen zwischen Schülern und Schule zeigt, dass die Anwesenheit der Jugendlichen durch das schulische Umfeld auf verschiedenen Ebenen gefördert, aber auch behindert werden kann. Schließlich ist auf der Schulebene zusammenzufassen, dass das aktive Angehen von Absentismus als unerwünschtem Verhalten einen bedeutsamen Hebel für dessen Reduzierung darstellen kann, sei es in Form konsequenter und lückenloser Registrierung von Absenzen oder in Form von Präventionsmaßnahmen. Mit McFarland & Thomas (2006) kann hier zudem argumentiert werden, dass die Schule als ein gegenüber der Familie komplementäres Handlungssetting konkrete Erwartungen an ihre Schüler stellt. Vor dem Hintergrund, dass Schulabsentismus ein äußerst verbreitetes Verhalten ist (in der Schweizer Stichprobe hatte etwa jeder zweite Schüler bereits einmal in ihrer Schullaufbahn geschwänzt), stellt sich aus der Perspektive der Schuleffektivität der Anspruch an Schulen, die jeweiligen schulspezifischen Normen derart zu implementieren, dass diese für die Jugendlichen aktiviert und damit effektiv sind.

9.3   Fazit und Ausblick

In diesem Buch wurden zwei Thesen gegeneinander abgewogen: (1) die Eingangsvoraussetzungen der Schüler seien einerseits so viel relevanter als mögliche schulische Effekte, dass letztere praktisch keine Relevanz für Schülerleistungen oder Schulabsentismus haben; hingegen weisen (2) so genannte Policy-Prädiktoren einer Schule *über die Zusammensetzung der Schülerschaft hinaus* signifikante Zusammenhänge mit Absenzen oder Leistungen auf. Von den drei untersuchten Perspektiven auf Schulabsentismus erwies sich diejenige der Schüler als die ergiebigste. Von den signifikanten Prädiktoren, die für die Erklärung des Phänomens Schulschwänzen relevant sind, stammen die meisten aus der Individualebene. Jedoch dürfen auch die beiden anderen Blickwinkel der Lehrpersonen und der Schulleitungen nicht ausser Acht gelassen werden, um Einblick in die Entstehung und das Bedingungsgeflecht um Schulabsentismus zu gewinnen. Ebenso wichtig wie die drei Perspektiven ist die umfassende Betrachtung möglicher Bedingungsgefüge, die thematisch gruppiert und theoretisch hergeleitet sind. Am Ende dieses Buches steht der Rückblick auf eine Grundlagenstudie, die das Fribourger Forschungsprojekt des Schweizerischen Nationalfonds um den Aspekt der Individual- und Kontextmerkmale ergänzt. In diesem Sinne ist das Fazit eher dem Aufwerfen neuer Fragen gewidmet als der abschließenden Beantwortung einer Forschungsfrage.

Die forschungsleitende Frage, ob die Schule über die Hintergrundmerkmale der Schüler hinaus eine Rolle dafür spielt, wie häufig geschwänzt wird, konnte bejaht werden. Es zeigte sich zudem, dass neben geteilten Wahrnehmungen der Schülerschaft und deren Eingangsvoraussetzungen sowohl kulturelle als auch strukturelle Faktoren relevant sind. Doch provoziert die Erkenntnis, dass die Schule eine Bedeutung für Schulabsentismus hat, weitere Fragen. Zwar konnte nachgewiesen werden, dass die Konstellation der untersuchten Variablen in den Modellen die Koeffizienten maßgeblich beeinflusst und dass daher der thematische Blickwinkel die Befunde mit bestimmt und verändert. Die Einsicht in Entstehungsprozesse von Schulabsentismus und damit zusammenhängende Variablen führt jedoch weiter zur Frage, inwieweit Schulschwänzen verhindert oder reduziert werden kann. Die Erkenntnisse der sechs Teilmodelle können hierfür wichtige Hinweise geben und vor allem für künftige Studien als Basis geeigneter Zugänge dienen. Da die Belastungen und Ressourcen einer Schule in Teilmodell 6 die Schweizer Daten am besten wiedergaben, könnten die Erhebung und entsprechende Bearbeitung der Stressfaktoren und Ressourcen einer Schule ein Schlüssel zur gezielten Bearbeitung von Schulabsentismus als unerwünschtem Verhalten sein. Dasselbe gilt für die Beziehungsstrukturen und die Prozesse im Unterricht, wobei, wie bereits erwähnt, relationale Daten und Netzwerkanalysen von großem Nutzen zu sein scheinen. In diesem Sinne wurden für das Fribourger Projekt auch 14 Interviews mit notorischen Schulschwänzern durchgeführt, die Einblicke in die Entscheidungsprozesse der Jugendlichen geben.

Für künftige Studien wäre zu überlegen, ob eine größere Zahl an Interviews zu erreichen ist. Dies sollte möglichst über die Rekrutierung der Interviewpartner anhand ihrer Fragebögen geschehen, was im Fribourger Projekt aus Datenschutzgründen nicht möglich war und die Gewinnung gesprächsbereiter Jugendlicher bedeutend erschwerte. Auf einer breiteren Interviewbasis könnten gezielter wichtige Auslöser (,Knackpunkte') und kritische Zeitpunkte für Schulabsentismus identifiziert werden. Eine Perspektive, die bisher noch nicht berücksichtigt worden ist, ist diejenige der Eltern. Ihr einzigartiger Zugang zu wichtigen Ereignissen in der familiären oder schulischen Biographie ihrer Kinder kann bedeutende Erkenntnisse erbringen, ebenso wie die Beobachtung schulbezogener Interaktionen, Auseinandersetzungen und Dialoge innerhalb der Familie. Dieser Ansatz erfordert jedoch bis zu einem gewissen Punkt auch Pionierarbeit, da der Zutritt in familiäre Alltagserfahrungen meist ein Tabu für die Forschung ist und eine auf Freiwilligkeit beruhende Stichprobenziehung mit hoher Wahrscheinlichkeit Verzerrungen mit sich bringt. Die Modellierung in dieser Arbeit ist weitgehend additiv und greift das dargestellte Arbeitsmodell nach Schulze, Ricking und Wittrock (2000) auf. Dieses könnte jedoch sicherlich auch in ein Strukturgleichungsmodell mit Mediator- und Moderatorvariablen übertragen werden, für das idealerweise jedoch mit dem Ziel kausaler Modellierung Längsschnittdaten erhoben werden sollten.

Die Untersuchung möglicher Bedingungsfaktoren und Verhaltensmuster um Schulabsentismus lässt also noch eine Vielzahl von Fragen offen. Die Suche nach Antworten auf die abschließend formulierten Fragestellungen ist eine neue Herausforderung für die empirische Bildungsforschung und auch für die Schul-

qualitätsforschung. Systematische Längsschnittanalysen, aus denen die Wechselwirkungen von Effekten der Individualebene, der Schulklasse und des Schulhauses hervorgehen, können weiterführende Antworten liefern und darüber hinaus
kausale Zusammenhänge aufzeigen.

10 Literatur

10.1 Monographien, Artikel und Internetquellen

Alliance for Excellent Education (2007): The High Cost of High School Dropouts. What the Nation Pays for Inadequate High Schools. Issue Brief, updated October 2007. Washington, DC.

Backhaus, K., Erichson, B., Weiber, R. & Plinke, W. (2006): Multivariate Analysemethoden. Eine anwendungsorientierte Einführung. Berlin: Springer.

Baier, D., Pfeiffer, C., Windzio, M. & Rabold, S. (2006): Schülerbefragung 2005: Gewalterfahrungen, Schulabsentismus und Medienkonsum von Kindern und Jugendlichen. Abschlussbericht über eine repräsentative Befragung von Schülerinnen und Schülern der 4. und 9. Jahrgangsstufe. Hannover: Kriminologisches Forschungsinstitut Niedersachsen. Download am 07.10.2008 von http://www.ksan.de/download/abschlussbericht.pdf

Bandura, A. (1976): Lernen am Modell. Stuttgart: Klett Cotta.

Baumert, J., & Schümer, G. (2001): Familiäre Lebensverhältnisse, Bildungsbeteiligung und Kompetenzerwerb im nationalen Vergleich. In J. Baumert, C. Artelt, E. Klieme, M. Neubrand, M. Prenzel, U. Schiefele, W. Schneider, K.-J. Tillmann, & M. Weiss (Hrsg.): PISA 2000. Die Länder der Bundesrepublik Deutschland im Vergleich. Opladen: Leske + Budrich, S. 323-397.

Baumert, J., Stanat, P. & Demmrich, A. (2001): PISA 2000: Untersuchungsgegenstand, theoretische Grundlagen und Durchführung der Studie. In: Deutsches PISA-Konsortium: PISA 2000. Opladen: Leske + Budrich, S. 15-68.

Baumert, J., Stanat, P. & Watermann, R. (2006): Schulstruktur und die Entstehung differenzieller Lern- und Entwicklungsmilieus. In: J. Baumert, P. Stanat & R. Watermann (Hrsg.): Herkunftsbedingte Disparitäten im Bildungswesen. Vertiefende Analysen im Rahmen von PISA 2000. Wiesbaden: VS Verlag für Sozialwissenschaften, S. 95-188.

Baumert, J., Trautwein, U. & Artelt, C. (2003): Schulumwelten – institutionelle Bedingungen des Lehrens und Lernens. In: Baumert, J., Artelt, C, Klieme, E., Neubrand, M., Prenzel, M., Schiefele, U., Schneider, W., Tillmann, K.-J. & Weiss, M. (Hrsg.): PISA 2000 – ein differenzierter Blick auf die Länder der Bundesrepublik Deutschland. Opladen: Leske + Budrich, S. 261-333.

Bessoth, R. & Weibel, W. (1999): Unterrichtsqualität an Schweizer Schulen. Hilfen zur Steigerung und Sicherung der pädagogischen Wirksamkeit. Zug: Klett und Balmer.

Bos, T., Ruitjers, K. & Visscher, A. J. (1992): Absenteeism in Secondary Education. In: British Educational Research Journal, 18, pp. 381-395.

Bourdieu, P. (1983): Die feinen Unterschiede. Kritik der gesellschaftlichen Urteilskraft. Frankfurt a. M.: Suhrkamp.

Bourdieu, P. & Passeron, J.-C. (1971): Die Illusion der Chancengleichheit. Stuttgart : Ernst Klett.

Braun, F. (2006): Kooperation von Jugendsozialarbeit und Schule bei Schulmüdigkeit und Schulverweigerung. In: C. Gentner & M. Mertens, Null Bock auf Schule? Schulmüdigkeit und Schulverweigerung aus Sicht der Wissenschaft und Praxis. Münster: Waxmann, S. 37-55.

Brimm, J. L., Forgety, J. & Sadler, K. (1978): Student Absenteeism: A Survey Report. National Association of Secondary School Principals Bulletin, Feb., pp. 65-69.

Bronfenbrenner, U. (1989): Die Ökologie der menschlichen Entwicklung. Natürliche und geplante Experimente. 5., vollständig überarbeitete Auflage. Weinheim: Beltz.

Bundesamt für Statistik (BfS, 2003): Pendelverkehr. Neue Definition der Agglomerationen. Bericht im Rahmen der Volkszählung 2000. Pressekonferenz vom 15. Mai 2003 in Bern, Kornhaus.

Burke, M. J., Finkelstein, L. M. & Dusig, M. S. (1999): On Average Deviation Indices for Estimating Interrater Agreement. In: Organizational Research Methods, 5 (2), pp. 159-172.

Carpenter, J. R., Kenward, M. G. & White, I. R. (2007): Sensitivity Analysis After Multiple Imputation Under Missing at Random: a Weighting Approach. In: Statistical Methods in Medical Research, 16 (3), pp. 259-275.

Catterall, J. S. (1998): Independent Study: Catching Students Before They Fall Too Far. In: The High School Magazine, 6 (3), pp. 46-47.

Central Advisory Council for Education (England) (1967): Children and their Primary Schools. A Report of the Central Advisory Council for Education (England). London: Her Majesty's Stationery Office.

Cheng, Y. C. (1993): Conceptualization and Mmeasurement of School Effectiveness: An Organizational Perspective. Paper presented at the AERA annual meeting, Atlanta, GA.

City of San Diego (o.J.): Juvenile Law. Truancy, Education Code (48264). Download am 28. September 2008 von http://www.sandiego.gov/police/about/juvlaw.shtml

Clyne, M. B. (1969): Schulkrank? Schulverweigern als Folge psychischer Störungen. Aus dem Englischen. von Waltraud Klüwer. Originalausgabe unter dem Titel "Absent. School Refusal as an Expression of Disturbed Family Relationships". London: Tavistock Publications/Stuttgart: Klett.

Cohen, A. K. & Short, J. F. (1968): Zur Erforschung delinquenter Subkulturen. In: F. Sack & R. König (Hrsg.): Kriminalsoziologie. Frankfurt a. M.: Akademische Verlagsgesellschaft, S. 372-394.

Coleman, J. S. (1987): Families and Schools. In: Educational Researcher, 16 (6), pp. 32-38.

Coleman, J. S. (1988): Social Capital in the Creation of Human Capital. In: American Journal of Sociology, 94, pp. 95-120.

Coleman, J. S. (1991): Grundlagen der Sozialtheorie. München: Oldenbourg.

Coleman, J. S., Campbell, E., Hobson, C., McPartland, J., Mood, A., Weinfeld, F. & York, R. (1966): Equality of educational opportunity. Washington, DC: Government Printing Office.

Corville-Smith, J., Ryan, B. A., Adams, G. R., & Dalicandro, T. (1998): Distinguishing Absentee Students from Regular Attenders: The Combined Influence of Personal, Family, and School Factors. In: Journal of Youth and Adolescence, 27 (5), pp. 629-640.

Dann, H., Humpert, W., Krause, F., von Kügelgen, T., Rimele, W., & Tennstädt, K. (2005): Subjektive Aspekte des Lehrerberufs. In: A. Glöckner-Rist (Hrsg.): ZUMA-Informationssystem. Elektronisches Handbuch sozialwissenschaftlicher Erhebungsinstrumente. ZIS Version 9.00. Mannheim: Zentrum für Umfragen, Methoden und Analysen, keine Seitenangabe.

Degele, N. & Dries, C. (2005): Modernisierungstheorie. Eine Einführung. München: Fink (UTB).

Deutsches PISA-Konsortium (Hrsg.) (2001): PISA 2000. Basiskompetenzen von Schülerinnen und Schülern im internationalen Vergleich. Opladen: Leske + Budrich.

Deutsches PISA-Konsortium (Hrsg.) (2004): PISA 2003. Der Bildungsstand der Jugendlichen in Deutschland – Ergebnisse des zweiten internationalen Vergleichs. Münster: Waxmann.

Deutsches PISA-Konsortium (Hrsg.) (2007): PISA 2006. Die Ergebnisse der dritten internationalen Vergleichsstudie. Münster: Waxmann.

Ditton, H. & Merz, D. (1999): DfG-Projekt: Qualität von Schule und Unterricht. Universität Osnabrück.

Dollase, R., Ridder, A., Bieler, A., Köhnemann, I. & Woitowitz, K. (1999): Sind hohe Anteile ausländischer Schülerinnen in Schulklassen problematisch? In: Journal für Konflikt- und Gewaltforschung, 1, S. 56-83.

Dreeben, R. & Barr, R. (1988). Classroom Composition and the Design of Instruction. Sociology of Education, 61 (3), pp. 129–142.

Dunkake, I. (2007): Die Entstehung der Schulpflicht, die Geschichte der Absentismusforschung und Schulschwänzen als abweichendes Verhalten. In: Wagner, M. (Hrsg.): Schulabsentismus. Soziologische Analysen zum Einfluss von Familie, Schule und Freundeskreis. Weinheim und München: Juventa, S. 13-36.

Durkheim, E. (1930): Le suicide. Etude de sociologie. Paris: Felix Alcan.

Durkheim, E. (1977; Original: 1893): Über die Teilung der sozialen Arbeit. Deutsch von Ludwig Schmidts. Frankfurt a. M.: Suhrkamp.

Eder, F. (1995): Das Befinden von Kindern und Jugendlichen in der Schule. Innsbruck: Studien-Verlag.

Eder, F. (1998): Linzer Fragebogen zum Schul- und Klassenklima für die 8.-13. Klasse (LFSK 8-13). Handanweisung. Göttingen: Hogrefe.

EDK (1997): siehe Eintrag → Schweizerische Konferenz der kantonalen Erziehungsdirektoren (1997).

EDK (2007): siehe Eintrag → Schweizerische Konferenz der kantonalen Erziehungsdirektoren (2007).

Ehmann, C. & Rademacker, H. (2003): Schulversäumnisse und sozialer Ausschluss. Vom leichtfertigen Umgang mit der Schulpflicht in Deutschland. Bielefeld: Bertelsmann.

Epstein, J. L. & Sheldon, S. B. (2002): Present and Accounted for: Improving Student Attendance through Family and Community Involvement. In: The Journal of Educational Research, 95 (5), pp. 308-318.

Fend, H. (1976): Sozialisationseffekte unterschiedlicher Schulformen. In H.-D. Haller & D. Lenzen (Hrsg.): Jahrbuch für Erziehungswissenschaft, Lehrjahre in der Bildungsreform: Resignation oder Rekonstruktion? Stuttgart: Klett, S. 47-88.

Fend, H. (1977): Schulklima: Soziale Einflussprozesse in der Schule. Weinheim und Basel: Beltz.

Fend, H. (1998): Qualität im Bildungswesen. Schulforschung zu Systembedingungen, Schulprofilen und Lehrerleistung. Weinheim und München: Juventa.

Fend, H. (2006): Neue Theorie der Schule. Einführung in das Verstehen von Bildungssystemen. Wiesbaden: VS Verlag für Sozialwissenschaften.

Fend, H., Knörzer, W., Nagl, W., Specht, W. & Väth-Szusdziara, R. (1976): Sozialisationseffekte der Schule. Weinheim: Beltz.

Fogelman, K., Tibbenham, A. & Lambert, C. (1980): Absence from School: Findings from the National Child Development Study. In: L. Hersov & I. Berg (Eds.): Out of School. Chichester: Wiley, pp. 25-48.

Frazier, E. F. (1997). The Black Bourgeoisie. New York: Simon & Schuster.

Fredricks, J. A., Blumenfeld, P. C. & Paris, A. H. (2004): School Engagement: Potential of the Concept, State of the Evidence. In: Review of Educational Research, 74 (1), pp. 59-109.

Galloway, D. (1983): Research Note: Truants and Other Absentees. Journal of Child Psychology and Psychiatry, 24 (4), pp. 607-611.

Ganter-Bührer, G. (1991). Wenn Kinder nein zur Schule sagen. Zürich: Pro Juventute.

Ganzeboom, H. B. G., de Graaf, P. M., Treiman, D. J. & Leeuw, J. (1992): A Standard International Socio-Economic Index of Occupational Status. In: Social Science Research, 21, pp. 1-56.

Ganzeboom, H. B. G. & Treiman, D. J. (1996): Internationally Comparable Measures of Occupational Status for the 1988 International Standard Classification of Occupations. In: Social Science Research, 25, pp. 201-239.

Greven, J. (Hrsg.) (1998): Das Funkkolleg 1966-1998. Ein Modell wissenschaftlicher Weiterbildung im Medienverbund. Weinheim: Deutscher Studien Verlag.

Grimm, S. (1987): Soziologie der Bildung und Erziehung. Eine Einführung und kritische Bilanz. München: Ehrenwirt.

Haferkamp, H. (1976): Soziologie als Handlungstheorie. 3. Auflage. Wiesbaden: VS Verlag für Sozialwissenschaften.

Hallam, S. & Roaf, C. (1995): Here Today, Here Tomorrow. Helping Schools to Promote Attendance. London: Calouste Gulbenkian Foundation.

Hartung, J., Elpelt, B. & Klösener, K.-H. (2002): Statistik. München: Oldenbourg.

Hascher, T. (2004): Wohlbefinden in der Schule. Münster. Waxmann.

Hauf, Th. (2007): Innerstädtische Bildungsdisparitäten an der Übergangsschwelle von den Grundschulen zum Sekundarschulsystem. In: Zeitschrift für Pädagogik, 53 (3), S. 299-313.

Heffner, M. (10.07.2008): Schulschwänzern soll es an den Kragen gehen. Stuttgarter Zeitung.

Heller, K. H. & Perleth, C. (2000): KFT 4-12+R. Kognitiver Fähigkeitstest für 4. bis 12. Klassen, Revision. 1. Auflage. Hogrefe: Testzentrale.

Helmke, A. (2003): Unterrichtsqualität erfassen, bewerten, verbessern. Seelze: Kallmeyersche Verlagsbuchhandlung.

Helmke, A. & Weinert, F. E. (1997): Bedingungsfaktoren schulischer Leistungen. In: F. E. Weinert (Hrsg.): Psychologie des Unterrichts und der Schule. Enzyklopädie der Psychologie. Göttingen: Hogrefe, S. 71-176.

Helsper, W. (2008): Schulkulturen - die Schule als symbolische Sinnordnung. In: Zeitschrift für Pädagogik, 53 (1), S. 63-80.

Hersov, L. & Berg, I. (Eds.) (1980): Out of School. Modern Perspectives in Truancy and School Refusal. Oxford: Pergamon Press.

Herz, B., Puhr, K & Ricking, H. (Hrsg.) (2004): Problem Schulabsentismus. Wege zurück in die Schule. Bad Heilbrunn: Klinkhardt.

Hildeschmidt, A. (1979): Verbreitung und Bedingungen unregelmässigen Schulbesuchs. In: A. Hildeschmidt, H. Meister, A. Sander & E. Schorr (1979) (Hrsg.): Unregelmäßiger Schulbesuch – Verbreitung, Bedingungen, Interventionsmöglichkeiten. Weinheim und Basel: Beltz, S. 84-110.

Holtappels, H. G.: Schülerprobleme und abweichendes Verhalten aus der Schülerperspektive. In: Zeitschrift für Sozialisationsforschung und Erziehungssoziologie 5 (2), S. 291-323.

Holtappels, H. G. (2003): Schulqualität durch Schulentwicklung und Evaluation. Konzepte, Forschungsbefunde, Instrumente. München: Luchterhand.

Holtappels, H. G. (2005): Bildungsqualität und Schulentwicklung. In: H. G. Holtappels & K. Höhmann (Hrsg.): Schulentwicklung und Schulwirksamkeit. Weinheim und München: Juventa.

Holtappels, H. G., Heitmeyer, W., Melzer, W. & Tillmann, K.-J. (1999): Forschung über Gewalt an Schulen. Weinheim: Beltz.

Horn, W. (1983): LPS, Leistungsprüfsystem für 9 bis 50 Jahre. 2., erweiterte und verbesserte Auflage. Hogrefe: Testzentrale.

Hox, J. J. (2002): Multilevel Analyses. Mahwah, NJ: Lawrence Erlbaum Associates.

Hradil, S. (2001): Die soziale Ungleichheit in Deutschland. 8. Auflage. Opladen: Leske + Budrich.

Janosz, M., LeBlanc, M., Boulerice, B., and Tremblay, R.E. (1996): Disentangling the Weight of School Dropout Predictors: A Test on Two Longitudinal Samples. Unpublished manuscript.

Jencks, C. (1972): Inequality: A Reassessment of the Effect of Family and Schooling in America. New York: Basic Books.

Jones, K. (2008): Multilevel Analysis: Practical Applications. Manuscript distributed for the Essex Summer School in SSDA. Colchester: University of Essex.

Jones, K. & Duncan, C. (1998): Modelling Context and Heterogeneity: Applying Multilevel Models. In: E. Scarbrough & E. Tanenbaum: Research Strategies in the Social Sciences. A Guide to New Approaches. Oxford: University Press, pp. 95-123.

Johnson, A., Falstein, E., Szursk, S. & Svendsen, M. (1941): School Phobia. American Journal of Orthopsychiatry, 11, pp. 702-711.

Kaiser, H. (1983): Schulversäumnisse und Schulangst. Eine empirische Analyse der Einflussfaktoren. In: Europäische Hochschulschriften, Reihe 6, Psychologie 108. Frankfurt a. M.

Kittl, H., Mayr, A. & Schiffer, B. (2005): Early School Leaving and Dropout. Zwischenbericht. Graz: Studienverlag.

Kleist, F. (1930): Was geht uns der Schulschwänzer an? In: P. Oesterreich (Hrsg.): Die Neue Erziehung. Monatsschrift für entschiedene Schulreform und freiheitliche Schulpolitik. XII. Jahrgang (o. Heftnummer). Jena: Verlag Karl Zwing, S. 9-17.

Klemm, K. (29. Mai 2008): Schulforscher, aufgepasst! Die ZEIT, 21/08. Download am 07.10.2008 von http://hermes.zeit.de/pdf/archiv/2008/21/C-Bildungsforschung.pdf

Köhler, H. (Hrsg.) (1981): Titel und Stelle: über die Reproduktion sozialer Macht. Frankfurt a M.: Europäische Verlagsanstalt.

Kornmann, R. (1980): Schulschwänzen – Persönlichkeitsmerkmal oder Symptom verbesserungswürdiger Unterrichtsqualität? In: Psychologie in Erziehung und Unterricht, 27, S. 240-242.

Kreft, I. & De Leeuw, J. (2006): Introducing Multilevel Modeling. London: Sage.

Kurtz, T. (2007): Bildung und Erziehung in der soziologischen Theorie. In: Zeitschrift für Erziehungswissenschaft (2), S. 213-249.

Lamnek, S. (2007): Theorien abweichenden Verhaltens. 8. überarbeitete Auflage. Stuttgart: UTB.

Lee, V. E. (1999): School Size and the Organization of Secondary Schools. In M. T. Hallinan (Ed.), Handbook of the Sociology of Education. New York: Kluwer Academic/Plenum, pp. 327-344.

Lee, V. E. & Burkam, D. T. (2003): Dropping Out of High School: The Role of School Organization and Structure. In: American Educational Research Journal, 40 (2), pp. 353-393.

Lee, V. E. & Loeb, S. (2000): School Size in Chicago Elementary Schools: Effects on Teachers' Attitudes and Students' Achievement. In: American Educational Research Journal, 37, pp. 3-31.

Leithwood, K., Jantzi, D. & McElheron-Hopkins, C. (2006): The Development and Testing of a School Improvement Model. In: School Effectiveness and School Improvement, 17 (4), pp. 441-464.

Lewin, K. (1982): Feldtheorie. Werkausgabe, Bd. 4. Stuttgart: Klett-Cotta.

Lewis, C. (1995): Improving Attendance – Reducing Truancy: A School Based Approach. In: Educational Psychology in Practice, II (i), pp. 36-40.

Little, R. J. A. and Rubin, D. B. (2002). Statistical Analysis with Missing Data, 2nd edition, New York: John Wiley.

Luhmann, N. (1987) : Rechtssoziologie. 3. Auflage. Wiesbaden: VS Verlag für Sozialwissenschaften.

Luhmann, N. (2002): Das Erziehungssystem der Gesellschaft. Frankfurt a. M.: Suhrkamp.

Luyten, H. & van der Hoeven-van Doornum, H. (1995). Classroom Composition and Individual Achievement Eeffects of Classroom Composition and Teacher Goals in Dutch Elementary Education. Tijdschrift voor Onderwijsresearch, 20 (1), pp. 42–62.

Luyten, H., Visscher, A. & Witziers, B. (2005): School Effectiveness Research: From a Review of the Criticism to Recommendation for Further Development. In: School Effectiveness and School Improvement, 16 (3), pp. 249-279.

Lüdtke, O., Robitzsch, A., Trautwein, U. & Köller, O. (2007): Umgang mit fehlenden Werten in der psychologischen Forschung: Probleme und Lösungen. In: Psychologische Rundschau, 58, S. 103-117.

Lüdtke, O., Robitzsch, A., Trautwein, U. & Kunter, M. (2009): Assessing the Impact of Learning Environments: How to Use Student Ratings in Multilevel Modelling. In: Contemporary Educational Psychology, 34, pp. 120-131.

Lüdtke, O., Trautwein, U., Kunter, M & Baumert, J. (2006): Analyse von Lernumwelten. Ansätze zur Bestimmung der Reliabilität und Übereinstimmung von Schülerwahrnehmungen. In: Zeitschrift für Pädagogische Psychologie, 20 (1/2), S. 85-96.

Maag Merki, K. (2005): Wissen, worüber man spricht. Ein Glossar. In: G. Becker, A. Bremerich-Vos, M. Demmer, K. Maag Merki, B. Priebe, K. Schwippert, L. Stäudel & K.-J. Tillmann (Hrsg.): Standards. Unterrichten zwischen Kompetenzen, zentralen Prüfungen und Vergleichsarbeiten. Friedrich Jahresheft XXIII, S. 12-13. Velber: Friedrich Verlag.

Maaz, K., Watermann, R. & Baumert, J. (2007): Familiärer Hintergrund, Kompetenzentwicklung und Selektionsentscheidungen in gegliederten Schulsystemen im internationalen Vergleich. Eine vertiefende Analyse von PISA-Daten. In: Zeitschrift für Pädagogik, 53 (4), S. 444-461.

Marsden, P. V. (2005): Recent Developments in Network Measurement. In: P. Carrington, J. Scott & S. Wasserman (Eds.): Models and Methods in Social Network Analysis. Cambridge: University Press, pp. 8-30.

McFarland, D. A. & Thomas, R. J. (2006): Bowling Young: How Youth Voluntary Associations Influence Adult Political Participation. In: American Sociological Review, 71 (June), pp. 401-425.

Miller, W. (1958). Lower Class Culture as a Generating Milieu of Gang Delinquency. In: Journal of Social Issues, 14, pp. 5-20.

Möhring, H. (2000): Schulabsentismus – Ein Problem unserer Zeit. Bestandsaufnahme und Vergleiche von Konzepten. Frankfurt (Oder): Viademica.

Moore. D. (2004): Bigger or better? In: School Planning and Management (5). Dayton: Peter Li, pp.67-69.

Mortimore, P. (1994): Schuleffektivität: Eine Herausforderung für die Zukunft. Referatspapier, DGfE-Kongress 1994, Dortmund.

Moynihan, D. P. (1965): The Negro Family. The Case for National Action. Office of Policy Planning and Research: United States Department of Labor.

Müller, S. (1990): Schulschwänzen als Problemlösungsstrategie. Eine kritische Analyse der Problematik Schulschwänzen unter besonderer Berücksichtigung einer pädagogischen Zugänglichkeit. Berlin: Dissertation.

Mutzek, W., Popp, K, Franzke, M. & Oehme, A. (2004): Umgang mit Schulverweigerung. Grundlagen und Praxisberichte für Schule und Sozialarbeit. Weinheim und Basel: Beltz.

National Center for Education Statistics (2008): National Education Longitudinal Study of 1988 (NELS 88). Download am 28.10.2008 von http://nces.ed.gov/surveys/NELS88/

National Center for Mental Health Promotion and Youth Violence Prevention (o.J.): Reducing Truancy. Download am 17.02.2008 von http://www.promoteprevent.org/Publications/center-briefs/Truancy_Prevention_Brief.pdf

Neukäter, H. & Ricking, H. (1997): Absentismus und Verhaltensstörungen. In: H. Goetze (Hrsg.): Schulische Erziehungshilfe grenzüberschreitend. Potsdam: AVZ, S. 175 -184.

NLI/Niedersächsisches Landesinstitut für Fortbildung und Weiterbildung im Schulwesen und Medienpädagogik (2002): Qualitätsnetzwerke, Dokumentation der Auftaktveranstaltung 27. und 28.02.2002 in der Universität Hannover. Hildesheim: NLI, S. 30-32.

Niedersächsisches Schulgesetz (NSchG) (o.J.) Download am 07.03.2008 von http://www.schure.de/-nschg/nschg/nschg43.htm

Nissen, G. (1972): Schulverweigerung und Lernprotest im Kindesalter. In: Zeitschrift für Psychotherapie und medizinische Psychologie (22), S. 183-188.

Nitzschmann, K. (2000): Verweigerung macht Sinn. Schulvermeiden und Weglaufen als Selbstfindung. Frankfurt a. M.: Bandes & Aspel.

OECD [Organisation for the Economic Co-Operation and Development] (2000): Literacy in the Information Age. Final Report of the International Adult Literacy Survey. Paris and the Minister of Industry, Canada.

OECD (2005a): PISA 2003 Technical Report. Paris: OECD.

OECD (2005b): PISA 2003 Data Analysis Manual. SPSS Users. Paris: OECD.

OECD (2005c): School Factors Related to Quality and Equity. Results from PISA 2000. Paris: OECD.

OECD (2006): Bildung auf einen Blick 2006. OECD-Indikatoren. Bielefeld: W. Bertelsmann.

Oehme, A. (2007): Schulverweigerung. Subjektive Theorien von Jugendlichen zu den Bedingungen ihres Schulabsentismus. Hamburg: Verlag Dr. Kovač.

Oevermann, U. (1966): Soziale Schichtung und Begabung. In: B. Bernstein, U. Oevermann, R. Reichwein, H. Roth (Hrsg.): Lernen und soziale Struktur. Aufsätze 1965-1970. Amsterdam: de Munter.

Oevermann, U. (1997): Theoretische Skizze einer revidierten Theorie professionalisierten Handelns. In: A. Combe & W. Helsper (Hrsg.): Pädagogische Professionalität. 2. Auflage, Frankfurt a. M.: Suhrkamp, S. 70-182.

Parsons, T. (1960): Structure and Process in Modern Societies. Illinois: The Free Press of Glencoe.

Parsons, T. (1967): Sociological theory and modern society. New York: The Free Press.

Pfaff, (2008): Jugendkulturen als Kontexte informellen Lernens. Nur ein Risiko für die Schulkarriere? In: Zeitschrift für Pädagogik. 54 (1), S. 34-48.

Pinquart, M. & Masche, G. J. (1999): Verlauf und Prädiktoren des Schulschwänzens. In: R. K. Silbereisen & J. Zinnecker (Hrsg.): Entwicklung im sozialen Wandel. Weinheim: Psychologie Verlags Union, S. 221-238.

Plowden-Committee (1967): siehe Eintrag → Central Advisory Council for Education (England)

Pong, S.-L. (1997): Family Structure, School Context, and Eighth-Grade Math and Reading Achievement. In: Journal of Marriage and the Family, 59, pp. 734-746.

Prenzel, M., Baumert, J. & Klieme, E. (02. Juni 2008): Falscher Verdacht. Die deutsche Pisa–Studie ist nicht verwirrend, wie Klaus Klemm behauptet, sondern klar und präzise. Unklarheit stiften andere. Download am 07.10.2008 von http://hermes.zeit.de/pdf/archiv/2008/23/C-Aufmacher.pdf

Puhr, K. (2002): „Ich hab es angehalten, das Rad, das Schuleschwänzen heisst" -- Was kann die Schule tun? In: T. Simon & S. Uhlig (Hrsg.): Schulverweigerung. Opladen: Leske + Budrich, S. 89-107.

Purkey, S. C. & Smith, M. S. (1991): Wirksame Schulen – Ein Überblick über die Ergebnisse der Schulwirkungsforschung in den Vereinigten Staaten. In: K. Aurin (Hrsg.): Gute Schulen – Worauf beruht ihre Wirksamkeit? Bad Heilbrunn: Klinkhardt, S. 13-45.

Rademacker, H. (2006): Verweigerung oder Ausgrenzung? Schulversäumnisse, öffentliche Schule und das Recht auf Bildung für alle. In: C. Gentner & M. Mertens (Hrsg.): Null Bock auf Schule? Schulmüdigkeit und Schulverweigerung aus Sicht der Wissenschaft und Praxis. Münster: Waxmann, S. 19-36.

Reid, K. (1982): The Self-Concept and Persistent School Absenteeism. In: British Journal of Educational Psychology, 52, pp. 179-187.

Reid, K. (1999): Truancy and Schools. London: Routledge.

Reid, K. (2005): A Comparison between Inspection Reports on the Management of School Attendance Throughout the Education Service. Pastoral Care, Dec., pp. 31-41.

Reiss, A. J. Jr. (1951): Delinquency as the Failure of Personal and Social Controls. In: American Sociological Review, 16 (2), pp. 196-207.

Reissig, B. (2001): Schulverweigerung - ein Phänomen macht Karriere. Ergebnisse einer bundesweiten Erhebung bei Schulverweigerern. Arbeitspapier 5/2001. München: DJI.

Renzulli, J. S. & Park, S. (2002): Giftedness and High School Dropouts: Personal, Family, and School-Related Factors. Storrs, CT: The National Research Center on the Gifted and Talented, University of Connecticut.

Reynolds, D. (2005): School Effectiveness: Past, Present and Future Directions. In: H. G. Holtappels, K. Höhmann (Hrsg.): Schulentwicklung und Schulwirksamkeit. Weinheim und München: Juventa, pp. 11-25.

Reynolds, D., Jones, S. & St. Leger, S. (1976): Schools do Make a Difference. New Society, 37, pp. 223-225.

Reynolds, D., Jones, D., St. Leger, S. & Murgatroyd, S. (1980): School Factors and Truancy. In: Hersov, L. & Berg, I. (Eds.): Out of School. Chichester: Wiley, pp. 85-110.

Ricking, H. (1999): Schulische Handlungsstrategien bei Schulabsentismus. In: Schulleitung und Schulentwicklung. Berlin: Raabe, S. 1-15.

Ricking, H. (2003): Schulabsentismus als Forschungsgegenstand. Oldenburg: bis-Verlag.

Ricking, H. (2006): Wenn Schüler dem Unterricht fernbleiben. Schulabsentismus als pädagogische Herausforderung. Bad Heilbrunn: Klinkhardt.

Ricking, H., Kastirke, N., Thimm, K. (2006): Schulische Bedingungsfaktoren für Schulabsentismus und Möglichkeiten der Beeinflussung. In: C. Gentner & M. Mertens (Hrsg.): "Null Bock auf Schule?" Schulverweigerung – Handlungsansätze und -möglichkeiten. Münster: Waxmann, S. 119-139.

Ricking, H. & Neukäter, H. (1997): Schulabsentismus als Forschungsgegenstand. Heilpädagogische Forschung, XXIII, 2, S. 50-70.

Rivkin, S. G., Hanushek, E. A. & Kain, J. F. (2005): Teachers, Schools and Academic Achievement. In: Econometrica, 73, pp. 417-458.

Rollett, B. (2001): Anstrengungsvermeidung. In: D. H. Rost: Handbuch Pädagogische Psychologie (2. Aufl.), Weinheim: Beltz, S. 371-378.

Rothman, S. (2001): School Absence and Student Background Factors: A Multilevel Analysis. International Education Journal Vol 2, No 1, 2001, pp. 59-68.

Rothman, S. (2004): Staying Longer at School and Absenteesim: Evidence from Australian Research and the Longitudinal Surveys of Australian Youth. International Education Journal, 5 (1), 2004, pp. 113-123.

Rubin, D. B. (1987): Multiple Imputation for Nonresponse in Surveys. New York: Wiley.

Ruch-Hofer, E. & Hamann, A. (2006): Schwänzen – Ein Problem? Ein Problem! Basellandschaftliche Schulnachrichten, 6, S. 6-10.

Rumberger, R. W. (1995): Dropping Out of Middle School: A Mmultilevel Aanalysis of Students and Schools. In: American Educational Research Journal, 32 (3), pp. 583-625.

Rumberger, R. W. (2001): Why Students Drop Out of School and What Can be Done. Paper prepared for the Conference, "Dropouts in America: How Severe is the Problem? What Do We Know about Intervention and Prevention?" Harvard University, January 13, 2001. Download am 17.02.2008 von http://www.civilrightsproject.harvard.edu/research/dropouts/rumberger.pdf

Rumberger, R. W. & Palardy, G. (2005): Test Scores, Dropout Rates, and Transfer Rates as Alternative Indicators of School Performance. In: American Education Research Journal, 41 (2), pp. 3-42.

Rumberger, R. W. & Thomas, S. L. (2000): The Distribution of Dropout and Turnover Rates among Urban and Suburban High Schools. In: Sociology of Education, 73 (1), pp. 39-67.

Rutter, M., Maughan, B., Mortimore, P. & Ouston, J. (1980): Fifteen Thousand Hours: Secondary Schools and Effects on Children. Boston: Harvard University Press.

Schafer, J. L. & Graham, J. W. (2002): Missing Data: Our View of the State of the Art. Psychological Methods, 7 (2), pp. 147-177.

Scheerens, J. (2002): "Improving School Effectiveness." Fundamentals in Educational Planning (68). Paris: UNESCO-IIEP.

Scheerens, J. & Bosker, R. (1997): The Foundations of Educational Effectiveness. Oxford: Pergamon.

Schreiber-Kittl, M. & Schröpfer, H. (2002): Abgeschrieben? Ergebnisse einer empirischen Untersuchung über Schulverweigerer. München: DJI Verlag Deutsches Jugendinstitut.

Schümer, G. Tillmann, K J. & Weiss, M. (2003): Institutionelle und soziale Bedingungen des Lernens. In: Deutsches PISA-Konsortium (Hrsg.): PISA 2000 – Die Länder der Bundesrepublik Deutschland im Vergleich. Opladen: Leske + Budrich, S. 203-218.

Schulgesetz für Berlin: siehe Eintrag → Senatsverwaltung für Bildung, Wissenschaft und Forschung (2004).

Schulleitungsfortbildung NRW (2004): Schule im rechtlichen Rahmen. Material C 1 der Fortbildung für Mitglieder der Schul- und Seminarleitung NRW, Soest.

Schulze, G., Ricking, H. & Wittrock, M. (2000): Gefährdung durch Schulabsentismus? Wechselwirkungen von Schulschulschwänzen, Lernbeeinträchtigungen und Verhaltensstörungen – Problembeschreibung und schulbezogene Interventionsstrategien. In: S. Rolus-Borgward, U. Tänzer & M. Wittrock (Hrsg.): Beeinträchtigung des Lernens und/oder des Verhaltens – Unterschiedliche Ausdrucksformen für ein gemeinsames Problem. Oldenburg: DIZ, S. 273-286.

Schulze, G. & Wittrock, M. (2000): Schulaversives Verhalten – Vorstellung und erste Ergebnisse eines Forschungsprojektes. In: B. Warzecha (Hrsg.): Institutionelle und soziale Desintegrationsprozesse. München: Lit, S. 311-326.

Schweizerische Konferenz der kantonalen Erziehungsdirektoren (EDK) (1997): Konkordat über die Schulkoordination vom 29. Oktober 1970.

Schweizerische Konferenz der kantonalen Erziehungsdirektoren (EDK) (2007): Interkantonale Vereinbarung über die Harmonisierung der obligatorischen Schule vom 14. Juni 2007.

Schwetz, H. & Subramanian, S. V. (2005): Einführung in die Mehrebenenanalyse mit MLwiN. Von der Regressionsanalyse zum Random-Slope-Modell (Forschung, Statistik & Methoden, Band 9). Landau: Verlag Empirische Pädagogik.

Sekretariat der Ständigen Konferenz der Kultusminister der Länder in der Bundesrepublik Deutschland (2006): Das Bildungswesen in der Bundesrepublik Deutschland 2006. Darstellung der Kompetenzen, Strukturen und bildungspolitischen Entwicklungen für den Informationsaustausch in Europa. Download am 03.10.2008 von http://www.geb-pforzheim.de/

Senatsverwaltung für Bildung, Wissenschaft und Forschung (2004): Schulgesetz für Berlin. Download am 07.03.2008 http://www.berlin.de/imperia/md/content/sen-bildung/rechtsvorschriften/schulgesetz.pdf

Smink, J. & Zorn, J. (2005): Legal and Economic Implications of Truancy. Clemson, SC: NDPC.

Sommer, B. (1985): Truancy in Early Adolescence. In: Journal of Early Adolescence, 1985, 5, pp. 145–160.

Snijders, T. & Bosker, R. (1999): Multilevel Analysis. An Introduction to Basic and Advanced Multilevel Modeling. Thousand Oaks, CA: Sage.

Stamm, M. (2005a): Hochbegabung und Schulabsentismus. Theoretische Überlegungen und empirische Befunde zu einer ungewohnten Liaison. Psychologie in Erziehung und Unterricht, 1, S. 20-33.

Stamm, M. (2005b): Zwischen Exzellenz und Versagen. Schullaufbahnen von Frühlesern und Frührechnerinnen. Zürich und Chur: Rüegger.

Stamm, M. (2006): Schulabsentismus. Anmerkungen zu Theorie und Empirie einer vermeintlichen Randerscheinung schulischer Bildung. Zeitschrift für Pädagogik, 2, S. 285-303.

Stamm, M. (2007): Schulabsentismus: eine unterschätzte pädagogische Herausforderung. In: Die Deutsche Schule, 1, S. 50-61.

Stamm, M., Niederhauser, M., Ruckdäschel, C., Templer, F. & Schmid, K. (2007): Schulabsentismus in der Schweiz: ein Phänomen und seine Folgen. Schlussbericht zu Handen des Schweizerischen Nationalfonds SNF. Fribourg: Departement Erziehungswissenschaften.

Stamm, M., Ruckdäschel, C. & Templer, F. (2009): Facetten des Schulschwänzens. Diskurs Kindheits- und Jugendforschung, 1, S. 107-122.

Stamm, M., Ruckdäschel, C., Templer, F. & Niederhauser, M. (2009): Schulabsentismus. Ein Phänomen, seine Bedingungen und Folgen. Wiesbaden: VS Verlag für Sozialwissenschaften.

Stanat, P. & Lüdtke, O. (im Druck): Multilevel issues in international large-scale assessment studies on student performance. In: F. J. R. van de Vijver, D. A. van Hemert, & Y. H. Poortinga (Eds.): Individuals and cultures in multilevel analysis. Hillsdale, NJ: Erlbaum.

Staroba, F. J. (1989): School Holding Power at an Open Admission University: A Comparative Study of Reasons Students Remain or Leave. University of the District of Columbia.

Steinhausen, H C; Müller, N; Winkler Metzke, C (2008): Frequency, stability and differentiation of self-reported school fear and truancy in a community sample. In: Child and Adolescent Psychiatry and Mental Health, 2 (1), 17, pp. 1-11.

Sturzbecher, D. & Dietrich, P. (1993): Schulverweigerung von Jugendlichen im Land Brandenburg (Forschungsbericht des IFK, Bd. 3). Potsdam: Universität, Institut für Familien- und Kindheitsforschung.

Szaday, Ch., Büeler, X. & Favre, B. (1996): Schulqualitäts- und Schulentwicklungsforschung: Trends, Synthese und Zukunftsperspektiven. Bern und Aarau: SKBF.

Tabachnik, B. G. & Fidell, L. S. (2007): Using Multivariate Statistics. Fifth Edition. Boston: Pearson Editions Inc.

Tenorth, H.-E. (2004): Stichwort: „Grundbildung" und „Basiskompetenzen". Herkunft, Bedeutung und Probleme im Kontext allgemeiner Bildung. In: Zeitschrift für Erziehungswissenschaft 7 (2), S. 169-182.

Thimm, K. (2000): Schulverdrossenheit – Schulschwänzen – Stören – Schulverweigerung. SP Blatt 1, S. 3-21.

Thimm, K. & Ricking, H. (2004): Begriffe und Wirkungsräume. In: B. Herz, K. Puhr & H. Ricking (Hrsg.): Problem Schulabsentismus – Wege zurück in die Schule. Bad Heilbrunn: Klinkhardt, S. 45-51.

Tillmann, K.-J., Holler-Nowitzki, B., Holtappels, H. G., Meier, U. & Popp, U. (1999): Schülergewalt als Schulproblem. Weinheim: Juventa.

Trautwein, U., Köller, O., Lehmann, R. & Lüdtke, O. (Hrsg.) (2007): Schulleistungen von Abiturienten. Regionale, schulformbezogene und soziale Disparitäten. Münster: Waxmann.

Turner, B. (1974): Truancy. London: Ward Lock Educational.

Tyerman, M. J. (1968): Truancy. London: ULP.

Ulich, K. (1996): Beruf Lehrer/in. Weinheim: Beltz.

Valenzuela, A. (1999): Subtractive schooling: U.S.-Mexican youth and the politics of caring. New York: State University of New York Press.

Verbeek, M. (2004): A Guide to Modern Econometrics. Chichester: John Wiley & Sons.

Volante, L. (2004): Teaching to the test: What every educator and policy-maker should know. In: Canadian Journal of Educational Administration and Policy, 35. Download am 09.12.2008 von https://www.umanitoba.ca/publications/cjeap/articles/volante.html

Wagner, M., Dunkake, I. & Weiss, B. (2004): Schulverweigerung. Empirische Analysen zum abweichenden Verhalten von Schülern. Kölner Zeitschrift für Soziologie und Sozialpsychologie 3, (56), S. 457-489.

Wagner, M. (2007): Schulabsentismus. Soziologische Analysen zum Einfluss von Schule, Familie und Freundeskreis. Weinheim und München: Juventa.

Weinert, F. E. & Helmke, A. (Hrsg.) (1997): Entwicklung im Grundschulalter. Weinheim: Psychologie Verlags Union.

Weiss, B. (2007): Wer schwänzt wie häufig die Schule? In: M. Wagner (2007): Schulabsentismus. Soziologische Analysen zum Einfluss von Schule, Familie und Freundeskreis. Weinheim und München: Juventa, S. 37-54.

Weissbrodt, T. (2007): Schulische Determinanten der Schulverweigerung - Befunde aus der PISA-Befragung. In: Wagner, M. (Hrsg.): Schulabsentismus. Soziologische Analysen zum Einfluss von Familie, Schule und Freundeskreis. Weinheim und München: Juventa, S. 85-104.

Wetzels, P. & Wilmers, N. (2000): Verbreitung und Korrelate des Schulschwänzens – Werkstattbericht aus einer Pilotstudie. In: Niedersächsisches Kultusministerium (Hrsg.): Schulverweigerung – Absentismus – Schulschwänzen. Dokumentation der Tagung vom 23. September 1999 in Hannover, S. 37-61.

Whyte, W. F. (1996): Street Corner Society – the Social Study of an Italian Slum. Berlin, New York: Walter de Gruyter.

Willms, J. D. (2003): Student Engagement at School. A Sense of Belonging and Participation. Results from PISA 2000. OECD. Download am 13.10.2008 von http://www.oecd.org/dataoecd-/42/35/33689437.pdf

Windzio, M. (o.J.): Die Mehrebenenanalyse als Regressionsmodell für hierarchische Daten. Download am 09.06.2008 von http://www.migremus.uni-bremen.de/downloads/links/tutoWorkshop.pdf

Witzel, J. (1969): Der Aussenseiter im Sozialisationsprozess der Schule. Eine jugendkriminologische Studie. Stuttgart: Ferdinand Enke Verlag.

Woolston, W. G. (2008): Do „Great Expectations" Matter? The Relationship between Teacher Expectations and Student Academic Success. Presentation for The Institute for Research on Education Policy & Practice, Stanford University. October 16th, 2008.

Wright, J. S. (1978): Student Attendance: What Relates Where? NASSP Bulletin, 62 (415). Charlottesville, University of Virginia: Sagepub, pp. 115-117.

Yang, Y. (2003). Dimensions Of Socio-Economic Status and their Relationship to Mathematics and Science Achievement at Individual and Collective Levels. Scandinavian Journal of Educational Research, 47, pp. 21–41.

10.2   Gesetzestexte und kantonale Richtlinien

Kanton Aargau: Schulgesetz vom 17. März 1981. Grosser Rat des Kantons Aargau, GS 401.100.

Kanton Appenzell-Außerrhoden: Gesetz über Schule und Bildung (Schulgesetz) vom 24. September 2000. Außerrhodische Gesetzessammlung, GS 411.0.

Kanton Appenzell-Außerrhoden: Verordnung zum Gesetz über Schule und Bildung (Schulverordnung) vom 26. März 2001. Kantonsrat des Kantons Appenzell-Außerrhoden, GS 411.1.

Kanton Appenzell-Außerrhoden: Verordnung zu den Disziplinarmaßnahmen (Disziplinarverordnung) des Kantons Appenzell Außerrhoden vom 25. März 2003, GS 411.11.

Kanton Basel-Landschaft: Bildungsgesetz vom 06. Juni 2002. Landrat des Kantons Basel-Landschaft, GS 34.0637.

Kanton Basel-Landschaft: Verordnung für die Sekundarschule vom 13. Mai 2003. Regierungsrat des Kantons Basel-Landschaft, GS 34.0968.

Kanton Bern: Volksschulgesetz (VSG) vom 19. März 1992. Großer Rat des Kantons Bern, GS 432.210.

Kanton Glarus: Gesetz über Schule und Bildung (Bildungsgesetz) vom 06. Mai 2002. Landsgemeinde des Kantons Glarus, GS IV B/1/3.

Kanton Glarus: Verordnung über den Kindergarten und die Volksschule (Schulverordnung) vom 27. Juni 2001. Landrat des Kantons Glarus, GS B IV 31/1.

Kanton Graubünden: Gesetz für die Volksschulen des Kantons Graubünden (Schulgesetz) vom 26. November 2000. Vom Volke angenommen, GS 421.000.

Kanton Graubünden: Disziplinarordnung der Gemeindeschule Vaz/Obervaz. Erlassen durch den Schulrat am 10. Dezember 2003.

Kanton Sankt Gallen: Volksschulgesetz vom 13. Januar 1983. Grosser Rat des Kantons St.Gallen, GS 213.1.

Kanton Sankt Gallen: Verordnung über den Volksschulunterricht vom 11. Juni 1996. Landammann und Regierung des Kantons Sankt Gallen, GS 213.12.

Kanton Solothurn: Volksschulgesetz vom 14. September 1969, GS 413.111.

Kanton Zürich: Gesetz über die Volksschule und die Vorschulstufe (Volksschulgesetz) vom 11. Juni 1899, GS 412.11.

Kanton Zürich: Verordnung über die Volksschule und die Vorschulstufe (Volksschulverordnung) vom 31. März 1900, GS 412.111.

If you have any concerns about our products,
you can contact us on
ProductSafety@springernature.com

In case Publisher is established outside the EU,
the EU authorized representative is:
Springer Nature Customer Service Center GmbH
Europaplatz 3, 69115 Heidelberg, Germany

Printed by Libri Plureos GmbH
in Hamburg, Germany